ISBN 978-0-259-11624-0
PIBN 10684444

This book is a reproduction of an important historical work. Forgotten Books uses
state-of-the-art technology to digitally reconstruct the work, preserving the original format
whilst repairing imperfections present in the aged copy. In rare cases, an imperfection in
the original, such as a blemish or missing page, may be replicated in our edition. We do,
however, repair the vast majority of imperfections successfully; any imperfections that
remain are intentionally left to preserve the state of such historical works.

1 MONTH OF
FREE
READING

at
www.ForgottenBooks.com

By purchasing this book you are eligible for one month membership to ForgottenBooks.com, giving you unlimited access to our entire collection of over 700,000 titles via our web site and mobile apps.

To claim your free month visit:
www.forgottenbooks.com/free684444

English
Français
Deutsche
Italiano
Español
Português

www.forgottenbooks.com

Mythology Photography **Fiction**
Fishing Christianity **Art** Cooking
Essays Buddhism Freemasonry
Medicine **Biology** Music **Ancient**
Egypt Evolution Carpentry Physics
Dance Geology **Mathematics** Fitness
Shakespeare **Folklore** Yoga Marketing
Confidence Immortality Biographies
Poetry **Psychology** Witchcraft
Electronics Chemistry History **Law**
Accounting **Philosophy** Anthropology
Alchemy Drama Quantum Mechanics
Atheism Sexual Health **Ancient History**
Entrepreneurship Languages Sport
Paleontology Needlework Islam
Metaphysics Investment Archaeology
Parenting Statistics Criminology
Motivational

ŒUVRES

DE

J. J. ROUSSEAU,

CONTENANT

JULIE,

OU LA

NOUVELLE HÉLOISE.

TOME TROISIEME.

LETTRES

DE

DEUX AMANS,

HABITANS D'UNE PETITE VILLE AU PIED DES ALPES,

RECUEILLIES ET PUBLIÉES

PAR J. J. ROUSSEAU.

Seconde Édition originale, revûe & corrigée par l'Editeur.

CINQUIÈME PARTIE.

Non la conobbe il mondo, mentre l'ebbe:
Conobbil' io ch'.a pianger qui rimaſi.
                                        Petrare.

A AMSTERDAM,
Chez MARC-MICHEL REY.

M. DCC. LXX.

LETTRES

DE

DEUX AMANS,

HABITANS D'UNE PETITE VILLE
AU PIED DES ALPES.

CINQUIÈME PARTIE.

LETTRE PREMIÈRE

DE MILORD EDOUARD (a).

Sors de l'enfance, ami, réveille-toi. Ne livre point ta vie entière au long sommeil de la raison. L'âge s'écoule, il ne t'en reste plus que pour être sage. A trente ans passés il est temps de songer à soi: commence donc à rentrer en toi-même, & sois homme une fois avant la mort.

(a) Cette Lettre paroît avoir été écrite avant la réception de la précédente.

V. Partie.　　　　　A

Mon cher, votre cœur vous en a long-
temps impofé fur vos lumières. Vous avez
voulu philofopher avant d'en êtie capable;
vous avez pris le fentiment pour de la raifon, & content d'eftimer les chofes par
l'impreffion qu'elles vous ont faîte, vous
avez toujours ignoré leur véritable prix. Un
cœur droit eft, je l'avoue, le premier organe de la vérité; celui qui n'a rien fenti ne
fait rien apprendre; il ne fait que flotter d'erreurs en erreurs, il n'acquiert qu'un vain
favoir & de ftér.les connoiffances, parce
que le vrai rapport des chofes à l'hcmme,
qui eft fa principale fcience, lui demeure
toujours caché. Mais c'eft fe borner à la
première moitié de cette fcience, que de ne
pas étudier encore les rapports qu'ont les
chofes entr'elles, pour mieux juger de ceux
qu'elles ont avec nous. C'eft peu de connoître les paffions humaines, fi l'on n'en fait
apprécier les objets; & cette feconde étude
ne peut fe faire que dans le calme de la
méditation.

La jeuneffe du fage eft le temps de fes
expériences, fes paffions en font les inftrumens; mais après avoir appliqué fon ame aux
objets extérieurs pour le fentir, il la retire
au-dedans de lui pour les confidérer, les
comparer, les connoitre. Voilà le cas où
vous devez être plus que perfonne au monde. Tout ce qu'un cœur fenfible peut éprau-
ver de plaifirs & de peines a rempli le vôtre;
tout ce qu'un homme peut voir, vos yeux

l'ont vu. Dans un efpace de douze ans vous avez épuifé tous les fentimens qui peuvent être épars dans une longue vie, & vous avez acquis, jeune encore, l'expérience d'un vieillard. Vos premières obfervations fe font portées fur des gens fimples & fortant prefque des mains de la nature, comme pour vous fervir de pièce de comparaifon. Exilé dans la Capitale du plus célébre Peuple de l'univers, vous êtes fauté, pour ainfi dire, à l'autre extrêmité : le génie fupplée aux interméd aires. Paffez chez la feule nation d'hommes qui refte parmi les troupeaux divers dont la terre eft couverte, fi vous n'avez pas vu régner les loix, vous les avez vu du moins exifter encore ; vous avez appris à quels fignes on reconnoît cet organe facré de la volonté d'un peuple, & comment l'empire de la raifon publique eft le vrai fondement de la liberté. Vous avez parcouru tous les climats, vous avez vu toutes les Régions que le foleil éclaire. Un fpectacle plus rare & digne de l'œil du fage, le fpectacle d'une ame fublime & pure, triomphant de fes paffions & régnant fur elle-même eft celui dont vous jouiffez. Le premier objet qui frappa vos regards eft celui qui les frappe encore, & votre admiration pour lui n'eft que mieux fondée après en avoir contemplé tant d'autres. Vous n'avez plus rien à fentir ni à voir qui mérite de vous occuper. Il ne vous refte plus d'objet à regarder que vous-même, ni de jouiffance à goûter

que celle de la fageffe. Vous avez vécu de
cette courte vie; fongez à vivre pour celle
qui doit durer.

Vos paffions, dont vous fûtes long-temps
l'efclave, vous ont laiffé vertueux. Voilà
toute votre gloire ; elle eft grande, fans
doute, mais foyez-en moins fier. Votre force même eft l'ouvrage de votre foibleffe.
Savez-vous ce qui vous a fait aimer toujours la vertu ? Elle a pris à vos yeux la figure de cette femme adorable qui la repréfente fi bien, & il feroit difficile qu'une fi
chère image vous en laiffât perdre le goût.
Mais ne l'aimerez-vous jamais pour elle feule, & n'irez-vous point au bien par vos propres forces, comme Julie a fait par les fien-
nes ? Enthoufiafte oifif de fes vertus, vous
bornerez-vous fans ceffe à les admirer, fans
les imiter jamais ? Vous parlez avec chaleur
de la manière dont elle remplit fes devoirs
d'époufe & de mére ; mais vous, quand
remplirez-vous vos devoirs d'homme & d'a-
mi à fon exemple ? Une femme a triomphé
d'elle-même, & un Philofophe a peine à fe
vaincre ! Voulez-vous donc n'être toujours
qu'un difcoureur comme les autres, & vous
borner à faire de bons livres, au lieu de
onnes actions (b)? Prenez-y garde, mon

(b) Non, ce fiècle de philofophie ne fe paffera point
fans avoir produit un vrai Philofophe. J'en connois un,
un feul j'en conviens; mais c'eft beaucoup encore, &
pour comble de bonheur, c'eft dans mon pays qu'il exifte. L'oferai-je nommer ici, lui dont la véritable gloire
eft d'avoir fù refter peu connu ? Savant & modefte Abau-

cher; il regne encore dans vos lettres un
ton de mollesse & de langueur qui me déplaît, & qui est bien plus un reste de votre
passion qu'un effet de votre caractère. Je
hais par-tout la foiblesse, & n'en veux point
dans mon ami. Il n'y a point de vertu sans
force, & le chemin du vice est la lâcheté.
Osez-vous bien compter sur vous avec un
cœur sans courage ? Malheureux ! Si Julie
étoit foible, tu succomberois demain, & ne
serois qu'un vil adultère. Mais te voilà resté
seul avec elle; apprends à la connoître, &
rougis de toi.

J'espére pouvoir bientôt vous aller joindre. Vous savez à quoi ce voyage est des-
tiné. Douze ans d'erreurs & de troubles me
rendent suspect à moi-même; pour résister
j'ai pu me suffire, pour choisir il me faut les
yeux d'un ami; & je me fais un plaisir de

---

zît, que votre sublime simplicité pardonne à mon cœur
un zéle qui n'a point votre nom pour objet. Non, ce
n'est pas vous que je veux faire connoître à ce siécle indigne
de vous admirer; c'est Geneve que je veux illustrer de
votre séjour, ce sont mes Concitoyens que je veux honorer de l'honneur qu'ils vous rendent. Heureux le pays
où le mérite qui se cache en est d'autant plus estimé !
Heureux le peuple où la jeunesse altière vient abaisser
son ton dogmatique & rougir de son vain savoir devant
la docte ignorance du sage ! Vénérable & vertueux vieillard ! vous n'aurez point été prôné par les beaux esprits; leurs bruyantes Académies n'auront point retenti
de vos éloges ; au lieu de déposer comme eux votre
sagesse dans les livres, vous l'avez mise dans votre-vie
pour l'exemple de la patrie que vous avez daigné vous
choisir, que vous aimez, & qui vous respecte. Vous avez
vécu comme Socrate ; mais il mourut par la main de ses
Concitoyens, & vous êtes chéri des vôtres.

rendre tout commun entre nous ; la reconnoiffance auffi-bien que l'attachement. Cependant, ne vous y trompez pas ; avant de vous accorder ma confiance, j'examinerai fi vous en êtes digne, & fi vous méritez de me rendre les foins que j'ai pris de vous. Je connois votre cœur, j'en fuis content ; ce n'eft pas affez ; c'eft de votre jugement que j'ai befoin dans un choix où doit préfider la raifon feule, & où la mienne peut m'abufer. Je ne crains pas les paffions qui, nous faifant une guerre ouverte, nous avertiffent de nous mettre en défenfe, nous laiffent, quoiqu'elles faffent, la confcience de toutes nos fautes, & auxquelles on ne céde qu'autant qu'on leur veut céder. Je crains leur illufion qui trompe au lieu de contraindre, & nous fait faire, fans le favoir, autre chofe que ce que nous voulons. On n'a befoin que de foi pour réprimer les penchans ; on a quelquefois befoin d'autrui pour difcerner ceux qu'il eft permis de fuivre, & c'eft à quoi fert l'amitié d'un homme fage qui voit pour nous, fous un autre point de vue, les objets que nous avons intérêt à bien connoître. Songez donc à vous examiner, & dites-vous fi toujours en proie à de vains regrets vous ferez à jamais inutile à vous & aux autres, ou fi reprenant enfin l'empire de vous-même vous voulez mettre une fois votre ame en état d'éclairer celle de votre ami.

Mes affaires ne me retiennent plus à Lon-

dres que pour une quinzaine de jours ; je
paſſerai par notre armée de Flandres où je
compte reſter encore autant ; de ſorte que
vous ne devez guère m'attendre avant la
fin du mois prochain ou le commencement
d'Octobre. Ne m'écrivez plus à Londres
mais à l'armée ſous l'adreſſe ci-jointe. Continuez vos deſcriptions ; malgré le mauvais
ton de vos Lettres, elles me touchent &
m'inſtruiſent ; elles m'inſpirent des projets
de retraite & de repos convenables à mes
maximes & à mon âge. Calmez ſur-tout l'inquiétude que vous m'avez donnée ſur Madame de Wolmar: ſi ſon ſort n'eſt pas heureux, qui doit oſer aſpirer à l'être? Après le
détail qu'elle vous a fait, je ne puis concevoir ce qui manque à ſon bonheur.

LETTRE II

A MILORD EDOUARD.

OUi, Milord, je vous le confirme avec
des tranſports de joie, la ſcene de
Meillerie a été la cauſe de ma folie & de
mes maux. Les explications de M. de Wolmar m'ont entièrement raſſuré ſur le véritable état de mon cœur. Ce cœur trop foible eſt guéri tout autant qu'il peut l'être, &
je préfère la triſteſſe d'un regret imaginaire
à l'effroi d'être ſans ceſſe aſſiégé par le crime. Depuis le retour de ce digne ami, je

ne balance plus à lui donner un nom fi cher
& dont vous m'avez fi bien fait fentir tout
le prix C'eft le moindre titre que je doive
à quiconque aime à me rendre à la vertu. La
paix eft au fond de mon ame comme dans le
féjour que j'habite. Je commence à m'y
voir fans inquiétude, à y vivre comme chez
moi ; & fi je n'y prends pas tout-à-fait l'autorité d'un maître, je fens plus de plaifir encore à me regarder comme l'enfant de la
maifon. La fimplicité, l'égalité que j'y vois
régner ont un-attrait qui me touche & me
porte au refpect. Je paffe des jours fereins
entre la raifon vivante & la vertu fenfible.
En fréquentant ces heureux époux, leur af-
cendant me gagne & me touche infenfiblement, & mon cœur fe met par degrés à
l'uniffon des leurs, comme la voix prend,
fans qu'on y fonge, le ton des gens avec qui
l'on parle.

　Quelle retraite délicieufe! Quelle charmante habitation ! Que la douce habitude
d'y vivre en augmente le prix! & que, fi
l'afpect en paroît d'abord peu brillant, il eft
difficile de ne pas l'aimer auffi-tôt qu'on la
connoît ! Le goût que prend Madame de
Wolmar à rémplir fes nobles devoirs, à
rendre heureux & bons ceux qui l'approchent,
fe communique à tout ce qui en eft l'objet, à
fon mari, à fes enfans, à fes hôtes, à fes
domeftiques. Le tumulte, les jeux bruyans,
les longs éclats de rire ne retentiffent point
dans ce paifible féjour, mais on y trouve

par-tout des cœurs contens & des visages,
gais. Si quelquefois on y verse des larmes,
elles sont d'attendrissement & de joie. Les
noirs soucis, l'ennui, la tristesse n'approchent
pas plus d'ici que le vice & les remords dont
ils sont le fruit.

Pour elle, il est certain qu'excepté la peine,
secrete qui la tourmente, & dont je vous ai dit
la cause dans ma précédente lettre, (c)
tout concourt à la rendre heureuse. Cependant avec tant de raisons de l'être mille
autres se désoleroient à sa place. Sa vie uniforme & retirée leur seroit insupportable;
elles s'impatienteroient du tracas des enfans;
elles s'ennuyeroient des soins domestiques,
elles ne pourroient souffrir la campagne; la
sagesse & l'estime d'un mari peu caressant,
ne les dédommageroit ni de sa froideur, ni
de son âge; sa présence & son attachement
même leur seroient à charge. Ou elles trou-
veroient l'art de l'écarter de chez lui pour
y vivre à leur liberté, ou s'en éloignant elles-
mêmes, elles mépriseroient les plaisirs de
leur état, elles en chercheroient au loin de
plus dangereux, & ne seroient à leur aise
dans leur propre maison, que quand elles y
seroient étrangères. Il faut une ame saine
pour sentir les charmes de la retraite, on ne
voit guère que des gens de bien se plaire au
sein de leur famille & s'y renfermer volon-
tairement; s'il est au monde une vie heu-

(c) Cette précédente lettre ne se trouve point, on en
verra ci-après la raison.

A v

reuse, c'est sans·doute celle qu'ils y passent ; mais les instrumens du bonheur ne sont rien pour qui ne sait pas les mettre en œuvre, & l'on ne sent en quoi le vrai bonheur consiste, qu'autant qu'on est propre à le goûter.

S'il falloit dire avec précision ce qu'on fait dans cette maison pour être heureux, je croirois avoir bien répondu en disant, *on y fait vivre*; non dans le sens qu'on donne en France à ce mot, qui est d'avoir avec autrui certaines manières établies par la mode; mais de la vie de l'homme, & pour laquelle il est né; de cette vie dont vous me parlez, dont vous m'avez donné l'exemple, qui dure au·delà d'elle-même, & qu'on ne tient pas pour perdu au jour de la mort.

Julie a un père qui s'inquiéte du bien-être de sa famille : elle a des enfans à la subsistance desquels il faut pourvoir convenablement. Ce doit être le principal soin de l'homme sociable, & c'est aussi le premier dont elle & son mari se font conjointement occupés. En entrant en ménage ils ont examiné l'état de leurs biens ; ils n'ont pas tant regardé s'ils étoient proportionnés à leur condition qu'à leurs besoins, & voyant qu'il n'y avoit point de famille honnête qui ne dût s'en contenter, ils n'ont pas eu assez mauvaise opinion de leurs enfans pour craindre que le patrimoine qu'ils ont à leur laisser ne leur pût suffire. Ils se font donc appliqués à l'améliorer plutôt qu'à l'étendre ; ils ont placé leur argent plus sûrement qu'avanta-

geufement ; au lieu d'acheter de nouve'les
terres , ils ont donné un nouveau prix à cel·
les qu'ils avoient déjà , & l'exemple de leur
conduire eft le feul tréfor dont ils veuillent
accroître leur héritage.

Il eft vrai qu'un bien qui n'augmente point
eft fujet à diminuer par mille accidens ; mais
fi cette raifon eft un motif pour l'augmenter
une fois , quand ceffera t-il d'être un prétexte pour l'augmenter toujours ? Il faudra le
partager à plüfieurs enfans ; mais doivent-
ils refter oififs ? Le travail de chacun n'eft-
il pas un fupplément à fon partage , & fon
induftrie ne doit elle pas entrer dans le calcul
de fon bien ? L'infatiable avidité fait ainfi
fon chemin fous le mafque de la prudence ,
& méne au vice à force de chercher la fûreté. C'eft en vain, dit M. de Wolmar.,
qu'on prétend donner aux chofes humaines
une folidité qui n'eft pas dans leur nature.
La raifon même veut que nous laiffions
beaucoup de chofes au hafard , & fi notre
vie & notre fortune en dépendent toujours
malgré nous , quelle folie de fe donner fans
ceffe un tourment réel pour prévenir des
maux douteux & des dangers inévitables !
La feule précaution qu'il ait prife à ce fujet,
a été de vivre un an fur fon capital, pour
fe laiffer autant d'avance fur fon revenu ; de
forte que le produit anticipe toujours d'une
année fur la dépenfe. Il a mieux aimé d'mi-
nuer un peu fon fonds , que d'avoir fans ceffe

à courir après fès rentes. L'avantage de n'ê-
tre point réduit à des expédiens ruineux au
moindre accident imprévu, l'a déjà rem-
boursé bien des fois de cette avance. Ainfi
l'ordre & la regle lui tiennent lieu d'épargne,
& il s'enrichit de ce qu'il a dépenfé.

Les maîtres de cette maifon jouiffent d'un
bien médiocre, felon les idées de fortune
qu'on a dans le monde ; mais au fonds je ne
connois perfonne de plus opulent qu'eux. Il
n'y a point de richeffe abfolue. Ce mot ne
fignifie qu'un rapport de furabondance entre
les defirs & les facultés de l'homme riche.
Tel eft riche avec un arpent de terre : tel
eft gueux au milieu de fes monceaux d'or.
Le défordre & les fantaifies n'ont point de
bornes, & font plus de pauvres que les vrais
befoins Ici la proportion eft établie fur un
fondement qui la rend inébranlable, favoir,
le parfait accord des deux époux. Le mari
s'eft chargé du recouvrement des rentes,
la femme en dirige l'emploi, & c'eft dans
l'harmonie qui regne entr'eux, qu'eft la
fource de leur richeffe.

Ce qui m'a d'abord le plus frappé dans
cette maifon, c'eft d'y trouver l'aifance, la
liberté, la gaieté au milieu de l'ordre & de
l'exactitude. Le grand défaut des maifons
bien réglées, eft d'avoir un air trifte & contraint. L'extrême follicitude des chefs fent
toujours un peu l'avarice. Tout refpire la
gêne autour d'eux ; la rigueur de l'ordre a

quelque chofe de fervile, qu'on ne fupporte
point fans peine. Les domeftiques font leur
devoir, mais ils le font .d'un air mécontent
& craintif. Les hôtes font bien reçus, mais
ils n'ufent qu'avec défiance de la liberté
qu'on leur donne; & comme on s'y voit
toujours hors de la reglé, on n'y fait rien
qu'en tremblant de fe rendre indifcret. On
fent que ces pères efclaves ne vivent point
pour eux, mais pour leurs enfans; fans fonger qu'ils ne font pas feulement pères, mais
hommes, & qu'ils doivent à leurs enfans
l'exemple de la vie de l'homme & du bonheur attaché à la fageffe. On fuit ici des regles plus judicieufes. On y penfe qu'un des
principaux devoirs d'un bon père de famille
n'eft pas feulement de rendre fon féjour
riant, afin que fes enfans s'y plaifent, mais
d'y mener lui-même une vie agréable & douce, afin qu'ils fentent qu'on_eft heureux
en vivant comme lui, & ne foient jamais
tentés de prendre, pour l'être, une conduite
oppofée à la fienne. Une des maximes que
M. de Wolmar répete le plus fouvent, au fujet des amufemens des deux Coufines, eft
que la vie trifte & mefquine des pères &
mères eft prefque toujours la première fource du défordre des enfans.

Pour Julie, qui n'eut jamais d'autre regle
que fon cœur, & n'en fauroit avoir de plus
füre, elle s'y livre fans fcrupule, & pour
bien faire, elle fait tout ce qu'il lui demande. Il ne laiffe pas de lui demander beau-

coup., & perfonne ne fait mieux qu'elle
mettre un prix aux douceurs de la vie.
Comment cette ame fi fenfible feroit-elle
infenfible aux plaifirs ? Au contraire, elle
les aime, elle les recherche., elle ne s'en
refufe aucun de ceux qui la flattent ; on
voit qu'elle fait les goûter ; mais ces plaifirs font les plaifirs de Julie. Elle ne néglige ni fes propres commodités, ni celles des
gens qui lui font chers, c'eft-à-dire, de
tous ceux qui l'environnent. Elle ne compte pour fuperflu rien de ce qui peut contribuer au bien-être d'une perfonne fenfée ;
mais elle appelle ainfi tout ce qui ne fert qu'à
briller aux yeux d'autrui, de forte qu'on
trouve dans fa maifon le luxe de plaifir &
de fenfualité, fans rafinement ni molleffe.
Quant au luxe de magnificence & de vanité, on n'y en voit que ce qu'elle n'a pu
refufer au goût de fon père ; encore y re-
connoît-on toujours le fien, qui confifte à
donner moins de luftre & d'éclat que d'é-
légance & de grace aux chofes. Quand je
lui parle des moyens qu'on invente journellement à Paris ou à Londres pour fufpendre plus doucement les carroffes, elle
approuve affez cela ; mais quand je lui dis
jufqu'à quel prix on a pouffé les vernis.,
elles ne me comprend plus, & me demande toujours fi ces beaux vernis rendent les
carroffes plus commodes ? Elle ne doute
pas que je n'exagère beaucoup fur les pein-
tures fcandaleufes dont on orne à grands

frais ces voitures, au lieu des armes qu'on y
mettoit autrefois, comme s'il étoit plus
beau de s'annoncer aux paſſans pour un
homme de mauvaiſes mœurs, que pour un
homme de qualité! Ce qui l'a ſur-tout ré-
voltée, a été d'apprendre que les femmes
avoient introduit ou ſoutenu cet uſage, &
que leurs carroſſes ne ſe diſtinguoient de
ceux des hommes que par des tableaux un
peu plus laſcifs. J'ai été forcé de lui citer là-
deſſus un mot de votre illuſtre ami qu'elle
a bien de la peine à digérer. J'étois chez
lui un jour qu'on lui montroit un vis à-vis
de cette eſpèce. A peine eut-il jetté les yeux
ſur les panneaux, qu'il partit en diſant au
maître montrez ce carroſſe à des femmes de
la Cour, un honnête-homme n'oſeroit s'en
ſervir.

Comme le premier pas vers le bien eſt de
ne point faire de mal, le premier pas vers
le bonheur eſt de ne point ſouffrir. Ces deux
maximes qui bien entendus épargneroient
beaucoup de préceptes de morales, ſont
chères à Madame de Wolmar. Le mal-être
lui eſt extrêmement ſenſible & pour elle &
pour les autres, & il ne lui feroit pas plus
aiſé d'être heureuſe en voyant des miſéra-
bles, qu'à l'homme droit de conſerver ſa
vertu toujours pure, en vivant ſans ceſſe
au milieu des méchans. Elle n'a point cette
pitié barbare qui ſe contente de détourner
les yeux des maux qu'elle pourroit ſoulager. Elle les va chercher pour les guérir?

c'eſt l'exiſtence & ron la vue des malheureux qui la tourmente : il ne lui ſuffit pas de ne point ſavoir qu'il y en a , il faut pour ſon repos qu'elle ſache qu'il n'y en a pas , du moins autour d'elle ; car ce ſeroit ſortir des termes de la raiſon que de faire dépen= dre ſon bonheur de celui de tous les hom= mes. Elle s'informe des beſoins de ſon voi= ſinage avec la chaleur qu'on met à ſon pro= pre intérêt : elle en connoît tous les habi= tans; elle y étend, pour ainſi dire, l'enceïn= te de ſa famille , & n'épargne aucun ſoin pour en écarter tous les ſentimens de dou= leur & de peine auxquels la vie humaine eſt aſſujettie.

Milord, je veux profiter de vos leçons, mais pardonnez-moi un enthouſiaſme que je ne me reproche plus , & que vous par= tagez. Il n'y aura jamais qu'une Julie au monde. La Providence a veillé ſur elle ', & rien de ce qui la regarde n'eſt un effet du hazard. Le Ciel ſemble l'avoir donnée à la terre pour y montrer à la fois l'excel= lence dont une ame humaine eſt ſuſcepti= ble , & le bonheur dont elle peut jouir dans l'obſcurité de la vie privée, ſans le ſecours des vertus éclatantes qui peuvent l'élever au-deſſus d'elle-même , ni de la gloire qui les peut honorer. Sa faute , ſi c'en fut une, n'a ſervi qu'à déployer ſa force & ſon courage. Ses parens, ſes amis, ſes domeſtiques, tous heureuſement nés , étoient faits pour l'aimer & pour en être aimés. Son pays étoit le seul où il lui convint de naître, la simplicité qui la rend sublime, devoit régner autour d'elle; il lui falloit pour être heureuse vivre parmi des gens heureux. Si pour son malheur elle fut née chez des peuples infortunés qui gémissent sous le poids de l'oppression, & luttent sans espoir & sans fruit contre la misère qui les consume, chaque plainte des opprimés eut empoisonné sa vie, la désolation commune l'eut accablée, & son cœur bienfaisant, épuisé de peine & d'ennuis, lui eut fait éprouver sans cesse les maux qu'elle n'eut pu soulager.

Au lieu de cela, tout anime & soutient ici sa bonté naturelle. Elle n'a point à pleurer les calamités publiques. Elle n'a point sous les yeux l'image affreuse de la misère & du désespoir. Le Villageois à son aise (d) a plus besoin de ses avis que de ses dons. S'il se trouve quelque orphelin trop jeune pour gagner sa vie, quelque veuve oubliée qui souffre en secret, quelque vieillard sans enfans, dont les bras affoiblis par l'âge ne fournissent plus à son entretien, elle ne craint pas que ses bienfaits leur deviennent

(d) Il y a près de Clarens un Village appellé Moutru, dont la Commune seule est assez riche pour entretenir, tous les Communiers, n'eussent-ils pas un pouce de terre en propre. Aussi la bourgeoisie de ce village est-elle presque aussi difficile à acquérir que celle de Berne. Quel dommage qu'il n'y ait pas-là quelque honnête-homme de subdélégué, pour rendre Messieurs de Moutru plus sociables, & leur bourgeoisie un peu moins chère!

onéreux , & faſſent aggraver ſur eux les
charges publiques pour en exempter des co-
quins accrédités. Elle jouit du bien qu'elle
fait , & le voit profiter. Le bonheur qu'elle
goûte ſe multiplie & s'étend autour d'elle.
Toutes les maiſons où elle entre offrent
bientôt un tableau de la ſienne ; l'aiſance &
le bien-être y ſont une de ſes moindres
influences, la concorde & les mœurs la ſui-
vent de ménage en ménage. En ſortant de
chez elle, ſes yeux ne ſont frappés que d'objets agréables ; en y rentrant , elle en retrouve de plus doux encore ; elle voit par-
tout ce qui plaît à ſon cœur , & cette ame
ſi peu ſenſible à l'amour propre, apprend à
s'aimer dans ſes bienfaits. Non , Milord,
je le répete ; rien de ce qui touche à Julie
n'eſt indifférent pour la vertu. Ses charmes,
ſes talens, ſes goûts, ſes combats, ſes fautes, ſes regrets, ſon ſéjour ; ſes amis, ſa
famille, ſes peines, ſes plaiſirs & toute ſa
deſtinée, font de ſa vie un exemple unique,
que peu de femmes voudront imiter, mais
qu'elles aimeront en dépit d'elles.

Ce qui me plaît le plus dans les ſoins
qu'on prend ici du bonheur d'autrui, c'eſt
qu'ils ſont tous dirigés par la ſageſſe , &
qu'il n'en réſulte jamais d'abus. N'eſt pas
toujours bienfaiſant qui veut, & ſouvent
tel croit rendre de grands ſervices, qui fait
de grands maux qu'il ne voit pas , pour un
petit bien qu'il apperçoit. Une qualité rare
dans les femmes du meilleur caractére &

qui brille éminemment dans celui de Madame de Wolmar ; c'est un difcernement exquis dans la diftribution de fes bienfaits ,
foit par le choix des moyens de les rendre
utiles , foit par le choix des gens fur qui
elle les répand. Elles s'eft fait des regles
dont elle ne fe départ point. Elle fait accorder & refufer ce qu'on lui demande ,
fans qu'il n'y ait ni foibleffe dans fa bonté ,
ni caprice dans fon refus. Quiconque a
commis en fa vie une méchante action n'a
rien à efpérer d'elle que juftice , & pardon
s'il l'a offenfée , jamais faveur ni protection
qu'elle puiffe placer fur un meilleur fujet.
Je l'ai vue refufer affez féchement à un
homme de cette efpèce une grace qui dépendoit d'elle feule. » Je vous fouhaite du
» bonheur, » lui dit-elle, » mais je n'y veux
» pas contribuer, de peur de faire du mal
» à d'autres en vous mettant en état d'en
» faire. Le monde n'eft pas affez épuifé de
» gens de bien qui fouffrent, pour qu'on
» foit réduit à fonger à vous. » Il eft vrai
que cette dureté lui coûte extrêmement &
qu'il lui eft rare de l'exercer. Sa maxime eft
de compter pour bons tous ceux dont la
méchanceté ne lui eft pas prouvée , & il y
a bien peu de méchans qui n'a'ent l'a-
dreffe de fe mettre à l'abri des preuves.
Elle n'a point cette charité pareffeufe des
riches, qui paie en argent aux malheureux
le droit de rejetter leurs prières , & pour
un bienfait imploré ne favent jamais don-

ner que l'aumône. Sa bourfe n'eſt pas iné-
puiſable, & depuis qu'elle eſt mère de famille, elle en fait mieux régler l'uſage. De
tous les ſecours dont on peut- ſoulager les
malheureux ; l'aumône eſt à la vérité celui
qui coûte le moins de peine ; mais il eſt
auſſi le plus paſſager & le moins ſolide ; &
Julie ne cherche pas à ſe délivrer d'eux,
mais à leur être utile.

Elle n'accorde pas non plus indiſtincte-
ment des recommandat ons & des ſervices,
ſans bien ſavoir ſi l'uſage qu'on en veut
faire eſt raiſonnable & juſte. Sa protection
n'eſt jamais refuſée à quiconque en a un
véritable beſoin & mérite de l'obtenir ;
mais pour ceux que l'inquiétude ou l'ambition portent à vouloir s'élever & quitter un
état où ils ſont bien, rarement peuvent ils
l'engager à ſe mêler de leurs affaires. La con-
d'tion naturelle à l'homme eſt de cultiver la
terre & de vivre de ſes fruits. Le paiſible
habitant des champs n'a beſoin pour ſentir
ſon bonheur que de le connoître. Tous les
vrais plaiſirs de l'homme ſont à ſa portée; il
n'a que les peines inſéparables de l'humanité, des peines que celui qui croit s'en délivrer ne fait qu'échanger contre d'autres
plus cruelles. Cet état eſt le ſeul néceſſaire
& le plus utile. Il n'eſt malheureux que
quand les autres le tyranniſent par leur violence, ou le ſéduiſent par l'exemple de leurs
vices : c'eſt en lui que conſiſte la véritable
proſpérité d'un pays, la force & la gran-

deur qu'un peuple tire de lui-même, qui ne dépend en rien des autres nations, qui ne contraint jamais d'attaquer pour fe foutenir, & donne les plus fûrs moyens de fe défendre. Quand il eft queftion d'eftimer la puiffance publique, le bel-efprit vifite les Palais du Prince, fes ports, fes troupes, fes arfenaux, fes villes ; le vrai politique parcourt les terres & va dans la chaumière du laboureur. Le premier voit ce qu'on a fait, & le fecond ce qu'on peut faire.

Sur ce principe on s'attache ici, & plus encore à Étange, à contribuer autant qu'on peut à rendre aux payfans leur condition douce, fans jamais leur aider à en fortir. Les plus aifés & les plus pauvres ont également la fureur d'envoyer leurs enfans dans les villes, les uns pour étudier & devenir un jour des Meffieurs, les autres pour entrer en condition & décharger leurs parens de leur entretien. Les jeunes gens de leur côté aiment fouvent à courir ; les filles afpirent à la parure bourgeoife, les garçons s'engagent dans un fervice étranger ; ils croient valoir mieux en rapportant dans leur village, au lieu de l'amour de la patrie & de la liberté, l'air à la fois rogue & rempant des foldats mercenaires, & le ridicule mépris de leur ancien état. On leur montre à tous l'erreur de ces préjugés, la corruption des enfans, l'abandon des pères, & les rifques continuels de la vie, de la fortune & des mœurs, où cent périf-

fent pour un qui réuſſit. S'ils s'obſtinent,
on ne favoriſe point leur fantaiſie inſenſée,
on les laiſſe courir au vice & à la miſére,
& l'on s'applique à dédommager ceux qu'on
a perſuadés , des ſacrifices qu'ils font à la
raiſon. On leur apprend à honorer leur condition naturelle en l'honorant ſoi - même ;
on n'a point avec les payſans les façons des
villes , mais on uſe avec eux d'une honnête & grave familiarité , qui , maintenant
chacun dans ſon état , leur apprend pourtant
à faire cas du leur. Il n'y a point de bon pay-
ſan qu'on ne porte à ſe conſidérer lui-même ,
en lui montrant la différence qu'on fait de
lui à ces petits parvenus qui viennent briller
un moment dans leur village & ternir leurs
parens de leur éclat. M. de Wolmar & le Baron, quand il eſt ici, manquent rarement d'aſ-
ſiſter aux exercices , aux prix , aux revues
du village & des environs. Cette jeuneſſe
déjà naturellement ardente & guerriére,
voyant de vieux Officiers ſe plaire à ſes aſ-
ſemblées , s'en eſtime davantage & prend
plus de confiance en elle-même. On lui en
donne encore plus en lui montrant des ſol-
dats retirés du ſervice étranger, en ſavoir
moins qu'elle à tous égards ; car quoiqu'on
faſſe , jamais cinq ſols de paie & la peur des
coups de canne ne produiront une émulation pareille à celle que donne à un homme
libre & ſous les armes la préſence de ſes
parens , de ſes voiſins, de ſes amis , de ſa
maîtreſſe , & la gloire de ſon pays.

La grande maxime de Madame de Wolmar eſt donc de ne point favoriſer les changemens de condition, mais de contribuer à rendre heureux chacun dans la ſienne, & ſur-tout d'empêcher que la plus heureuſe de toutes, qui eſt celle du villageois dans un Etat libre, ne ſe dépeuple eń faveur des autres.

Je lui faiſois là-deſſus l'objection des talens divers que la nature ſemble avoir partagés aux hommes, pour leur donner à châcun leur emploi, ſans égard à la condition dans laquelle ils ſont nés. A cela elle me répondit qu'il y avoit deux choſes à conſidérer avant le talent, ſavoir les mœurs & la félicité. L'homme, dit-elle, eſt un être trop noble pour devoir ſervir ſimplement d'inſtrument à d'autres, & l'on ne doit point l'employer à ce qui leur convient ſans conſulter auſſi ce qui lui convient à lui-même; car les hommes ne ſont pas faits pour les places, mais les places ſont faites pour eux, & pour diſtribuer convenablement les choſes il ne faut pas tant chercher dans leur partage l'emploi auquel chaque homme eſt le plus propre, que celui qui eſt le plus propre à chaque homme, pour le rendre bon & heureux autant qu'il eſt poſſible. Il n'eſt jamais permis de détériorer une ame humaine pour l'avantage des autres, ni de faire un ſcélérat pour le ſervice des honnêtes-gens.

Or, de mille ſujets qui ſortent du village, il n'y en a pas dix qui n'aillent ſe perdre à la

ville, ou qui n'en portent les vices plus
loin que les gens dont ils les ont appris.
Ceux qui réuffiffent & font fortune, la
font prefque tous par les voies déshonnêtes qui y menent. Les malheureux qu'elle
n'a point favorifés ne reprennent plus leur
ancien état & fe font mendians ou voleurs,
plutôt que de revenir payfans. De ces mille s'il s'en trouve un feul qui réfifte à l'exemple & fe conferve honnête-homme, pen-
fez-vous qu'à tout prendre, celui-là paffe
à l'abri des paffions violentes, dans la
tranquille obfcurité de fa premiére condition ?

Pour fuivre fon talent, il le faut connoître. Eft-ce une chofe aifée de difcerner
toujours les talens des hommes, & à l'âge
où l'on prend un parti fi l'on a tant de peine à bien connoître ceux des enfans qu'on
a le mieux obfervés, comment un petit
payfan faura-t-il de lui-même diftinguer
les fiens ? Rien n'eft plus équivoque que
les fignes d'inclination qu'on donne dès
l'enfance, l'efprit imitateur y a fouvent
plus de part que le talent; ils dépendront
plutôt d'une rencontre fortuite que d'un
penchant décidé, & le penchant même
n'annonce pas toujours la difpofition. Le
vrai talent, le vrai génie a une certaine
fimplicité qui le rend moins inquiet, moins
remuant, moins prompt à fe montrer qu'un
apparent & faux talent qu'on prend pour
véritable, & qui n'eft qu'une vaine ardeur

de

de briller, sans moyens pour y réussir. Tel entend un tambour & veut être Général ; un autre voit bâtir & se croit Architecte. Gustin mon jardinier prit le goût du dessein pour m'avoir vu dessiner ; je l'envoyai apprendre à Lausane ; il se croyoit déjà peintre, & n'est qu'un jardinier. L'occasion, le désir de s'avancer, décident de l'état qu'on choisit. Ce n'est pas assez de sentir son génie, il faut aussi vouloir s'y livrer. Un Prince ira-t-il se faire cocher, parce qu'il mene bien son carrosse ? Un Duc se fera-t-il Cuisinier, parce qu'il invente de bons ragoûts ? On n'a des talens que pour s'élever, personne n'en a pour descendre : pensez-vous que ce soit-là l'ordre de la nature ? Quand chacun connoîtroit son talent & voudroit le suivre, combien le pourroient ? Combien surmonteroient d'injustes obstacles ? Combien vaincroient d'indignes Concurrens ? Celui qui sent sa foiblesse appelle à son secours le manège & la brigue, que l'autre plus sûr de lui dédaigne. Ne m'avez-vous pas cent fois dit vous-même que tant d'établissemens en faveur des arts ne font que leur nuire ? En multipliant indiscrétement les Sujets on les confond, le vrai mérite reste étouffé dans la foule, & les honneurs dûs au plus habile sont tous pour le plus intrigant. S'il existoit une société où les emplois & les rangs fussent exactement mesurés sur les talens & le mérite personnel, chacun pourroit aspirer à la place qu'il fauroit le mieux remplir; mais il faut fe conduire par des régles plus fûres & renoncer aux prix des talens, quand le plus vil de tous eft le feul qui mene à la fortune.

Je vous dirai plus, continua-t-elle; j'ai peine à croire que tant de talens divers doivent être tous développés; car il faudroit pour cela que le nombre de ceux qui les poffédent fut exactement proportionné aux befoins de la fociété, & fi l'on ne laiffoit au travail de la terre que ceux qui ont éminemment le talent de l'agriculture, ou qu'on enlevât à ce travail tous ceux qui font plus propres à un autre, il ne refteroit pas affez de laboureurs pour la cultiver & nous faire vivre. Je penferois que les talens des hommes font comme les vertus des drogues que la nature nous donne pour guérir nos maux, quoique fon intention foit que nous n'en ayons pas befoin. Il y a des plantes qui nous empoifonnent, des animaux qui nous dévorent, des talens qui nous font pernicieux. S'il falloit toujours employer chaque chofe felon fes principales propriétés, peut-être feroit-on moins de bien que de mal aux hommes. Les peuples bons & fimples n'ont pas befoin de tant de talens; ils fe foutiennent mieux par leur feule fimplicité que les autres par toute leur induftrie. Mais à mefure qu'ils fe corrompent, leurs talens fe développent comme pour fervir de fupplément aux vertus qu'ils perdent, & pour forcer les méchans eux-mêmes d'être utiles en dépit d'eux.

Une autre chofe fur laquelle j'avois peine à tomber d'accord avec elle, étoit l'affiftance des mendians. Comme c'eft ici une grande route, il en paffe beeucoup, & l'on ne refufe l'aumône à aucun. Je lui repréfentai que ce n'étoit pas feulement un bien jetté à pure perte, & dont on privoit ainfi le vrai pauvre; mais que cet ufage contribuoit à multiplier les gueux & les vagabonds qui fe plaifent à ce lâche métier, &, fe rendant à charge à la fociété, la privent encore du travail qu'ils y pourroient faire.

Je vois bien, me dit-elle, que vous avez pris dans les grandes Villes les maximes, dont de comp'aifans raifonneurs aiment à flatter la dureté des riches; vous en avez même pris les termes. Croyez-vous dégrader un pauvre de fa qualité d'homme, en lui donnant le nom méprifant de gueux? compatiffant comme vous l'êtes, comment avez-vous pu vous réfoudre à l'employer? Renoncez-y, mon ami, ce mot ne va point dans votre bouche; il eft plus déshonorant pour l'homme dur qui s'en fert que pour le malheureux qui le porte. Je ne déciderai point fi ces détracteurs de l'aumône ont tort ou raifon; ce que je fais, c'eft que mon mari, qui ne céde point en bon fens à vos Philofophes, & qui m'a fouvent rapporté tout ce qu'ils difent là-deffus pour étouffer dans le cœur la pitié naturelle & l'exercer à l'infenfibilité, m'a toujours paru méprifer ces difcours, & n'a point défaprouvé ma conduite. Son raifonnement eft fimple. On fouffre, dit-elle, & l'on entretient à grands frais des multitudes de profeffions inutiles dont plufieurs ne fervent qu'à corrompre & gâter les mœurs. A ne regarder l'état de mendiant que comme un métier, loin qu'on en ait rien de pareil à craindre, on n'y trouve que de quoi nourrir en nous les fentimens d'intérêt & d'humanité qui devroient unir tous les hommes. Si l'on veut le confidérer par le talent, pourquoi ne récompenferois-je pas l'éloquence de ce mendiant qui me remue le cœur & me porte à le fecourir, comme je paie un Comédien qui me fait verfer quelques larmes ftériles? Si l'un me fait aimer les bonnes actions d'autrui, l'autre me porte à en faire moi-même : tout ce qu'on fent à la Tragédie, s'oublie à l'inftant qu'on en fort ; mais la mémoire des malheureux qu'on a foulagés donne un plaifir qui renait fans ceffe. Si le grand nombre des mendians eft onéreux à l'Etat, de combien d'autres profeffions qu'on encourage & qu'on tolére n'en peut-on pas dire autant ? C'eft au Souverain de faire enforte qu'il n'y ait point de mendians : mais pour les rebuter de leur profeffion, (g) faut-il rendre les Citoyens

(g) Nourrir les mendians, c'eft, difent-ils, former des

inhumains & dénaturés? Pour moi, conti‑
nua Julie, sans savoir ce que les pauvres
font à l'Etat, je sais qu'ils sont tous mes
frères, & que je ne puis sans une inexcu‑
fable dureté leur refuser le foible secours
qu'ils me demandent. La plupart sont des
vagabonds, j'en conviens; mais je con‑
nois trop les peines de la vie pour ignorer
par combien de malheurs un honnête‑
homme peut se trouver réduit à leur sort,
& comment puis‑je être sûre que l'incon‑
nu qui vient implorer au nom de Dieu
mon assistance, & mendier un pauvre mor‑
ceau de pain, n'est pas, peut‑être, cet
honnête‑homme prêt à périr de misère,
& que mon refus va réduire au désespoir?
L'aumône que je fais donner à la porte est
légère. Un demi‑crutz (*f*) & un morceau

pépinières de voleurs, & tout au contraire, c'est empê‑
cher qu'ils ne le deviennent. Je conviens qu'il ne faut
pas encourager les pauvres à se faire mendians, mais quand
une fois ils le sont, il faut les nourrir, de peur qu'ils
ne se fassent voleurs. Rien n'engage tant à changer de
profession, que de ne pouvoir vivre dans la sienne or,
tous ceux qui ont une fois goûté de ce métier oiseux pren‑
nent tellement le travail en aversion, qu'ils aiment mieux
voler & se faire pendre, que de reprendre l'usage de leurs
bras. Un liard est bientôt demandé & refusé, mais vingt
liards auroient payé le soupe d'un pauvre que vingt refus
peuvent impatienter. Qui est‑ce qui voudroit jamais refu‑
ser une si légère aumône s'il songeoit qu'elle peut sauver
deux hommes, l'un du crime & l'autre de la mort? J'ai lu
quelque part que les mendians font une vermine qui s'at‑
tachent aux riches. Il est naturel que les enfans s'attachent
aux pères, mais ces pères opulens & durs les méconnoif‑
fent, & laissent aux pauvres le soin de les nourrir.

(*f*) Petite monnoie du pays.

de pain sont ce qu'on ne refuse à personne, on donne une ration double à ceux qui sont évidemment estropiés. S'ils en trouvent autant sur leur route dans chaque maison aisée, cela suffit pour les faire vivre en chemin, & c'est tout ce qu'on doit au mendiant étranger qui passe. Quand ce ne seroit pas pour eux un secours réel, c'est au moins un témoignage quand on prend part à leur peine, un adoucissement à la dureté du refus, une sorte de salutation qu'on leur rend. Un demi-crutz & un morceau de pain ne coûtent guère plus à donner & sont une réponse plus honnête qu'un, *Dieu vous assiste* ; comme si les dons de Dieu n'étoient pas dans la main des hommes, & qu'il eut d'autres greniers sur la terre que les magasins des riches ? Enfin, quoiqu'on puisse penser de ces infortunés, si l'on ne doit rien au gueux qui mendie, au moins se doit-on à soi-même de rendre honneur à l'humanité souffrante ou à son image, & de ne point s'endurcir le cœur à l'aspect de ses misères.

Voilà comment j'en use avec ceux qui mendient, pour ainsi dire, sans prétexte & de bonne foi : à l'égard de ceux qui se disent ouvriers, & se plaignent de manquer d'ouvrage, il y a toujours ici pour eux des outils & du travail qui les attendent. Par cette méthode on les aide, on met leur bonne volonté à l'épreuve, & les menteurs le savent si bien qu'il ne s'en présente plus chez nous.

C'eſt ainſi, Milord, que cette ame an-
gélique trouve toujours dans ſes vertus de
quoi combattre les vaines ſubtilités dont
les gens cruels pallient leurs vices. Tous
ces ſoins & d'autres ſemblables ſont mis
par elle au rang de ſes plaiſirs, & rempliſ-
ſent une partie du temps que lui laiſſent ſes
devoirs les plus chéris. Quand, après s'ê-
tre acquittée de tout ce qu'elle doit aux autres, elle ſonge enſuite à elle-même, ce qu'elle
fait pour ſe rendre la vie agréable, peut
encore être compté parmi ſes vertus; tant
ſon motif eſt toujours louable & honnête,
& tant il y a de tempérance & de raiſon
dans tout ce qu'elle accorde à ſes deſirs!
Elle veut plaire à ſon mari qui aime à la
voir contente & gaie; elle veut inſpirer à
ſes enfans le goût des innocens plaiſirs que
la modération, l'ordre & la ſimplicité ſont
valoir, & qui détournent le cœur des
paſſions impétueuſes. Elle s'amuſe pour les
amuſer, comme la colombe amollit dans
ſon eſtomac le grain dont elle veut nourrir
ſes petits.

Julie a l'ame & le corps également ſenſibles. La même délicateſſe régne dans ſes
ſentimens & dans ſes organes. Elle étoit
faite pour connoître & goûter tous les plaiſirs, & long-temps elle n'aima ſi chérement
la vertu même que comme la plus douce
des voluptés. Aujourd'hui, qu'elle ſent en
paix cette volupté ſuprême, elle ne ſe refuſe aucune de celles qui peuvent s'aſſocier

avec celle-là ; mais fa maniére de les goûter reffemble à l'auftérité de ceux qui s'y
refufent, & l'art de jouir, eft pour elle celui des privations ; non de ces privations
pénibles & douloureufes qui bleffent la nature & dont fon auteur dédaigne l'hommage infenfé, mais des privations paffage-
res & modérées, qui confervent à la raifon fon empire, & fervant d'affaifonne-
ment au plaifir, en préviennent le dégoût
& l'abus. Elle prétend que tout ce qui tient
au fens & n'eft pas néceffaire à la vie,
change de nature auffi-tôt qu'il tourne en
habitude, qu'il ceffe d'être un plaifir en devenant un befoin, que c'eft à la fois une
chaine qu'on fe donne, & une jouiffance
dont on fe prive ; & que prévenir toujours
les defirs n'eft pas l'art de les contenter,
mais de les éteindre. Tout celui qu'elle
emploie à donner du prix aux moindres
chofes, eft de fe les refufer vingt fois pour
en jouir une. Cette ame fimple fe conferve
ainfi fon premier reffort ; fon goût ne s'ufe
point ; elle n'a jamais befoin de le ranimer
par des excès, & je la vois fouvent favourer
avec délice un plaifir d'enfant, qui feroit
infipide à tout autre.

Un objet plus noble qu'elle fe propofe encore en cela, eft de refter maîtreffe d'elle-
même, d'accoutumer fes paffions à l'obéif-
fance, & de plier tous fes defirs à la régle.
C'eft un nouveau moyen d'être heureufe,
car on ne jouit fans inquiétude que de ce

qu'on peut perdre fans peine , & fi le vrai
bonheur appartient au fage , c'eft parce qu'il
eft de tous les hommes celui à qui la fortune
peut le moins ôter.

Ce qui me paroît plus fingulier dans fa
tempérance, c'eft qu'elle la fuit fur les mêmes raifons, qui jettent le voluptueux dans
l'excès. La vie eft courte, il eft vrai, dit-
elle ; c'eft une raifon d'en ufer jufqu'au bout ,
& de difpenfer avec art fa durée, afin d'en
tirer le meilleur parti qu'il eft poffible. Si un
jour de fatiété nous ôte un an de jouïffan-
ce, c'eft une mauvaife philofophie d'aller
toujours jufqu'où le defir nous mene, fans
confidérer fi nous ne ferons point plutôt au
bout de nos facultés que de notre carrière.,
& fi notre cœur épuifé ne mourra point
avant nous. Je vois que ces vulgaires Epi-
curiens , pour ne vouloir jamais perdre une
occafion , les perdent toutes , & toujours
ennuyées au fein des plaifirs , n'en favent
jamais trouver aucun. Ils prodiguent le temps
qu'ils penfent économifer , & fe ruinent
comme les avares, pour ne favoir rien
perdre à propos. Je me trouve bien de la
maxime oppofée, & je crois que j'aimerois
encore mieux fur ce point trop de févérité
que de relâchement. Il m'arrive quelquefois
de rompre une partie de plaifir, par la feule
raifon qu'elle m'en fait trop. En la renouant
j'en jouïs deux fois. Cependant, je m'exerce
a conferver fur moi l'empire de ma volonté, & j'aime mieux être taxée de caprice,

que de me laisser dominer par mes fantaisies.

Voilà sur quel principe on fonde ici les
douceurs de la vie, & les choses de pur
agrément. Julie a du penchant à la gour-
mandise, & dans les soins qu'elle donne à
toutes les parties du ménage, la cuisine sur-
tout n'est pas négligée. La table se sent de
l'abondance générale, mais cette abondance
n'est point ruineuse; il y regne une sensua-
lité sans rafinement ; tous les mets sont
communs, mais excellens dans leurs espè-
ces ; l'apprêt en est simple & pourtant exquis.
Tout ce qui n'est que d'appareil, tout ce qui
tient à l'opinion, tous les plats fins & re-
cherchés, dont la rareté fait tout le prix &
qu'il faut nommer pour les trouver bons,
en sont bannis à jamais, & même dans la
délicatesse & le choix de ceux qu'on se permet, on s'abstient journellement de certaines choses qu'on réserve pour donner à
quelques repas un air de fête qui les rend
plus agréables sans être plus dispendieux.
Que croiriez-vous que sont ces mets si so-
brement ménagés? Du gibier rare ? du pois-
son de mer? Des productions étrangères ?
Mieux que tout cela. Quelque excellent lé-
gume du pays, quelqu'un des savoureux
herbages qui croissent dans nos jardins, certains poissons du lac apprêtés d'une certaine
manière, certains laitages de nos monta-
gnes, quelque patisserie à l'allemande, à
quoi l'on joint quelque pièce de la chasse

des gens de la maison ; voilà tout l'extraordinaire qu'on y remarque ; voilà ce qui couvre & orne la table, ce qui excite & contente notre appétit les jours de réjouissance ; le service est modeste & champêtre, mais propre & riant, la grace & le plaisir y sont, la joie & l'appétit l'assaisonnent ; des surtous dorés autour desquels on meurt de faim, des cryfaux pompeux chargés de fleurs pour tout dessert, ne remplissent point la place des mets ; on n'y fait point l'art de nourrir l'estomac par les yeux, mais on y fait celui d'ajouter du charme à la bonne chère, de manger beaucoup sans s'incommoder, de s'égayer à boire sans altérer sa raison, de tenir table long-temps sans ennui, & d'en sortir toujours sans dégoût.

Il y a au premier étage une petite salle à manger différente de celle où l'on mange ordinairement, laquelle est au rez-de-chaussée. Cette salle particulière est à l'angle de la maison & éclairée de deux côtés. Elle donne par l'un sur le jardin, au-delà duquel on voit le lac à travers les arbres ; par l'autre on apperçoit ce grand côteau de vignes qui commence d'étaler aux yeux les richesses qu'on y recueillera dans deux mois. Cette piece est petite, mais ornée de tout ce qui peut la rendre agréable & riante. C'est-là que Julie donne ses petits festins à son pére, à son mari, à sa cousine, à moi, à elle-même, & quelquefois à ses enfans. Quand elle ordonne d'y mettre le couvert, on fait

d'avance ce que cela veut dire, & M. de
Wolmar l'appelle en riant le fallon d'Apollon; mais ce fallon ne diffère pas moins de
celui de Lucullus par le choix des convi-
ves que par celui des mets. Les fimples hôtes n'y font point admis ; jamais on n'y mange quand on a des étrangers ; c'eft l'afyle
inviolable de la confiance , de l'amitié, de
la liberté. C'eft la fociété des cœurs, qui lie
en ce lieu celle de la table; elle eft une forte
d'initiation à l'intimité , & jamais il ne s'y
raffemble que des gens qui voudroient n'ê-
tre plus féparés. Milord, la fête vous attend,
& c'eft dans cette falle que vous ferez ici
votre premier repas.

Je n'eus pas d'abord le même honneur.
Ce ne fut qu'à mon retour de chez Madame
d'Orbe que je fus traité dans le fallon d'A-
pollon. Je n'imaginois pas qu'on pût rien
ajouter d'obligeant à la réception qu'on m'a-
voit faite ; mais ce fouper me donna d'autres
idées. J'y trouvai je ne fais quel délicieux
mêlange de familiarité, de plaifir, d'union,
d'aifance , que je n'avois point encore
éprouvé. Je me fentois plus libre qu'on
m'eut averti de l'être ; il me fembloit que
nous nous entendions mieux qu'auparavant.
L'éloignement des domeftiques m'invitoit à
n'avoir plus de réferve au fond de mon
cœur, & c'eft-là qu'à l'inftance de Julie je
repris l'ufage quitté depuis tant d'années, de
boire avec mes hôtes du vin pur à la fin du
repas.

Ce fouper m'enchanta. J'aurois voulu que tous nos repas fe fuffent paffés de même. Je ne connoiffois point cette charmante falle, dis-je à Madame de Wolmar; pourquoi n'y mangez-vous pas toujours? Voyez, dit-elle, elle eft fi jolie! ne feroit-ce pas dommage de la gâter? Cette réponfe me parut trop loin de fon caractère pour n'y pas foupçonner quelque fens caché. Pourquoi du moins, repris-je, ne raffemblez-vous pas toujours autour de vous les mêmes commodités qu'on trouve ici, afin de pouvoir éloigner vos domeftiques & caufer plus en liberté? C'eft, me répondit-elle encore, que cela feroit trop agréable, & que l'ennui d'être toujours à fon aife eft enfin le pire de tous. Il ne m'en fallut pas davantage pour concevoir fon fyftême, & je jugeai qu'en effet, l'art d'affaifonner les plaifirs, n'eft que celui d'en être avare.

Je trouve qu'elle fe met avec plus de foin qu'elle ne faifoit autrefois. La feule vanité qu'on lui ait jamais reproché, étoit de négliger fon ajuftement. L'orgueilleufe avoit fes raifons, & ne me laiffoit point de prétexte pour méconnoître fon empire. Mais, elle avoit beau faire, l'enchantement étoit trop fort pour me fembler naturel; je m'opiniâtrois à trouver de l'art dans fa négligence; elle fe feroit coëffée d'un fac, que je l'aurois accufée de coquetterie. Elle n'auroit pas moins de pouvoir aujourd'hui, mais elle dédaigne de l'employer, & je dirois qu'elle

affecte une parure plus recherchée pour ne
fembler plus qu'une jolie femme , fi je n'a-
vois découvert la caufe de ce nouveau foin.
J'y fus trompé les premiers jours , & fans
fonger qu'elle n'étoit pas mife autrement
qu'à mon arrivée , où je n'étois point attendu , j'ofai m'attribuer l'honneur de cette recherche. Je me défabufai durant l'abfence de
M. de Wolmar. Dès le lendemain ce n'étoit
plus cette élégance de la veille dont l'œil
ne pouvoit fe laffer , ni cette fimplicité
touchante & voluptueufe qui m'enivroit autrefois. C'étoit une certaine modeftie qui
parle au cœur par les yeux , qui n'infpire
que du refpect & que la beauté rend plus
impofante. La dignité d'époufe & de mère
régnoit fur tous ces charmes ; ce regard timide & tendre étoit devenu plus grave , &
l'on eût dit qu'un air plus grand & plus noble avoit voilé la douceur de ces traits. Ce
n'étoit pas qu'il y eût la moindre altération
dans fon maintien ni dans fes manières ; fon
égalité, fa candeur ne connurent jamais les
fimagrées. Elle ufoit feulement du talent naturel aux femmes, de changer quelquefois
nos fentimens & nos idées pur un ajuftement différent , par une coëffure d'une autre forme, par une robe d'une autre couleur, & d'exercer fur les cœurs l'empire du
goût, en faifant de rien quelque chofe. Le
jour qu'elle attendoit fon mari de retour,
elle retrouva l'art d'animer ces graces naturelles fans les couvrir ; elle étoit éblouiffante

en fortant de fa toilette, je trouvai qu'elle
ne favoit pas moins effacer la plus brillante
parure qu'orner la plus fimple, & je me dis
avec dépit, en pénétrant l'objet de fes foins:
en fit-elle jamais autant pour l'amour?

Ce goût de parure s'étend de la maîtreffe
de la maifon à tout ce qui la compofe. Le
maitre, les enfans, les domeftiques, les
chevaux, les bâtimens, les jardins, les meubles, tout eft tenu avec un foin qui marque
qu'on n'eft pas au deffous de la magnificence, mais qu'on la dédaigne. Ou plutôt la
magnificence y eft en effet, s'il eft vrai
qu'elle confifte moins dans la richeffe de
certaines chofes que dans un bel ordre du
tout, qui marque le concert des parties &
l'unité d'intention de l'ordonnateur. (g)
Pour moi je trouve au moins que c'eft une
idée plus grande & plus noble de voir dans
une maifon fimple & modefte, un petit nombre de gens heureux d'un bonheur commun, que de voir regner dans un palais la
difcorde & le trouble, & chacun de ceux
qui l'habitent, chercher fa fortune & fon

(g) Cela me paroît inconteftable, il y a de la magnificence dans la fymmétrie d'un grand Palais; il n'y en a
point dans une foule de maifons confufémem entaffées.
Il y a de la magnificence dans l'uniforme d'un Régiment en
bataille; il n'y en a point dans le peuple qui le regarde;
quoiqu'il ne s'y trouve peut-être pas un feul homme dont
l'habit en particulier ne vaille mieux que celui d'un fol-
dat. En un mot, la véritable magnificence n'eft que l'ordre rendu fenfible dans le grand; ce qui fait que de tous
les fpectacles imaginables le plus magnifique eft celui de la
nature.

bonheur dans la ruine.d'un autre & dans le désordre général. La maison bien réglée est une, & forme un tout agréable à voir : dans le palais on ne trouve qu'un assemblage confus de divers objets, dont la liaison n'est qu'apparente. Au premier coup d'œil on croit voir une fin commune ; en y regardant mieux on est bientôt détrompé. .

A ne consulter que l'impression la plus naturelle, il sembleroit que pour dédaigner l'éclat & le luxe, on a moins besoin de modération que de goût. La symmétrie & la régularité plait à tous les yeux. L'image du bien-être & de la félicité, touche le cœur humain qui en est avide ; mais un vain appareil, qui ne se rapporte ni à l'ordre ni au bonheur, & n'a pour objet que de frapper les yeux, quelle idée favorable à celui qui l'étale peut-il exciter dans l'idée du spectateur ? l'idée du goût ? Le goût ne paroît-il pas cent fois mieux dans les choses simples que dans celles qui sont offusquées de richesse. L'idée de la commodité ? Y a-t-il rien de plus incommode que le faste ? (h) L'i-

(h) Le bruit des gens d'une maison, trouble incessamment le repos du maître, il ne peut rien cacher à tant d'Argus. La foule de ses créanciers lui fait payer cher celle de ses admirateurs. Ses appartemens sont si superbes, qu'il est forcé de coucher dans une bouge pour être à son aise, & son singe est quelquefois mieux logé que lui. S'il veut dîner, il dépend de son cuisinier & jamais de sa faim · s'il veut sortir, il est à la merci de ses chevaux ; mille embarras l'arrêtent dans les rues, il brûle d'arriver, & ne fait plus qu'il a des jambes. Chloé l'attend, les boues le retiennent, le poids de l'or de son ha-

dée de la grandeur ? C'est précisément le contraire. Quand je vois qu'on a voulu faire un grand palais, je me demande aussi-tôt pourquoi ce palais n'est pas plus grand ? Pourquoi celui qui a cinquante domestiques, n'en a-t-il pas cent ? Cette belle vaisselle d'argent, pourquoi n'est-elle pas d'or ? Cet homme qui dore son carosse, pourquoi ne dore-t-il pas ses lambris ? Si ses lambris sont dorés, pourquoi son toit ne l'est-il pas ? Celui qui voulut bâtir une haute tour, faisoit bien de la vouloir porter jusqu'au Ciel; autrement il eut eu beau l'élever; le point où il se fut arrêté n'eut servi qu'à donner de plus loin la preuve de son impuissance. O homme petit & vain, montre-moi ton pouvoir, je te montrerai ta misére !

Au contraire, un ordre de choses où rien n'est donné à l'opinion, où tout a son utilité réelle & qui se borne aux vrais besoins de la nature, n'offre pas seulement un spectacle approuvé par la raison, mais qui contente les yeux & le cœur, en ce que l'homme ne s'y voit que sous des rapports agréables, comme se suffisant à lui-même, que l'image de sa foiblesse n'y paroît point, & que ce riant tableau n'excite jamais de réflexions attristantes. Je défie aucun homme sensé de contempler une

bit l'accable, & il ne peut faire vingt pas à pied; mais s'il perd un rendez-vous avec sa maîtresse, il en est bien dédommagé par les passans. chacun remarque sa livrée, l'admire, & dit tout haut que c'est Monsieur un tel.

heure durant le Palais d'un Prince, & le faſte qu'on y voit briller ſans tomber dans la mélancolie & déplorer le ſort de l'humanité. Ma's l'aſpect de cette maiſon & de la vie uniforme & ſimple de ſes habitans, répand dans l'ame des ſpectateurs un charme ſecret qui ne fait qu'augmenter ſans ceſſe. Un petit nombre de gens doux & paiſibles, unis par des beſoins mutuels & par une réciproque bienveillance, y concourt par divers ſoins à une fin commune : chacun trouvant dans ſon état tout ce qu'il faut pour en être content & ne point deſirer d'en ſortir, on s'y attache comme y devant reſter toute la vie, & la ſeule ambition qu'on garde, eſt celle d'en bien remplir les devoirs. Il y a tant de modération dans ceux qui commandent, & tant de zele dans ceux qui obéiſſent, que des égaux euſſent pu diſtribuer entr'eux les mêmes emplois, ſans qu'aucun ſe fût plaint de ſon partage. Ainſi, nul n'envie celui d'un autre ; nul ne croit pouvoir augmenter ſa fortune, que par l'augmentation du bien commun; les maitres mêmes ne jugent de leur bonheur que par celui des gens qui les environnent. On ne ſauroit qu'ajouter ni que retrancher ici, parce qu'on n'y trouve que les choſes utiles & qu'elles y ſont toutes; en ſorte qu'on n'y ſouhaite rien de ce qu'on n'y voit pas, & qu'il n'y a rien de ce qu'on y voit, dont on puiſſe dire, pourquoi n'y en a-t-il pas davantage ? Ajoutez:

y du galon , des tableaux , un luſtre , de la dorure , à l'inſtant vous appauvrirez tout. Et voyant tant d'abondance dans le néceſſaire , & nulle trace de ſuperflu, on eſt porté à croire que s'il n'y eſt pas, c'eſt qu'on n'a pas voulu qu'il y fût , & que ſi on le vouloit , il y régneroit avec la même profuſion : en voyant continuellement les biens refluer au dehors par l'aſſiſtance du pauvre , on eſt porté à dire ; cette maiſon ne peut contenir toutes ces richeſſes. Voilà , ce me ſemble , la véritable magnificence.

Cet air d'opulence m'effraya moi-même, quand je fus inſtruit de ce qui ſervoit à l'entretenir. Vous vous ruinez , dis-je à M. & Madame de Wolmar. Il n'eſt pas poſſible qu'un ſi modique revenu ſuffiſe à tant de dépenſes. Ils ſe mirent à rire, & me firent voir que , ſans rien retrancher dans leur maiſon, il ne tiendroit qu'à eux d'épargner beaucoup, & d'augmenter leur revenu plutôt que de ſe ruiner. Notre grand ſecret pour être riches, me dirent-ils, eſt d'avoir peu d'argent, & d'éviter autant qu'il ſe peut dans l'uſage de nos biens les échanges intermédiaires entre le produit & l'emploi. Aucun de ces échanges ne ſe fait ſans perte, & ces pertes multipliées réduiſent preſque à rien d'aſſez grands moyens, comme à force d'être brocantée une belle boîte d'or devient un mince colifichet. Le tranſport de nos revenus s'évite en les employant fur le lieu, l'échange s'en évite encore en les confommant en nature, & dans l'indifpenfable converfion de ce que nous avons de trop en ce qui nous manque, au lieu des ventes & des achats pécuniaires qui doublent le préjudice, nous cherchons des échanges réels où la commodité de chaque contractant tienne lieu de profit à tous deux.

Je conçois, leur dis je, les avantages de cette méthode ; mais elle ne me paroît pas fans inconvénient. Outre les foins importuns auxquels elle affujettit, le profit doit être plus apparent que réel, & ce que vous perdez dans le détail de la régie de vos biens l'emporte probablement fur le gain que feroient avec vous vos Fermiers : car le travail fe fera toujours avec plus d'économie & la récolte avec plus de foin par un payfan que par vous. C'eft une erreur, me répondit Wolmar ; le payfan fe foucie moins d'augmenter le produit que d'épargner fur les frais, parce que les avances lui font utiles ; comme fon objet n'eft pas tant de mettre un fonds en valeur que d'y faire peu de dépenfe ; s'il s'affure un gain actuel, c'eft bien moins en améliorant la terre qu'en l'épuifant, & le mieux qui puiffe arriver, eft qu'au lieu de l'épuifer il la néglige. Ainfi pour un peu d'argent comptant recueilli fans embarras, un Propriétaire oifif prépare à lui ou à fes enfans de grandes pertes, de grands travaux, & quelquefois la ruine de fon patrimoine.

D'ailleurs, pourſuivit M. de Wolmar, je ne diſconviens pas que je faſſe la ·culture de mes Terres à plus grands frais que ne feroit un Fermier ; mais auſſi le profit du Fermier c'eſt moi qui le fais , & cette culture étant beaucoup meilleure, le produit eſt beaucoup plus grand ; de ſorte, qu'en dépenſant davantage, je ne laiſſe pas de gagner encore. Il y a plus ; cet excès de dépenſe n'eſt qu'apparent & produit réellement une très-grande économie : car , ſi d'autres cultivoient nos terres , nous ſerions oiſiſs ; il faudroit demeurer à la ville, la vie y ſeroit plus chére, il nous faudroit des amuſemens qui nous coûteroient beaucoup plus que ceux que nous trouvons ici , & nous ſeroient moins ſenſibles. Ces ſoins que vous appellez importuns ſont à la fois nos devoirs & nos plaiſirs ; grace à la prévoyance avec laquelle on les ordonne, ils ne ſont jamais pénibles ; ils nous tiennent lieu d'une foule de fantaiſies ruineuſes dont la vie champêtre préviént ou détruit le goût , & tout ce qui contribue à notre bien êtıe, devient pour nous un amuſement.

Jettez les yeux tout autour de vous , ajoutoit ce judicieux pére de famille , vous n'y verrez que des choſes ütiles , qui ne nous coûtent preſque rien & nous épargnent mille vaines dépenſes. Les ſeules denrées du crû couvrent notre table ; les ſeules étoffes du pays compoſent preſque nos

meubles & nos habits : rien n'eſt mépriſé
parce qu'il eſt commun, rien n'eſt eſtimé
parce qu'il eſt rare. Comme tout ce qui
vient de loin eſt ſujet à être déguiſé ou fal-
ſifié, nous nous bornons, par délicateſſe autant que par modération, au choix de ce
qu'il y a de meilleur auprès de nous, & dont
la qualité n'eſt pas ſuſpecte. Nos mets ſont
ſimples, mais choiſis. Il ne manque à notre table pour être ſomptueuſe que d'être
ſervie loin d'ici ; car tout y eſt bon, tout y
feroit rare, & tel gourmand trouveroit les
truites du lac bien meilleures, s'il les mangeoit à Paris.

La même regle a lieu dans le choix de
la parure, qui, comme vous voyez n'eſt pas
négligée, mais l'élégance y préſide ſeule,
la richeſſe ne s'y montre jamais, encore
moins la mode. Il y a une grande différence entre le prix que l'opinion donne aux
choſes, & celui qu'elles ont réellement. C'eſt
à ce dernier ſeul que Julie s'attache, &
quand il eſt queſtion d'une étoffe, elle ne
cherche pas tant ſi elle eſt ancienne ou
nouvelle, que ſi elle eſt bonne & ſi elle
lui ſied. Souvent même la nouveauté ſeule
eſt pour elle un motif d'excluſion, quand
cette nouveauté donne aux choſes un prix
qu'elles n'ont pas, ou qu'elles ne ſauroient
garder.

Conſidérez encore qu'ici l'effet de chaque choſe vient moins d'elle-même que de
ſon uſage & de ſon accord avec le reſte ;

de forte, qu'avec des parties de peu de valeur, Julie a fait un tout d'un grand prix.
Le goût aime à créer, à donner feule la valeur aux chofes. Autant la loi de la mode
eft inconftante & ruineufe, autant la fienne
eft économe & durable. Ce que le bon
goût approuve une fois eft toujours bien ;
s'il eft rarement à la mode, en revan-
che il n'eft jamais ridicule, & dans fa modefte fimplicité, il tire de la convenance
des chofes, des régles inaltérables & fûres,
qui reftent quand les modes ne font plus.

Ajoutez enfin, que l'abondance du feul
néceffaire ne peut dégénérer en abus ; parce que le néceffaire a fa mefure naturelle,
& que les vrais befoins n'ont jamais d'excès.
On peut mettre la dépenfe de vingt habits
en un feul, & manger en un repas le revenu d'une année ; mais on ne fauroit porter
deux habits en même-temps, ni dîner deux
fois en un jour. Ainfi, l'opinion eft illimi-
tée, au lieu que la nature nous arrête de
tous côtés, & celui qui dans un état médiocre fe borne au-bien-être, ne rifque point
de fe ruiner.

Voilà, mon cher, continuoit le fage
Wolmar, comment avec de l'économie
& des foins on peut fe mettre au-deffus
de fa fortune. Il ne tiendroit qu'à nous
d'augmenter la nôtre fans changer notre
manière de vivre ; car il ne fe fait ici prefque aucune avance qui n'ait un produit pour
objet, & tout ce que nous dépenfons nous

rend de quoi dépenfer beaucoup plus.

Hé bien, Milord, rien de tout cela ne paroît au premier coup d'œil. Par-tout un air de profufion couvre l'ordre qui le donne; il faut du temps pour appercevoir des loix fomptuaires qui menent à l'aifance & au plaifir, & l'on a d'abord peine à comprendre comment on jouit de ce qu'on épargne. En y réfléchiffant le contentement augmente, parce qu'on voit que la fource en eft intariffable & que l'art de goûter le bonheur de la vie, fert encore à le prolonger. Comment fe lafferoit-on d'un état fi conforme à la nature? Comment épuiferoit-on fon héritage en l'améliorant tous les jours? Comment ruineroit-on fa fortune en ne confommant que fes revenus? Quand chaque année on eft fûr de la fuivante, qui peut troubler la paix de celle qui court? Ici le fruit du labeur paffé foutient l'abondance préfente, & le fruit du labeur préfent annonce l'abondance à venir; on jouit à la fois de ce qu'on dépenfe & de ce qu'on recueille, & les divers temps fe raffemblent pour affermir la fécurité du préfent.

Je fuis entré dans tous les détails du ménage & j'ai par-tout vu régner le même efprit. Tout la broderie & la dentelle fortent du gynécée; toute la toile eft filée dans la baffe-cour ou par de pauvres femmes que l'on nourrit. La laine s'envoie à des manufactures dont on tire en échange

des

des draps pour habiller les gens ; le vin ,
l'huile & le pain fe font dans la maifon ;
on a des bois en coupe réglée autant qu'on
en peut confommer ; le boucher fe paie
en bétail, l'épicier reçoit du bled pour fes
fournitures ; le falaire des ouvriers & des
domeftiques fe prend fur le produit des
terres qu'ils font valoir ; le loyer des maifons de la ville fuffit pour l'ameublement
de celles qu'on habite ; les rentes fur les
fonds publics fourniffent à l'entretien des
maîtres , & au peu de vaiffelle qu'on fe
permet, la vente des vins & des bleds qui
reftent donne un fonds qu'on laiffe en réferve pour les dépenfes extraordinaires ;
fonds que la prudence de Julie ne laiffe
jamais tarir, & que fa charité laiffe encore moins augmenter. Elle n'accorde aux
chofes de pur agrément que le profit du
travail qui fe fait dans fa maifon , celui
des terres qu'ils ont défrichées, celui des
arbres qu'ils ont fait planter , &c. Ainfi
le produit & l'emploi fe trouvant toujours
compenfés par la nature des chofes , la balance ne peut être rompue, & il eft impoffible de fe déranger.

Bien plus ; les privations qu'elle s'impofe
par cette volupté tempérante dont j'ai parlé,
font à la fois de nouveaux moyens de plaifir & de nouvelles reffources d'économie.
Par exemple, elle aime beaucoup le caffé ;
chez fa mère elle en prenoit tous les jours.
Elle en a quitté l'habitude pour en aug-

menter le goût ; elle s'eſt bornée à n'en
prendre que quand elle a des hôtes , &
dans le ſallon d'Apollon , afin d'ajouter cet
air de fête à tous les autres. C'eſt une petite ſenſualité qui la flatte plus , qui lui
coûte moins , & par laquelle elle aiguiſe
& regle à la fois ſa gourmandiſe. Au contraire, elle met à deviner & ſatisfaire les
goûts de ſon pére & de ſon mari, une attention ſans relâche, une prodigalité naturelle & pleine de graces qui leur fait mieux
goûter ce qu'elle leur offre, par le plaiſir
qu'elle trouve à le leur offrir. Ils aiment
tous deux à prolonger un peu la fin du repas , à la Suiſſe : elle ne manque jamais
après le ſoupé de faire ſervir une bouteille
de vin plus délicat, plus vieux que celui
de l'ordinaire. Je fus d'abord la dupe des
noms pompeux qu'on donnoit à ces vins,
qu'en effet je trouve excellens, & , les
buvant , comme étant des lieux dont ils
portoient les noms, je fis la guerre à Julie d'une infraction ſi manifeſte à ſes maximes ; mais elle me rappella en riant un paſ-
ſage de Plutarque , où Flaminius compare
les troupes Aſiatiques d'Antiochus ſous
mille noms barbares , aux ragoûts divers
ſous leſquels un ami lui avoit déguiſé la
même viande. Il en eſt de même, dit elle,
de ces vins étrangers que vous me reprochez. Le rancio, le cherez , le malaga,
le chaſſaigne, le ſyracuſe dont vous buvez
avec tant de plaiſir ne ſont en effet que

des vins de Lavaux diverſement préparés, & vous pouvez voir d'ici le vignoble qui produit toutes ces boiſſons lointaines. Si elles ſont inférieures en qualités aux vins fameux dont elles portent les noms, elles n'en ont pas les inconvéniens, & comme on eſt ſûr de ce qui les compoſe, on peut au moins les boire ſans riſque. J'ai lieu de croire, continua-t-elle, que mon pére & mon mari les aiment autant que les vins les plus rares. Les ſiéns, me dit alors M. de Wolmar, ont pour nous un goût dont manquent tous les autres ; c'eſt le plaiſir qu'elle a pris à les préparer. Ah, reprit-elle, ils ſeront toujours exquis !

Vous jugez bien qu'au milieu de tant de ſoins divers le déſœuvrement & l'oiſiveté qui rendent néceſſaires la compagnie, les viſites & les ſociétés extérieures, ne trouvent guere ici de place. On fréquente les voiſins, aſſez pour entretenir un commerce agréable, trop peu pour s'y aſſujettir. Les hôtes ſont toujours bien venus & ne ſont jamais déſirés. On ne voit préciſément qu'autant de monde qu'il faut pour ſe conſerver le goût de la retraite ; les occupations champêtres tiennent lieu d'amuſemens, & pour qui trouve au ſein de ſa famille une douce ſociété, toutes les autres ſont bien inſipides. La manière dont on paſſe ici le temps eſt trop ſimple & trop uniforme pour tenter beaucoup de gens ; mais c'eſt par la diſpoſition du cœur de

ceux qui l'ont adoptée qu'elle leur est intéressante. Avec une ame saine, peut - on
s'ennuyer à remplir les plus chers & les
plus charmans devoirs de l'humanité, &
à se rendre mutuellement la vie heureuse ?
Tous les soirs Julie, contente de sa journée,
n'en desire point une différente pour le lendemain, & tous les matins elle demande
au Ciel un jour semblable à celui de la
veille : elle fait toujours les mêmes choses parce qu'elles sont bien, & qu'elle ne
connoît rien de mieux à faire. Sans doute
elle jouit ainsi de toute la félicité permise
à l'homme. Se plaire dans la durée de son
état, n'est ce pas un signe assuré qu'on y vit
heureux ?

Si l'on voit rarement ici de ces tas de
désœuvrés qu'on appelle bonne compagnie,
tout ce qui s'y rassemble intéresse le cœur
par quelque endroit avantageux, & ra-
chete quelques ridicules par mille vertus.
De paisibles campagnards sans monde &
sans politesse, mais bons, simples, honnêtes & contens de leur sort ; d'anciens
Officiers retirés du service ; des commer-
çans ennuyés de s'enrichir ; de sages méres
de famille qui amenent leurs filles à l'école
de la modestie & des bonnes mœurs ; voilà le cortége que Julie aime à rassembler
autour d'elle. Son mari n'est pas fâché d'y
joindre quelquefois de ces avanturiers cor-
rigés par l'âge & l'expérience, qui, devenus sages à leurs dépens, reviennent sans

chagrin cultivei le champ de leur pére qu'ils
voudroient n'avoir point quitté. Si quelqu'un récite à table les événemens de fa
vie, ce ne font point les aventures mer-
veilleufes du riche Sindbad racontant au
fein de la molleffe orientale comment il a
gagné fes tréfors : ce font les relations plus
fimples de gens fenfés, que les caprices du
fort & les injuftices des hommes ont rebutés des faux biens vaincment pourfuivis,
pour leur rende le goût des véritables.

Croiriez-vous que l'entretien même des
payfans a des charmes pour ces ames éle-
vées avec qui le fage aimeroit à s'inftruire?
Le judicieux Wolmar trouve dans la naï-
veté villageoife des caractères plus marqués,
plus d'hommes penfans par eux-mêmes que
fous le mafque uniforme des habitans des
villes, où chacun fe montre comme font
les autres, plutôt que comme il eft lui-même. La tendre Julie trouve en eux des
cœurs fenfib'es aux moindres careffes, &
qui s'eftiment heureux de l'intérêt qu'ella
prend à leur bonheur. Leur cœur ni leur
efprit ne font point façonnés par l'art; ils
n'ont point appris à fe former fur nos mo-
déles, & l'on n'a pas peur de trouver en
eux l'homme de l'homme, au lieu de celui
de la nature.

Souvent dans fes tournées M. de Wolmar
rencontre quelque bon vieillard, dont le fens
& la raifon le frappent, & qu'il fe plait à faire
caufer. Il l'amene à fa femme; elle lui fait

n accueil

charmant, qui marque, non la
olitesse & les airs de son état, mais la bienveillance & l'humanité de son caractère. On
retient le bon-homme à diner. Julie le place
à côté d'elle, le sert, le caresse, lui parle
avec intérêt, s'informe de sa famille, de ses
affaires, ne sourit point de son embarras,
ne donne point une attention gênante à ses
manières rustiques, mais le met à son aise
par la facilité des siennes, & ne font point
avec lui de ce tendre & touchant respect dû
à la vieillesse infirme qu'honore une longue
vie passée sans reproche. Le vieillard en-
chanté se livre à l'épanchement de son cœur;
il semble reprendre un moment la vivacité
de sa jeunesse. Le vin bu à la santé d'une
jeune Dame, en réchauffe mieux son sang
à demi glacé. Il se ranime à parler de son
ancien temps, de ses amours, de ses campa-
gnes; des combats où il s'est trouvé, du
courage de ses compatriotes, de son retour
au pays, de sa femme, de ses enfans, des
travaux champêtres, des abus qu'il a re-
marqués, des remèdes qu'il imagine. Souvent des longs discours de son âge sortent
d'excellens préceptes moraux, ou des leçons d'agriculture; & quand il n'y auroit
dans les choses qu'il dit, que le plaisir qu'il
prend à les dire, Julie en prendroit à les
écouter.

Elle passe après le dîner dans sa chambre,
& en rapporte un petit présent de quelque
nippe convenable à la femme ou aux filles

du vieux bon-homme. Elle le lui fait offrir par les enfans, & réciproquement il rend aux enfans quelque don simple & de leur goût, dont elle l'a secrétement chargé pour eux. Ainsi se forme de bonne-heure l'étroite & douce bienveillance qui fait la liaison des états divers. Les enfans s'accoutument à honorer la vieillesse, à estimer la simplicité, & à distinguer le mérite dans tous les rangs. Les paysans, voyant leurs vieux péres fêtés dans une maison respectable & admis à la table des maîtres, ne se trouvent point offensés d'en être exclus; ils ne s'en prennent point à leur rang, mais à leur âge; ils ne disent point, nous sommes trop pauvres, mais nous sommes trop jeunes pour être ainsi traités: l'honneur qu'on rend à leurs vieillards & l'espoir de le partager un jour, les consolent d'en être privés & les excitent à s'en rendre dignes.

Cependant, le vieux bon-homme, encore attendri des caresses qu'il a reçues, revient dans sa chaumière, empressé de montrer à sa femme & à ses enfans les dons qu'il leur apporte. Ces bagatelles répandent la joie dans toute une famille qui voit qu'on a daigné s'occuper d'elle. Il leur raconte avec emphase la réception qu'on lui a faite, les mets dont on l'a servi, les vins dont il a goûté, les discours obligeans qu'on lui a tenus, combien on s'est informé d'eux, l'affabilité des maîtres, l'attention des serviteurs, & généralement ce qui peut donner du prix

aux marques d'eftime & de bonté qu'il a
reçues ; en le racontant , il en jouit une feconde fois, & toute la maifon croit jouir
auffi des honneurs rendus à fon chef. Tous
béniffent de concert cette famille illuftre &
généreufe qui donne exemple aux grands &
refuge aux petits ; qui ne dédaigne point le
pauvre & rend honneur aux cheveux blancs.
Voilà l'encens qui plaît aux ames bienfaifan-
tes. S'il eft des bénédictions humaines que
le Ciel daigne exaucer, ce ne font point
celles qu'arrachent la flatterie & la baffeffe en
préfence des gens qu'on loue ; mais celles
que dicte en fecret un cœur fimple & re-
connoiffant au coin d'un foyer ruftique.

C'eft ainfi qu'un fentiment agréable &
doux peut couvrir de fon charme une vie
infipide à des cœurs indifférens : c'eft ainfi
que les foins, les travaux, la retraite peuvent devenir des amufemens par l'art de les
diriger. Une ame faine ne peut donner du
goût à des occupations communes, comme
la fanté du corps fait trouver bons les ali-
mens les plus fimples. Tous ces gens ennuyés, qu'on amufe avec tant de peines, doivent leur dégoût à leurs vices, & ne perdent le fentiment du plaifir qu'avec celui du
devoir. Pour Julie, il lui eft arrivé précifément le contraire ; & des foins qu'une certaine langueur d'ame lui eut laiffé négliger
autrefois, lui deviennent intéreffans par le
motif qui les infpire. Il faudroit être infenfible pour être toujours fans vivacité. La

fienne s'eſt développée par les mêmes cauſes
qui la réprimoient autrefois. Son cœur cherchoit la retraite & la ſolitude pour ſe livrer
en paix aux affections dont il étoit pénétré ;
maintenant elle a pris une activité nouvelle
en formant de nouveaux liens. Elle n'eſt
point de ces indolentes mères de famille,
contentes d'étudier quand il faut agir, qui
perdent à s'inſtruire des devoirs d'autrui,
le temps qu'elles devroient mettre à remplir
les leurs. Elle pratique aujourd'hui ce qu'elle
apprenoit autrefois. Elle n'étudie plus, elle
ne lit plus, elle agit. Comme elle ſe leve
une heure plus tard que ſon mari, elle ſe
couche auſſi plus tard d'une heure. Cette
heure eſt le ſeul temps qu'elle donne encore à
l'étude, & la journée ne lui paroit jamais
aſſez longue pour tous les ſoins dont elle aime à la remplir.

Voilà, Milord, ce que j'avois à vous dire
ſur l'économie de cette maiſon, & ſur la vie
privée des maîtres qui la gouvernent. Contens de leur ſort, ils en jouiſſent paiſible-
ment ; contens de leur fortune, ils ne tra-
vaillent pas à l'augmenter pour leurs enfans,
mais à leur laiſſer, avec l'héritage qu'ils ont
reçu, des terres en bon état, des domeſtiques affectionnés, le goût du travail, de
l'ordre, de la modération, & tout ce qui
peut rendre douce & charmante, à des gens
ſenſés, la jouiſſance d'un bien médiocre,
auſſi ſagement conſervé qu'il fut honnête-
ment acquis.

C v.

LETTRE III (i)

A MILORD EDOUARD

NOus avons eu des hôtes ces jours derniers. Ils sont repartis hier ; & nous re-
commençons entre nous trois une société
d'autant plus charmante, qu'il n'est rien
resté dans le fond des cœurs qu'on veuille se
cacher l'un à l'autre. Quel plaisir je goûte
à reprendre un nouvel être qui me rend digne de votre confiance ! Je ne reçois pas une
marque d'estime de Julie & de son mari, que
je ne me dise avec une certaine fierté d'a-
me : enfin, j'oserai me montrer à lui. C'est
par vos soins, c'est sous vos yeux que j'espére honorer mon état présent de mes fautes passées. Si l'amour éteint jette l'ame dans
l'épuisement, l'amour subjugué lui donne,
avec la conscience de sa victoire, une élévation nouvelle, & un attrait plus vif pour
tout ce qui est grand & beau. Voudroit-
on perdre le fruit d'un sacrifice qui nous

(i) Deux lettres écrites en différens temps, rouloient
sur le sujet de celle-ci, ce qui occasionno bien des répétitions inutiles. Pour les retrancher, j'ai réuni ces deux
lettres en une seule. Au reste, sans prétendre justifier
l'excessive longueur de plusieurs des lettres dont ce recueil
est composée, je remarquerai que les lettres des solitaires
sont longues & rares, celles des gens du monde fréquentes
& courtes. Il ne faut qu'observer cette différence pour en
sentir à l'instant la raison.

coûté fi cher? Non , Milord , je fens
u'à votre exemple mon cœur va mettre à
rofit tous les ardens fentimens qu'il a vain-
s. Je fens qu'il faut avoir été ce que je fus
our devenir ce que je veux être.

Après fix jours perdus aux entretiens fri-
oles des gens indifférens , nous avons paffé
ujourd'hui une matinée à l'angloife, réunis
 dans le filence, goûtant à la fois le plaifir
être enfemble & la douceur du recueille-
ent. Que les délices de cet état font con-
ues de peu de gens ! Je n'ai vu perfonne en
rance en avoir la moindre idée. La conver-
tion des amis ne tarit jamais, difent-ils.
 eft vrai, la langue fournit un babil facile
ux attachemens médiocres. Mais l'amitié ,
ilord, l'amitié ! fentiment vif & célefte,
uels difcours font dignes de toi ? Quelle
ngue ofe être ton interprête ? Jamais ce
u'on dit à fon ami, peut-il valoir ce qu'on
nt à fes côtés ? Mon Dieu ! qu'une main
rrée, qu'un regard animé, qu'une étreinte
ntre la poitrine, que le foupir qui la fuit
fent de chofes, & que le premier mot
u'on prononce eft froid après tout cela ! O
eillées de Befançon ! momens confacrés au
lence & recueillis par l'amitié ! O Bomf-
on, ame grande, ami fublime ! Non, je
ait point avili ce que tu fis pour moi, & ma
ouche ne t'en a jamais rien dit.

Il eft fûr que cet état de contemplation
ait un des grands charmes des hommes fen-
ibles. Mais j'ai toujours trouvé que les im-

portuns empêchoient de le goûter, & que
les amis ont befoin d'être fans témoin pour
pouvoir ne fe rien dire à leur aife. On veut
être recueillis, pour ainfi dire, l'un dans
l'autre : les moindres diftractions font défo-
lantes, la moindre contrainte eft infupportable. Si quelquefois le cœur porte un mot à
la bouche, il eft fi doux de pouvoir le prononcer fans gêne. Il femble qu'on n'ofe penfer librement ce qu'on n'ofe dire de même;
il femble que la préfence d'un feul étranger
retienne le fentiment, & comprime des ames
qui s'entendroient fi bien fans lui.

Deux heures fe font ainfi écoulées entre
nous dans cette immobilité d'extafe, plus
douce mille fois que le froid repos des Dieux
d'Epicure. Après le déjeûner, les enfans foit
entrés comme à l'ordinaire dans la chambre
de leur mère; mais au lieu d'aller enfuite
s'enfermer avec eux dans le gynécée felon
fa coutume; pour nous dédommager en
quelque forte du temps perdu fans nous voir,
elle les a fait refter avec elle, & nous re
nous fommes point quittés jufqu'au dîner.
Henriette, qui commence à favoir tenr
l'aiguille travailloit affife devant la Fanchon
qui faifoit de la dentelle, & dont l'oreiller
pofoit fur le doffier de fa petite chaife. Les
deux garçons feuilletoient fur une table un
recueil d'images, dont l'aîné expliquoit les
fujets au cadet. Quand il fe trompoit, Henriette attentive, & qui fait le recueil par
cœur, avoit foin de le corriger. Souvent

feignant d'ignorer à quelle eſtampe ils
étoient, elle en tiroit un prétexte de ſe lever, d'aller & venir de ſa chaiſe à la table,
& de la table à ſa chaiſe. Ces promenades
ne lui déplaiſoient pas, & lui attiroient toujours quelque agacerie de la part du petit
Mali ; quelquefois même il s'y joignoit un
baiſer, que ſa bouche enfantine fait mal
appliquer encore, mais dont Henriette, déjà
plus ſavante, lui épargne volontiers la
façon. Pendant ces petites leçons qui ſe pre-
noient & ſe donnoient ſans beaucoup de
ſoin, mais auſſi ſans la moindre gêne, le cadet comptoit furtivement des onchets de
buis qu'il avoit cachés ſous le livre.

Madame de Wolmar brodoit près de la
fenêtre, vis-à-vis des enfans ; nous étions
ſon mari & moi encore autour de la table à
thé, liſant la gazette, à laquelle elle prê-
toit aſſez peu d'attention. Mais à l'article
de la maladie du Roi de France, & de
l'attachement ſingulier de ſon peuple, qui
n'eut jamais d'égal que celui des Romains
pour Germanicus, elle a fait quelques réflexions ſur le bon naturel de cette nation
douce & bienveillante que toutes baiſſent
& qui n'en hait aucune, ajoutant qu'elle
n'envioit du rang ſuprême que le plaiſir
de s'y faire aimer. N'enviez-rien, lui a dit
ſon mari d'un ton qu'il m'eut dû laiſſer
prendre ; il y a long temps que nous ſommes tous vos ſujets. A ce mot, ſon ouvrage eſt tombé de ſes mains ; elle a

tourné la tête, & jetté fur fon digne époux,
un regard fi touchant, fi tendre, que j'en
ai treffailli moi-même. Elle n'a rien dit :
qu'eut-elle dit qui valut ce regard ? Nos
yeux fe font auffi rencontrés. J'ai fenti à la
manière dont fon mari m'a ferré la main,
que la même émotion nous gagnoit tous
trois, & que la douce influence de cette ame
expanfive agiffoit autour d'elle, & triom-
phoit de l'infenfibilité même.

C'eft dans ces difpofitions qu'a commencé le filence dont je vous parlois ; vous
pouvez juger qu'il n'étoit pas de froideur
& d'ennui. Il n'étoit interrompu que par
le petit manege des enfans ; encore, auffi-
tôt que nous avons ceffé de parler, ont-ils
modéré par imitation leur caquet, comme
craignant de troubler le recueillement univerfel. C'eft la petite furintendante qui la
première s'eft mife à baiffer la voix, à faire
figne aux autres, à courir fur la pointe du
pied, & leurs jeux font devenus d'autant
plus amufans que cette légère contrainte y
ajoutoit un nouvel intérêt. Ce fpectacle qui
fembloit être mis fous nos yeux pour prolonger notre attendriffement, a produit fon
effet naturel.

Ammutifcon le lingue, e parlan l'alme.

Que de chofes fe font dites fans ouvrir la
bouche ! Que d'ardens fentimens fe font
communiqués fans la froide entremife de la
parole ! Infenfiblement Julie s'eft laiffée ab-

La matinée à l'Angloise

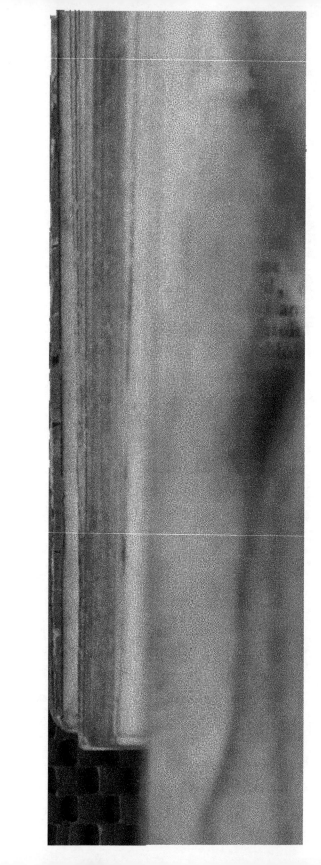

dominoit tous les autres.
tout-à-fait fixés sur ses trois
eur ravi dans une si déli-
imoit son charmant village
la tendresse maternelle eut
uchant.

mes à cette double con-
us nous laissions entraîner
nos rêveries, quand les
soient, les ont fait finir.
ison aux images, voyant
mpêchoient son frère d'ê-
le temps qu'il les avoit ras-
nant un coup sur la
par la chambre. Mar-
enter, & sans s'agiter
dame de M   dit
er les on
p, ma
mporté
rer co
sista
beauc
it null
, en
ui l'on
comm
leur
s fou
s,
ais
so
e

orber à celui qui dominoit tous les autres.
es yeux se sont tout à-fait fixés sur ses trois
enfans, & son cœur ravi dans une si délicieuse extase, anlmoit son charmant visage
de tout ce que la tendresse maternelle eut
jamais de plus touchant.

Livrés nous-mêmes à cette double contemplation, nous nous laissions entrainer
Wolmar & moi à nos rêveries, quand les
enfans, qui les causoient, les ont fait finir.
L'aîné, qui s'amusoit aux images, voyant
que les onchets empêchoient son frère d'ê-
tre attentif, a pris le temps qu'il les avoit ras-
semblés, & lui donnant un coup sur la
main, les a fait sauter par la chambre. Marce-
cellin s'est mis à pleurer, & sans s'agiter
pour le faire taire, Madame de Wolmar a dit
à Fanchon d'emporter les onchets. L'enfant s'est tû sur le champ, mais les onchets
n'ont pas moins été emportés, sans qu'il
ait recommencé de pleurer comme je m'y
étois attendu. Cette circonstance, qui n'étoit
rien, m'en a rappellé beaucoup d'autres
auxquelles je n'avois fait nulle attention,
& je ne me souviens pas, en y pensant,
d'avoir vû d'enfans à qui l'on parlât si peu
& qui fussent moins incommodes. Ils ne
quittent presque jamais leur mère, & à
peine s'apperçoit-on qu'ils soient là. Ils sont
vifs, étourdis, sémillans, comme il convient à leur âge, jamais importuns ni
criards, & l'on voit qu'ils sont discrets avant
de savoir ce que c'est que discrétion. Ce

qui m'étonnoit le plus dans les réflexions
où ce fujet m'a conduit, c'étoit que cela fe
fit comme de foi-même ; & qu'avec une fi vive tendrelle pour fes enfans, Julie fe tour-
mentât fi peu autour d'eux. En effet ; on
ne la voit jamais s'empreller à les faire parler ou taire, ni à leur prefcrire ou défendre ceci ou cela. Elle ne difpute point avec
eux, elle ne les contrarie point dans leurs
amufemens ; on diroit qu'elle fe contente
de les voir & de les aimer ; & que quand
ils ont paffé leur journée avec elle , tout
fon devoir de mère eft rempli.

Quoique cette paifible tranquillité mé parut plus douce à confidérer que l'inquiete
follicitude des autres mères, je n'en étois
pas moins frappé d'une indolence qui s'ac-
cordoit mal avec mes idées. J'aurois voulu
qu'elle n'eut pas été contente avec tant de
fujets de l'être ; une activité fuperflue fied fi
bien à l'amour maternel ! Tout ce que je
voyois de bon dans fes enfans, j'aurois voulu l'attribuer à fes foins ; j'aurois voulu qu'ils
duffent moins à la nature & davantage à
leur mère, je leur aurois prefque defiré des
défauts pour la voir plus empreffée à les
corriger.

Après m'être occupé long-temps de ces
réflexions en filence, je l'ai rompu pour les
lui communiquer. Je vois, lui ai-je dit, que
le Ciel récompenfe la vertu des mères par
le bon naturel des enfans ; mais ce bon naturel veut être cultivé. C'eft dès leur naif-

fance que doit commencer leur éducation.
Eſt-il un temps plus propre à les former,
que celui où ils n'ont encore aucune forme
à détruire ? Si vous les livrez à eux-mêmes,
dès leur enfance, à quel âge attendrez-
vous d'eux de la docilité ? Quand vous n'auriez rien à leur apprendre, il faudroit leur
apprendre à vous obéir. Vous apperce-
vez-vous, a-t-elle répondu, qu'ils me
déſobéiſſent ? Cela ſeroit difficile, ai-je dit,
quand vous ne leur commandez rien.
Elle s'eſt miſe à ſourire en regardant ſon
mari, & me prenant par la main, elle
m'a mené dans le cabinet, où nous pouvions cauſer tous trois ſans être entendus
des enfans.

C'eſt là que m'expliquant à loiſir ſes maximes, elle m'a fait voir ſous cet air de négligence la plus vigilante attention qu'ait
jamais donné la tendreſſe maternelle. Long-
temps, m'a-t-elle dit, j'ai penſé comme vous
ſur les inſtructions prématurées, & durant
ma première groſſeſſe, effrayée de tous mes
devoirs & des ſoins que j'aurois bientôt à
remplir, j'en parlois ſouvent à M. de
Wolmar avec inquiétude. Quel meilleur
guide pouvois-je prendre en cela qu'un ob-
ſervateur éclairé, qui joignoit à l'intérêt
d'un père le ſens froid d'un philoſophe ?
Il remplit & paſſa mon attente ; il diſ-
ſipa mes préjugés, & m'apprit à m'aſſurer avec moins de peine un ſuccès beaucoup plus étendu. Il me fit ſentir que la

première & plus importante éducation, celle précifément que tout le monde oublie (*k*) eft de rendre un enfant propre à être élevé. Une erreur commune à tous les parens qui fe piquent de lumières, eft de fuppofer leurs enfans raifonnables dès leur naiffance, & de leur parler comme à des hommes avant même qu'ils fachent parler. La raifon eft l'inftrument qu'on penfe employer à les inftruire, au lieu que les autres inftrumens doivent fervir à former celui-là, & que de toutes les inftructions propres à l'homme, celle qu'il acquiert le plus tard & le plus difficilement, eft la raifon même. En leur parlant dès leur bas âge une langue qu'ils n'entendent point, on les accoutume à fe payer de mots, à en payer les autres, à controler tout ce qu'on leur dit, à fe croire auffi fages que leurs maîtres, à devenir difputeurs & mutins, & tout ce qu'on penfe obtenir d'eux par des motifs raifonnables, on ne l'obtient en effet que par ceux de crainte ou de vanité qu'on eft toujours forcé d'y joindre.

Il n'y a point de patience que ne laffe enfin l'enfant qu'on veut élever ainfi ; & voilà comment, ennuyés, rebutés, excédés de l'éternelle importunité dont ils leur ont donné l'habitude eux-mêmes, les parens ne pouvant plus fupporter le tracas des

(*k*) Locke lui-même ; le fage Locke l'a oubliée, il dit bien plus ce qu'on doit exiger des enfans, que ce qu'il faut faire pour l'obtenir.

-nfans ; font forcés de les éloigner d'eux en
es livrant à des maîtres ; comme fi l'on
pouvoit jamais efpérer d'un Précepteur plus
de patience & de douceur que, n'en peut
avoir un père.

La nature, a continué Julie, veut que les
enfans foient enfans avant que d'être hommes. Si nous voulons pervertir cet ordre,
nous produirons dès fruits précoces qui n'auront ni maturité ni faveur, & ne tarde-
ront pas à fe corrompre ; nous aurons de
jeunes docteurs & de vieux enfans. L'enfance
a des manières de voir, de penfer, de fentir
qui lui font propres. Rien n'eft moins fenfé
que d'y vouloir fubftituer les nôtres, & j'aimerois autant exiger qu'un enfant eut cinq
pieds de haut que du jugement à dix ans.

La raifon ne commence à fe former
qu'au bout de plufieurs années, & quand
le corps à pris une certaine confiftance.
L'intention de la nature eft donc que le
corps fe fortifie avant que l'efprit s'exerce.
Les enfans font toujours en mouvement ;
le repos & la réflexion font l'averfion de
leur âge ; une vie appliquée & fédentaire
les empêche de croître & de profiter ; leur
efprit ni leur corps ne peuvent fupporter
la contrainte. Sans ceffe enfermés dans une
chambre avec des livres, ils perdent toute
leur vigueur ; ils deviennent délicats, foibles,
mal-fains, plutôt hébêtés que raifonnables ;
& l'ame fe fent toute la vie du dépériffement
du corps.

Quand toutes ces inftructions prématurées profiteroit à leur jugement autant qu'elles y nuifent, encore y auroit-il un très-grand inconvénient à les leur donner indiftinctement, & fans égard à celles qui conviennent par préférence au génie de chaque enfant. Outre la conftitution commune à l'efpèce, chacun apporte en naiffant un tempérament particulier qui détermine fon génie & fon caractère, & qu'il ne s'agit ni de changer ni de contraindre, mais de former & de perfectionner. Tous les caractères font bons & fains en eux-mêmes, felon M. de Wolmar. Il n'y a point, dit-il, d'erreurs dans la nature. Tous les vices qu'on impute au naturel, font l'effet des mauvaifes formes qu'il a reçues. Il n'y a point de fcélérat, dont les penchans mieux dirigés, n'euffent produit de grandes vertus. Il n'y a point d'efprits faux dont on n'eut tiré des talens utiles, en le prenant d'un certain biais, comme ces figures difformes & monftrueufes qu'on rend belles & bien proportionnées, en les mettant à leur point de vue. Tout concourt au bien commun dans le fyftême univerfel. Tout homme a fa place affignée dans le meilleur ordre des chofes, il s'agit de trouver cette place & de ne pas pervertir cet ordre. Qu'arrive-t-il d'une éducation commencée dès le berceau & toujours fous une même formule, fans égard à la prodigieufe diverfité des efprits? Qu'on donne à la plupart des inf

tructions nuisibles ou déplacées , qu'on les
prive de celles qui leur conviendroient ,
qu'on gêne de toutes parts la nature, qu'on
efface les grandes qualités de l'ame , pour
en substituer de petites & d'apparentes qui
n'ont aucune réalité; qu'en exerçant indis-
tinctement aux mêmes choses tant de talens
lens divers , on efface les uns par les autres ,
on les confond tous ; qu'après bien des
soins perdus à gâter dans les enfans les vrais
dons de la nature , on voit bientôt ternir cet
éclat passager & frivole qu'on leur préfére,
sans que le naturel étouffé revienne jamais ;
qu'on perd à la fois ce qu'on a détruit & ce
qu'on a fait ; qu'enfin pour le prix de tant
de peine indiscrétement prise , tous ces
petits prodiges deviennent des esprits sans
force & des hommes sans mérite, uniquement
ment remarquables par leur foiblesse & par
leur inutilité.

    J'entends ces maximes, ai-je dit à Julie ;
mais j'ai peine à les accorder avec vos propres sentimens, sur le peu d'avantage qu'il
y a de développer le génie & les talens naturels de chaque individu , soit pour son
propre bonheur , soit pour le vrai bien de
la société. Ne vaut-il pas infiniment mieux
former un parfait modéle de l'homme raisonnable & de l'honnête - homme ; puis
rapprocher chaque enfant de ce modéle par
la force de l'éducation, en excitant l'un ,
en retenant l'autre, en réprimant les passions, en perfectionnant la raison, en cor-

rigeánt la nature......... Corriger la nature !
a dit Wolmar en m'interrompant ; ce mot
est beau ; mais avant que de l'employer, il
falloit répondre à ce que Julie vient de vous
dire.

Une réponse très-péremptoire, à ce qu'il
me sembloit, étoit de nier le principe ;
c'est ce que j'ai fait. Vous supposez toujours
que cette diversité d'esprits & de génies
qui distinguent les individus est l'ouvrage
de la nature ; & cela n'est rien moins qu'é-
vident. Car enfin, si les esprits sont différens, ils sont inégaux, & si la nature les a
rendus inégaux, c'est en douant les uns
préférablement aux autres d'un peu plus de
finesse de sens, d'étendue de mémoire,
ou de capacité d'attention. Or, quant aux
sens & à la mémoire, il est prouvé par
l'expérience que leurs divers degrés d'étendue & de perfection ne sont point la mesure
de l'esprit des hommes ; & quant à la capacité d'attention, elle dépend uniquement
de la force des passions qui nous animent ;
& il est encore prouvé que tous les hommes
sont par leur nature susceptibles de passions
assez fortes pour les douer du degré d'attention auquel est attachée la supériorité
de l'esprit.

Que si la diversité des esprits, au lieu de
venir de la nature, étoit un effet de l'é-
ducation, c'est-à-dire, des diverses idées
des divers sentimens qu'excitent en noi
dès l'enfance les objets qui nous frappent

les circonſtances où nous nous trouvons,
& toutes les impreſſions que nous rece-
vons ; bien loin d'attendre pour élever les
enfans qu'on connût le caractére de leur
eſprit , il faudroit au contraire ſe hâter de
déterminer convenablement ce caractére ,
par une éducation propre à celui qu'on veut
leur donner.

A cela , il m'a répondu que ce n'étoit pas
ſa méthode de nier ce qu'il voyoit, lorſqu'il ne pouvoit l'expliquer. Regardez ,
m'a-t-il dit, ces deux chiens qui ſont dans
la cour ; ils ſont de la même portée ; ils
ont été nourris & traités de même ; ils
ne ſe ſont jamais quittés : cependant, l'un
des deux eſt vif , gai , careſſant , plein
d'intelligence : l'autre lourd , peſant , har-
gneux, & jamais on n'a pu lui rien apprend-
dre. La ſeule différence des tempéramens
a produit en eux celle des caractérés, comme la ſeule différence de l'organiſation
intérieure produit en nous celle des eſ-
prits ; tout le reſte a été ſemblable.......
ſemblable ! ai je interrompu ; quelle différence ? Combien de petits objets ont agi
ſur l'un & non pas ſur l'autre ! Combien de
petites circonſtances les ont frappés diverſement , ſans que vous vous en ſoyez
apperçu ! Bon , a-t-il repris ; vous voilà
raiſonnant comme les Aſtrologues. Quand
on leur oppoſoit que deux hommes nés ſous
le même aſpect avoient des fortunes ſi di-
verſes, ils rejettoient bien loin cette iden-

tiré. Ils foutenoient que, vu la rap'dité des
cieux , il y avoit une diftance immenfe du
thême de l'un de ces hommes à celui de
l autre, & que, fi l'on eut pu marquer les
deux inftans précis de leurs naiffances, l'objection fe fut tournée en preuve.

Laiffons, je vous prie , toutes ces fubtilités, & nous en tenons à l'obfervation. Elle
nous apprend qu'il y a des caractéres qu. s'an-
noncent prefque en naiffant, & des enfans
qu'on peut étudier fur le fein de leur nourrice. Ceux-là font une claffe à part, & s'é-
levent en commençant de vivre. Mais
quant aux autres qui fe développent moins
vite, vouloir former leur efprit avant de
le connoître, c'eft s'expofer à gâter le bien
que la nature a fait, & à faire plus mal à fa
place. Platon votre maitre ne foûtenoit-il
pas, que tout le favoir humain , toute la
Philofophie ne pouvoit tirer d'une ame
humaine que ce que la nature y avoit mis;
comme toutes les opérations chymiques
n'ont jamais tiré d'aucun mixte qu'autant
d'or qu'il en contenoit déjà ? Cela n'eft
vrai ni de nos fentimens ni de nos idées;
mais cela eft vrai de nos difpofitions à
les acquérir. Pour changer un efprit , il
faudroit changer l'organifation intérieure ;
pour changer un caractére , il faudroit
changer le tempérament dont il dépend.
Avez-vous jamais oui-dire qu'un emporté
foit devenu flegmatique , & qu'un efprit
méthodique & froid ait acquis de l'imagi-

nation ? Pour moi, je trouve qu'il feroit
tout auffi aifé de faire un blond d'un brun,
& d'un fot un homme d'efprit. C'eft donc
en vain qu'on prétendroit refondre les divers efprits fur un modéle commun. On
peut les contraindre & non les changer;
on peut empêcher les hommes de fe montrer tels qu'ils font, mais non les faire devenir autres ; & s'ils fe déguifent dans le
cours ordinaire de la vie, vous les verrez
dans toutes les occafions importantes reprendre leur caractère originel , & s'y livrer avec d'autant moins de régle , qu'ils
n'en connoiffent plus en s'y livrant. Encore une fois, il ne s'agit point de changer le
caractère & de plier le naturel , mais au
contraire de le pouffer auffi loin qu'il peut
aller, de le cultiver & d'empêcher qu'il ne
dégénére; car c'eft ainfi qu'un homme devient tout ce qu'il peut être, & que l'ouvrage de la nature s'achève en lui par l'é-
ducation. Or, avant de cultiver le caractére, il faut l'étudier , attendre paifiblement
qu'il fe montre, lui fournir les occafions
de fe montrer, & toujours s'abftenir de
rien faire, plutôt que d'agir mal-à-propos.
A tel génie il faut donner des ailes , à d'autres des entraves ; l'un veut être preffé,
l'autre retenu ; l'un veut qu'on le flatte ,
& l'autre qu'on l'intimide ; il faudroit tantôt éclairer , tantôt abrutir. Tel homme
eft fait pour porter la connoiffance humaine jufqu'à fon dernier terme ; à tel

autre il eſt même funeſte de ſavoir lire.
Attendons la premiére étincelle de la raiſon; c'eſt elle qui fait ſortir le caractére & lui donne ſa véritable forme ; c'eſt par elle auſſi qu'on le cultive, & il n'y a point avant la raiſon de véritable éducation pour l'homme.

Quant aux maximes de Julie que vous mettez en oppoſition, je ne ſais ce que vous y voyez de contradictoire: pour moi, je les trouve parfaitement d'accord. Chaque homme apporte en naiſſant un caractére, un génie, & des talens qui lui ſont propres. Ceux qui ſont deſtinés à vivre dans la ſimplicité champêtre n'ont pas beſoin pour être heureux du développement de leurs facultés, & leurs talens enfouis ſont comme les mines d'or du Valais que le bien public ne permet pas qu'on exploite. Mais dans l'état civil, où l'on a moins beſoin de bras que de tête, & où chacun doit compte à ſoi-même & aux autres de tout ſon prix, il importe d'apprendre à tirer des hommes tout ce que la nature leur a donné, à les diriger du côté où ils peuvent aller le plus loin, & ſur-tout à nourrir leurs inclinations de tout ce qui peut les rendre utiles. Dans le premier cas, on n'a d'égard qu'à l'eſpèce, chacun fait ce que font tous les autres; l'exemple eſt la ſeule régle, l'habitude eſt le ſeul talent, & nul n'exerce de ſon ame que la partie commune à tous. Dans le ſecond, on s'applique à l'individu; à l'homme en général, on ajoute en lui tout ce qu'il peut avoir de plus qu'un autre ; on le fuit auffi loin que la nature même, & l'on en fera le plus grand des hommes s'il a ce qu'il faut pour le devenir. Ces maximes le contredifent fi peu, que la pratique en eft la même pour le premier âge. N'inftruifez point l'enfant du villageois, car il ne lui convient pas d'être inftruit; n'inftruifez pas l'enfant du Citadin, car vous ne favez encore quelle inftrúction lui convient. En tout état de caufe, laiffez former le corps, jufqu'à ce que la raifon commence à poindre: alors c'eft le moment de la cultiver.

Tout cela me paroîtroit fort bien, ai-je dit, fi je n'y voyois un inconvénient qui nuit fort aux avantages que vous attendez de cette méthode: c'eft de laiffer prendre aux enfans mille mauvaifes habitudes qu'on ne prévient que par les bonnes. Voyez ceux qu'on abandonne à eux-mêmes; ils contractent bientôt tous les défauts dont l'exemple frappe leurs yeux, parce que cet exemple eft commode à fuivre, & n'imitent jamais le bien, qui coûte plus à pratiquer. Accoutumés à tout obtenir, à faire en toute occafion leur indifcrette volonté, ils deviennent mutins, têtus, indomptables...... mais, a repris M. de Wolmar, il me femble que vous avez remarqué le contraire dans les nôtres, & que c'eft ce qui a donné lieu à cet entretien. Je l'avoue, ai-je dit, & c'eft précifément ce qui m'étonne. Qu'a-t-elle fait pour les rendre dociles ? Comment s'y est-elle prife ? Qu'a-t-elle fubftitué au joug de la difcipline ? Un joug bien plus inflexible, a-t-il dit à l'inftant ; celui de la néceffité : mais en vous détaillant fa conduite, elle vous fera mieux entendre fes vues. Alors il l'a engagée à m'expliquer fa méthode, & après une courte paufe, voici à-peu-près comme elle m'a parlé.

Heureux les bien nés, mon aimable ami ! Je ne préfume pas autant de nos foins que M. de Wolmar. Malgré fes maximes, je doute qu'on puiffe jamais tirer un bon parti d'un mauvais caractére, & que tout naturel puiffe être tourné à bien : mais au furplus, convaincue de la bonté de fa méthode, je tâche d'y conformer en tout ma conduite dans le gouvernement de la famille. Ma premiére efpérance eft, que des méchans ne feront pas fortis de mon fein ; la feconde, eft d'élever affez bien les enfans que Dieu m'a donnés, fous la direction de leur pére, pour qu'ils aient un jour le bonheur de lui reffembler. J'ai tâché, pour cela, de m'approprier les régles qu'il m'a prefcrites, en leur donnant un principe moins philofophique & plus convenable à l'amour maternel, c'eft de voir mes enfans heureux. Ce fut le premier vœu de mon cœur en portant le doux nom de mére, & tous les foins de mes jours font deftinés à l'accomplir. La premiére fois que je tins mon fils ainé dans mes bras, je fongeai que l'enfance eft prefque un quart

des plus longues vies, qu'on parvient rarement aux trois autres quarts, & que c'est
une bien cruelle prudence de rendre cette
première portion malheureuse pour assurer
le bonheur du reste, qui peut-être né viendra jamais. Je songeai que durant la foiblef-
se du premier âge, la nature assujettit les enfans de tant de manières, qu'il est barbare
d'ajouter à cet assujettissement l'empire de
nos caprices ; en leur ôtant une liberté si
bornée ; & dont ils peuvent si peu abuser.
Je résolus d'épargner au mien toute contrainte ; autant qu'il feroit possible, de lui
laisser tout l'usage de ses petites forces, &
de ne gêner en lui nul des mouvemens de
la nature. J'ai déjà gagné à cela deux grands
avantages ; l'un, d'écarter de son âme naiffante le mensonge, la vanité ; la colère,
l'envie, en un mot, tous les vices qui naiffent de l'esclavage, & qu'on est contraint de
fomenter dans les enfans ; pour obtenir d'eux
ce qu'on en exige ; l'autre ; de laisser fortifier librement son corps par l'exercice conti-
nuel que l'instinct lui demande. Accoutumé ; tout comme les paysans, à courir tête
nue au soleil, au froid ; à s'essouffler, à se
mettre en sueur, il s'endurcit comme eux
aux injures de l'air, & se rend plus robuste
en vivant plus content. C'est le cas de songer à l'âge d'homme & aux accidens de l'humanité. Je vous l'ai déjà dit, je crains cette
pusillanimité meurtrière qui, à force de délicatesse & de soins, affoiblit, effémine un

enfant, le tourmente par une éternelle contrainte, l'enchaîne par mille vaines précautions, enfin l'expose pour toute sa vie aux périls inévitables dont elle veut le préserver un moment; & pour lui sauver quelques rhumes dans son enfance, lui prépare de loin des fluxions de poitrine, des pleurésies, des coups de soleil, & la mort étant grand.

Ce qui donne aux enfans, livrés à eux-mêmes, la plûpart des défauts dont vous parliez, c'eſt lorſque non contens de faire leur propre volonté, ils la font encore faire aux autres, & cela, par l'inſenſée indulgence des mères à qui l'on ne complaît qu'en ſervant toutes les fantaiſies de leur enfant. Mon ami, je me flatte que vous n'avez rien vû dans les miens qui ſentît l'empire & l'autorité, même avec le dernier domeſtique, & que vous ne m'avez pas vu, non plus, applaudir en ſecret aux fauſſes complaiſances qu'on a pour eux. C'eſt ici que je crois ſuivre une route nouvelle & ſûre pour rendre à la fois un enfant libre, paiſible, careſſant, docile, & cela par un moyen fort ſimple, c'eſt de le convaincre qu'il n'eſt qu'un enfant.

A conſidérer l'enfance en elle-même, y a-t-il au monde un être plus foible, plus miſérable, plus à la merci de tout ce qui l'environne, qui ait ſi grand beſoin de pitié, d'amour, de protection qu'un enfant? Ne ſemble-t-il pas que c'eſt pour cela que les

premières voix qui lui sont suggérées par la
nature sont les cris & les plaintes, qu'elle lui
a donné une figure si douce & un air si touchant ; afin que tout ce qui l'approche s'intéresse à sa foib.esse & s'empresse à le secourir ? Qu'y a-t-il donc de plus choquant, de
plus contraire à l'ordre ; que de voir un enfant impérieux & mutin, commander à tout
ce qui l'entoure, prendre impudemment un
ton de maître avec ceux qui n'ont qu'à l'a-
bandonner pour le faire périr, & d'aveugles
parens approuvant cette audace, l'exercer à
devenir tyran de sa nourrice, en attendant
qu'il devienne le leur.

Quant à moi, je n'ai rien épargné pour
éloigner de mon fils la dangereuse image de
l'empire & de la servitude ; & pour ne jamais lui donner lieu de penser qu'il fut plutôt servi par devoir que par pitié. Ce point
est peut-être le plus difficile & le plus important de toute l'éducation, & c'est un détail qui ne finiroit point, que celui de toutes les précautions qu'il m'a fallu prendre
pour prévenir en lui cet instinct si prompt à
distinguer les vices mercenaires des domestiques, de la tendresse des soins maternels.

L'un des principaux moyens que j'aie employés a été, comme je vous l'ai dit, de le
bien convaincre de l'impossibilité où le tient
son âge de vivre sans notre assistance. Après
quoi, je n'ai pas eu peine à lui montrer que
tous les secours qu'on est forcé de recevoir
d'autrui, sont des actes de dépendance, que

les domeſtiques ont une véritable ſupériori-
té ſur lui , en ce qu'il ne ſauroit ſe paſſer
d'eux, tandis qu'il ne leur eſt bon à rien ; de
ſorte que , bien loin de tirer vanité de leurs
ſervices, il les reçoit avec une ſorte d'humiliation, comme un témoignage de ſa foibleſſe, & il aſpire ardemment au temps où
il ſera aſſez grand & aſſez fort pour avoir
l'honneur de ſe ſervir lui-même.

Ces idées , ai-je dit, ſeroient difficiles à
établir dans des maiſons où le père & la
mère ſe font ſervir comme des enfans : mais
dans celle-ci où chacun, à commencer par
vous, a ſes fonctions à remplir, & où le
rapport des valets aux maîtres n'eſt qu'un
échange perpétuel de ſervices & de ſoins,
je ne crois pas cet établiſſement impoſſible.
Cependant, il me reſte à concevoir comment des enfans accoutumés à voir prévenir leurs beſoins n'entendent pas ce droit à
leurs fantaiſies, ou comment ils ne ſouffrent
pas quelquefois de l'humeur d'un domeſtique qui traitera de fantaiſie un véritable
beſoin ?

Mon ami, a repris Madame de Wolmar,
une mère peu éclairée ſe fait des monſtres
de tout. Les vrais beſoins ſont très-bornés
dans les enfans comme dans les hommes,
& l'on doit plus regarder à la durée du bien
être qu'au bien-être d'un ſeul moment. Pen-
ſez-vous qu'un enfant qui n'eſt point gêné
puiſſe aſſez ſouffrir de l'humeur de ſa gou-
vernante, ſous les yeux d'une mère, pour

en être incommode? Vous suppofez des inconvéniens qui naiffent de vices déjà con-
tractés, fans fonger que tous mes foins ont
été d'empêcher ces vices de naître. Naturellement les femmes aiment les enfans. La
méfintelligence ne s'éleve entre-eux que
quand l'un veut affujettir l'autre à fes caprices. Or, cela ne peut arriver ici, ni fur l'enfant, dont on n'exige rien, ni fur la gouver-
nante à qui l'enfant n'a rien à commander.
J'ai fuivi en cela tout le contrepied des autres mères, qui font femblant de vouloir
que l'enfant obéiffe au domeftique, & veulent en effet que le domeftique obéiffe à
l'enfant. Perfonne ici ne commande ni n'o-
béit. Mais l'enfant n'obtient jamais, de ceux
qui l'approchent, qu'autant de complaifance
qu'il en a pour eux. Par-là, fentant qu'il
n'a fur tout ce qui l'environne d'autre autorité que celle de la bienveillance, il fe rend
docile & complaifant; en cherchant à s'attacher les cœurs des autres, le fien s'attache
à eux à fon tour; car on aime en fe faifant
aimer; c'eft l'infaillible effet de l'amour-propre; & de cette affection réciproque, née
de l'égalité, réfultent fans effort les bonnes
qualités qu'on prêche fans ceffe à tous les
enfans, fans jamais en obtenir aucune.

J'ai penfé que la partie la plus effentielle
de l'éducation d'un enfant, celle dont il
n'eft jamais queftion dans les éducations les
plus foignées, c'eft de lui bien faire fentir fa
mifére, fa foibleffe, fa dépendance, &

D v

comme vous a dit mon mari, le pesant joug
de la nécessité que la nature impose à l'homme ; & cela, non-seulement afin qu'il soit
sensible à ce qu'on fait pour lui alléger ce
joug, mais sur-tout afin qu'il connoisse de
bonne heure en quel rang l'a placé la Providence, qu'il ne s'élève point au-dessus
de sa portée, & que rien d'humain ne lui
semble étranger à lui.

Induits dès leur naissance par la mollesse
dans laquelle ils sont nourris, par les égards
que tout le monde a pour eux, par la facilité d'obtenir tout ce qu'ils desirent, à
penser que tout doit céder à leurs fantaisies, les jeunes gens entrent dans le monde
avec cet impertinent préjugé, & souvent
ils ne s'en corrigent qu'à force d'humilia-
tions, d'affronts, & de déplaisirs ; or, je
voudrois bien sauver à mon fils cette seconde & mortifiante éducation, en lui donnant par la première une plus juste opinion
des choses. J'avois d'abord résolu de lui
accorder tout ce qu'il demanderoit, per-
suadée que les premiers mouvemens de la
nature sont toujours bons & salutaires. Mais
je n'ai pas tardé de connoitre qu'en se faisant un droit d'être obéis, les enfans sor-
toient de l'état de nature presqu'en nais-
sant, & contractoient nos vices par notre
exemple, les leurs par notre indiscrétion.
J'ai vu que si je voulois contenter toutes
ses fantaisies, elles croîtroient avec ma
complaisance, qu'il y auroit toujours un

point où il faudroit s'arrêter, & où le refus lui deviendroit d'autant plus fensible
qu'il y feroit moins accoutumé. Ne pouvant donc, en attendant la raifon, lui fau-
ver tout chagrin, j'ai préféré le moindre &
le plutôt paffé. Pour qu'un refus lui fut
moins cruel je l'ai plié d'abord au refus ; &
pour lui épargner de longs déplaifirs, des
lamentations, des mutineries, j'ai rendu
tout refus irrévocable. Il eft vrai que j'en
fais le moins que je puis, & que j'y regarde à deux fois avant que d'en venir là.
Tout ce qu'on lui accorde eft accordé fans
condition dès la première demande, & l'on
eft très-indulgent là-deffus ; mais il n'obtient jamais rien par importunité ; les pleurs
& les flatteries font également inutiles. Il
en eft fi convaincu qu'il a ceffé de les employer ; du premier mot il prend fon parti,
& ne fe tourmente pas plus de voir fermer
un cornet de bonbons qu'il voudroit manger, qu'envoler un oifeau qu'il voudroit
tenir ; car il fent la même impoffibilité d'a-
voir l'un & l'autre. Il ne voit rien dans ce
qu'on lui ôte finon qu'il ne l'a pu garder,
ni dans ce qu'on lui refufe, finon qu'il n'a
pu l'obtenir ; & loin de battre la table contre laquelle il fe bleffe, il ne battroit pas
la perfonne qui lui réfifte. Dans tout ce qui
le chagrine il fent l'empire de la néceffité,
l'effet de fa propre foibleffe, jamais l'ouvrage du mauvais vouloir d'autrui......... un
moment! dit-elle un peu vivement, voyant

que j'allois répondre ; je preſſens votre objection ; je vais venir à l'inſtant.

Ce qui nourrit les criailleries des enfans ,
c'eſt l'attention qu'on y fait, ſoit pour leur
céder, ſoit pour les contrarier. Il ne leur
faut quelquefois pour pleurer tout un jour
que s'appercevoir qu'on ne veut pas qu'ils
pleurent. Qu'on les flatte ou qu'on les me-
nace, les moyens qu'on prend pour les
faire taire ſont tous pernicieux & preſque
toujours ſans effet. Tant qu'on s'occupe de
leurs pleurs, c'eſt une raiſon pour eux de
les continuer ; mais ils s'en corrigent bientôt quand ils voient qu'on n'y prend pas
garde ; car grands & petits, nul n'aime à
prendre une peine inutile. Voilà préciſément ce qui eſt arrivé à mon aîné. C'étoit
d'abord un petit criard qui étourdiſſoit tout
le monde, & vous êtes témoin qu'on ne
l'entend pas plus à préſent dans la maiſon
que s'il n'y avoit point d'enfant ; il pleure
quand il ſouffre ; c'eſt la voix de la nature
qu'il ne faut jamais contraindre ; mais il ſe
tait à l'inſtant qu'il ne ſouffre plus. Auſſi
fais-je une très-grande attention à ſes pleurs ,
bien ſûre qu'il n'en verſe jamais en vain.
Je gagne à cela de ſavoir à point nommé
quand il ſent de la douleur & quand il n'en
ſent pas, quand il ſe porte bien & quand il
eſt malade ; avantage qu'on perd avec ceux
qui pleurent par fantaiſie, & ſeulement
pour ſe faire appaiſer. Au reſte, j'avoue que
ce point n'eſt pas facile à obtenir des nour-

rices & des gouvernantes : car , comme rien
n'eſt plus ennuyeux que d'entendre toujours lamenter un enfant, & que ces bonnes femmes ne voient jamais que l'inſtant
préſent, elles ne ſongent pas qu'à faire taire
l'enfant aujourd'hui, il en pleurera demain
davantage. Le pis eſt que l'obſtination qu'il
contraƈte tire à conféquence dans un âge
avancé. La même cauſe qui le rend criard
à trois ans, le rend mutin à douze, querel-
leur à vingt, impérieux à trente , & inſup-
portable toute ſa vie.

. Je viens maintenant à vous, me dit elle
en ſouriant. Dans tout ce qu'on accorde
aux enfans, ils voient aiſément le deſir de
leur complaire ; dans tout ce qu'on en exige
ou qu'on leur refuſe, ils doivent ſuppoſer
des raiſons ſans les demander. C'eſt un
autre avantage qu'on gagne à uſer avec
eux d'autorité plutôt que de perſuaſion
dans les occaſions néceſſaires : car comme
il n'eſt pas poſſible qu'ils n'apperçoivent
quelquefois la raiſon qu'on a d'en uſer
ainſi , il eſt naturel qu'ils la ſuppoſent encore
quand ils ſont hors d'état de la voir. Au
contraire, dès qu'on a ſoumis quelque choſe
à leur jugement , ils prétendent juger de
tout, ils deviennent ſophiſtes, ſubtils, de
mauvaiſe foi, féconds en chicanes , cherchant toujours à réduire au ſilence ceux
qui ont la foibleſſe de s'expoſer à leurs petites lumières. Quand on eſt contraint de
leur rendre compte des choſes qu'ils ne

font point en état d'entendre, ils attribuent
au caprice la conduite la plus prudente,
fi-tôt qu'elle est au-deffus de leur portée.
En un mot, le feul moyen de les rendre
dociles à la raifon, n'eft pas de raifonner
avec eux, mais de les bien convaincre que
la raifon eft au-deffus de leur âge : car alors
ils la fuppofent du côté où elle doit être, à
moins qu'on ne leur donne un jufte fujet
de penfer autrement. Ils favent bien qu'on
ne veut pas les tourmenter quand ils font
fûrs qu'on les aime, & les enfans fe trom-
pént rarement là deffus. Quand donc je refufe quelque chofe aux miens, je n'argumente
point avec eux, je ne leur dis pas pourquoi
je ne veux pas, mais je fais enforte qu'ils le
voient, autant qu'il eft poffible, & quelquefois après coup. De cette manière ils s'accoutument à comprendre que jamais je ne les
refufe fans en avoir une bonne raifon, quoiqu'ils ne l'apperçoivent pas toujours.

Fondée fur le même principe, je ne fouf-
frirai pas non plus, que mes enfans fe mêlent dans la converfation des gens raifonnables, & s'imaginent fottement y tenir
leur rang comme les autres, quand on y
fouffre leur babil indifcret. Je veux qu'ils
répondent modeftement & en peu de mots,
quand on les interroge, fans jamais parler
de leur chef, & fur-tout fans qu'ils s'ingé-
rent à queftionner hors de propos les gens
plus âgés qu'eux, auxquels ils doivent du
refpect.

HELOISE. 87

En vérité, Julie, dis-je en l'interrompant, voilà bien de la rigueur pour une mère aussi tendre! Pitagore n'étoit pas plus sévére à ses disciples que vous l'êtes aux vôtres. Non-seulement vous ne les traitez pas en hommes, mais on diroit que vous craignez de les voir cesser trop tôt d'être enfans. Quel moyen plus agréable & plus sûr peuvent-ils avoir de s'instruire, que d'interroger sur les choses qu'ils ignorent les gens plus éclairés qu'eux? Que penseroient de vos maximes les Dames de Paris, qui trouvent que leurs enfans ne jasent jamais assez-tôt ni assez long-temps, & qui jugent de l'esprit qu'ils auront étant grands par les sottises qu'ils débitent étant jeunes? Wolmar me dira que cela peut-être bon dans un pays où le premier mérite est de bien babiller, & où l'on est dispensé de penser pourvu qu'on parle. Mais vous qui voulez faire à vos enfans un sort si doux, comment accorderez-vous tant de bonheur avec tant de contrainte, & que devient, parmi toute cette gêne, la liberté que vous prétendez leur laisser?

Quoi donc? a-t-elle repris à l'instant: est-ce gêner leur liberté que de les empêcher d'attenter à la nôtre, & ne sauroient-ils être heureux à moins que toute une compagnie en silence n'admire leurs puérilités? Empéchons leur vanité de naître, ou du moins arrêtons-en les progrès; c'est-là vraiment travailler à leur félicité;

Car la vanité de l'homme eſt la ſource de
ſes plus grandes peines, & il n'y a perſon-
né de ſi parfait & de ſi fêté, à qui elle
ne donne encore plus de chagrins que de
plaiſirs. (l)

Que peut penſer un enfant de lui-même, quand il voit autour de lui tout un
cercle de gens ſenſés l'écouter, l'agacer,
l'admirer, attendre avec un lâche empreſſement les oracles qui ſortent de ſa bouche, & ſe récrier avec des retentiſſemens
de joie à chaque impertinence qu'il dit ?
La tête d'un homme auroit bien de la
peine à tenir à tous ces faux applaudiſſe-
mens ; jugez de ce que deviendra la ſienne ! Il en eſt du babil des enfans comme
des prédictions des Almanachs. Ce ſeroit un
prodige ſi, ſur tant de vaines paroles, le haſard ne fourniſſoit jamais une rencontre
heureuſe. Imaginez ce que font alors les
exclamations de la flatterie ſur une pauvre
mère, déjà trop abuſée par ſon propre cœur,
& ſur un enfant qui ne ſait ce qu'il dit, &
ſe voit célébrer ! Ne penſez pas que pour
démêler l'erreur, je m'en garantiſſe. Non,
je vois la faute, & j'y tombe. Mais ſi j'admire les réparties de mon fils, au moins je
les admire en ſecret ; il n'apprend point en
me les voyant applaudir à devenir babillard
& vain, & les flatteurs en me les faiſant

---

[l]. Si jamais la vanité fit quelqu'heureux ſur la terre,
à coup ſûr cet heureux-là n'étoit qu'un ſot.

répéter n'ont pas le plaifir de rire de ma foibleffe.

Un jour qu'il nous étoit venu du monde,
étant allé donner quelques ordres, je vis
en rentrant quatre ou cinq grands nigauds
occupés à jouer avec lui, & s'apprêtant à
me raconter d'un air d'emphafe je ne fais
combien de gentilleffes qu'ils venoient d'entendre, & dont ils fembloient tout émer-
veillés. Meffieurs, leur dis-je affez froidement, je ne doute pas que vous ne fachiez faire dire à des marionnettes de fort jolies chofes : mais j'efpére qu'un jour mes
enfans feront hommes, qu'ils agiront & par-
leront d'eux-mêmes, & alors j'apprendrai
toujours dans la joie de mon cœur tout ce
qu'ils auront dit & fait de bien. Depuis qu'on
a vu que cette manière de faire fa cour ne
prenoit pas, on joue avec mes enfans comme avec des enfans, non comme avec Po-
lichinelle ; il ne leur vient plus de compère,
& ils en valent fenfiblement mieux depuis
qu'on ne les admire plus.

A l'égard des queftions, on ne les leur
défend pas indiftinctement. Je fuis la première à leur dire, de demander doucement
en particulier à leur père ou à moi tout ce
qu'ils ont befoin de favoir. Mais je ne
fouffre pas qu'ils coupent un entretien férieux, pour occuper tout le monde de la
première impertinence qui leur paffe par la
tête. L'art d'interroger n'eft pas fi facile
qu'on penfe. C'eft bien plus l'art des maî-

tres que des difciples ; il faut avoir déja
beaucoup appris de chofes pour favoir demander ce qu'on ne fait pas. Le favant
fait & s'enquiert, dit un proverbe Indien ;
mais l'ignorant ne fait pas même de quoi
s'enquérir. Faute de cette fcience prélimi-
naire, les enfans en liberté ne font prefque
jamais que des queftions ineptes qui ne fervent à rien , ou profondes & fcabreufes
dont la folution paffe leur portée , & puifqu'il ne faut pas qu'ils fache tout , il importe qu'ils n'aient pas le droit de tout demander. Voilà pourquoi , généralement
parlant , ils s'inftruifent mieux par les interrogations qu'on leur fait que par celles qu'ils
font eux-mêmes.

Quand cette méthode leur feroit auffi utile
qu'on croit, la première & la plus importante fcience qui leur convient , n'eft-elle
pas d'être difcrets & modeftes, & y en a-t-il
quelqu'autre qu'ils doivent apprendre au
préjudice de celle-là ? Que produit donc
dans les enfans cette émancipation de parole , avant l'âge de parler , & ce droit de fou-
mettre effrontément les hommes à leur inter-
rogatoire ? De petits queftionneurs babil-
lards, qui queftionnent moins pour s'inftruire que pour importuner , pour occuper
d'eux tout le monde ; & qui prennent encore plus de goût à ce babil par l'embarras
où ils s'apperçoivent que jettent quelquefois
leurs queftions indifcrétes ; en forte que
chacun eft inquiet auffi-tôt qu'ils ouvrent

la bouche. Ce n'est pas tant un moyen de les instruire que de les rendre étourdis & vains ; inconvénient plus grand à mon avis que l'avantage qu'ils acquierent par-là n'est utile ; car par degrés l'ignorance diminue, mais la vanité ne fait jamais qu'augmenter.

Le pis qui pût arriver de cette réserve trop prolongée seroit que mon fils en âge de raison eut la conversation moins légére, le propos moins vif & moins abondant ; & en considérant combien cette habitude de passer sa vie à dire des riens retrécit l'esprit, je regarderois plutôt cette heureuse stérilité comme un bien, que comme un mal. Les gens oisifs toujours ennuyés d'eux-mêmes s'efforcent de donner un grand prix à l'art de les amuser, & l'on diroit que le savoir vivre consiste à ne dire que de vaines paroles, comme à ne faire que des dons inutiles : mais la société humaine a un objet plus noble, & ses vrais plaisirs ont plus de solidité. L'organe de la vérité, le plus digne organe de l'homme, le seul dont l'usage le distingue des animaux, ne lui a point été donné pour n'en pas tirer un meilleur parti qu'ils ne font de leurs cris. Il se dégrade au-dessous d'eux quand il parle pour ne rien dire, & l'homme doit être homme jusques dans ses délassemens. S'il y a de la politesse à étourdir tout le monde d'un vain caquet, j'en trouve une bien plus véritable à laisser parler les autres par préférence, à faire plus grand cas de ce qu'ils difent que de ce qu'on diroit foi-même, & à montrer qu'on les eftime trop pour croire les amufer par des niaiferies. Le bon ufage du monde, celui qui nous y fait le plus rechercher & chérir, n'eft pas tant d'y briller que d'y faire briller les autres, & de mettre, à force de modeftie, leur orgueil plus en liberté. Ne craignons pas qu'un homme d'efprit qui ne s'abftient de parler que par retenue & difcrétion, puiffe jamais paffer pour un fot. Dans quelque pays que ce puiffe être il n'eft pas poffible qu'on juge un homme fur ce qu'il n'a pas dit, & qu'on le méprife pour s'être tû. Au contraire, on remarque en général que les gens filencieux en impofent, qu'on s'écoute devant eux, & qu'on leur donne beaucoup d'attention quand ils parlent; ce qui, leur laiffant le choix des occafions & faifant qu'on ne perd rien de ce qu'ils difent, met tout l'avantage de leur côté. Il eft fi difficile à l'homme le plus fage de garder toute fa préfence d'efprit dans un long flux de paroles, il eft fi rare qu'il ne lui échappe des chofes dont il fe repent à loifir, qu'il aime mieux retenir le bon que rifquer le mauvais. Enfin, quand ce n'eft pas faute d'efprit qu'il fe tait, s'il ne parle pas, quelque difcret qu'il puiffe être, le tort en eft à ceux qui font avec lui.

Mais il y a bien loin de fix ans à vingt; mon fils ne fera pas toujours enfant, & à mefure que fa raifon commencera de naî-

tre, l'intention de son pére est bien de
la laisser exercer. Quant à moi, ma mission
ne va pas jusques-là. Je nourris des enfans,
& n'ai pas la présomption de vouloir former
des hommes. J'espére, dit-elle en regardant
son mari, que de plus dignes mains se char-
geront de ce noble emploi. Je suis femme
& mére ; je sais me tenir à mon rang.
Encore une fois , la fonction dont je suis
chargée n'est pas d'élever mes fils; mais de
les préparer pour être élevés.

Je ne fais même en cela que suivre de
point en point le systême de M. de Wolmar,
& plus j'avance, plus j'éprouve combien il
est excellent & juste, & combien il s'accorde avec le mien. Considérez mes enfans &
sur-tout l'ainé ; en connoissez-vous de plus
heureux sur la terre, de plus gais, de moins
importuns ? Vous les voyez sauter, rire,
courir toute la journée sans jamais incommoder personne. De quels plaisirs , de quelle indépendance leur âge est-il susceptible ,
dont ils ne jouissent pas ou dont ils abusent ?
Ils se contraignent aussi peu devant moi
qu'en mon absence. Au contraire , sous les
yeux de leur mére ils ont toujours un peu
plus de confiance , & quoique je sois l'auteur
de toute la sévérité qu'ils éprouvent, ils me
trouvent toujours la moins sévére : car je ne
pourrois supporter de n'être pas ce qu'ils aiment le plus au monde.

Les seules loix qu'on leur impose auprès
de nous , sont celles de la liberté même;

avoir de ne pas plus gêner la compagnie qu'elle ne les gêne, de ne pas crier plus haut qu'on ne parle, & comme on ne les oblige point de s'occuper de nous, je ne veux pas, non plus, qu'ils prétendent nous occuper d'eux. Quand ils manquent à de si justes loix, toute leur peine est d'être à l'instant renvoyés, & tout mon art pour que c'en soit une, de faire qu'ils ne se trouvent nulle part aussi bien qu'ici. A cela près, on ne les assujettit à rien; on ne les force jamais de rien apprendre; on ne les ennuie point de vaines corrections; jamais on ne les reprend; les seules leçons qu'ils reçoivent sont des leçons de pratique prises dans la simplicité de la nature. Chacun bien instruit là-dessus se conforme à mes intentions avec une intelligence & un soin qui ne me laissent rien à désirer, & si quelque faute est à craindre, mon assiduité la prévient ou la répare aisément.

Hier, par exemple, l'aîné ayant ôté un tambour au cadet, l'avoit fait pleurer. Fanchon ne dit rien, mais une heure après, au moment que le ravisseur du tambour en étoit le plus occupé, elle le lui reprit, il la suivit en le redemandant & pleurant à son tour. Elle lui dit, vous l'avez pris par force à votre frère, je vous le reprends de même; qu'avez-vous à dire? Ne suis-je pas la plus forte? Puis elle se mit à battre la caisse à son imitation, comme si elle y eut pris beaucoup de plaisir. Jusques-là tout étoit à

merveilles. Mais quelque-temps après elle
voulut rendre le tambour au cadet, alors
je l'arrêtai; car ce n'étoit plus la leçon de
la nature; & delà pouvoit naître un premier germe d'envie entre les deux frères.
En perdant le tambour, le cadet supporta
la dure loi de la nécessité, l'ainé sentit son in-
justice, tous deux connurent leur foiblesse
& furent consolés le moment d'après.

Un plan si nouveau, & si contraire aux
idées reçues, m'avoit d'abord effarouché.
A force de me l'expliquer, ils m'en rendirent
enfin l'admirateur, & je sentis que pour gui-
der l'homme, la marche de la nature est
toujours la meilleure. Le seul inconvénient
que je trouvois à cette méthode, & cet inconvénient me parut fort grand, c'étoit de
négliger dans les enfans la seule faculté qu'ils
aient dans toute sa vigueur, & qui ne fait
que s'affoiblir en avançant en âge. Il me
sembloit que selon leur propre système,
plus les opérations de l'entendement étoient
foibles, insuffisantes, plus on devoit exercer & fortifier la mémoire, si propre alors à
soutenir le travail. C'est-elle, disois-je, qui
doit suppléer à la raison jusqu'à sa naissance,
& l'enrichir quand elle est née. Un esprit
qu'on n'exerce à rien, devient lourd & pesant dans l'inaction. La semence ne prend
point dans un champ mal préparé, & c'est
une étrange préparation, pour apprendre à
devenir raisonnable, que de commencer
par être stupide. Comment, stupide! s'est

écriée auſſi-tôt Madame de Wolmar, con-
fondriez-vous deux qualités auſſi différentes
& preſque auſſi contraires que la mémoire &
le jugement ? (m) Comme ſi la quantité
des choſes mal digérées & ſans liaiſon dont
on remplit une tête encore foible, n'y faiſoit pas plus de tort que de profit à la raiſon! J'avoüe que de toutes les facultés de
l'homme, la mémoire eſt la première qui
ſe développe, & la plus commode à cultiver dans les enfans: mais, à votre avis, lequel eſt à préférer de ce qu'il leur eſt le plus
aiſé d'apprendre, ou de ce qui leur importe le plus de ſavoir?

Regardez à l'uſage qu'on fait en eux de
cette facilité ; à la violence qu'il faut leur faire, à l'éternelle contrainte où il les faut aſſujettir pour mettre en étalage leur mémoire, & comparez l'utilité qu'ils en retirent au
mal qu'on leur fait ſouffrir pour cela ! Quoi !
Forcer un enfant d'étudier des langues qu'il
ne parlera jamais, même avant qu'il ait bien
appris la ſienne ; lui faire inceſſamment répéter & conſtruire des vers qu'il n'entend
point, & dont toute l'harmonie n'eſt pour
lui qu'au bout de ſes doigts ; embrouiller ſon
eſprit de cercles & de ſphéres dont il n'a pas
la moindre idée : l'accabler de mille noms
de villes & de riviéres qu'il confond ſans
ceſſe, & qu'il rapprend tous les jours ; eſt-

ce

(m) Cela ne me paroît pas bien vu. Rien n'eſt ſi néceſſaire au jugement que la mémoire : il eſt vrai que ce n'eſt
pas la mémoire des mots.

se cultiver fa mémoire au profit de fon jugement , & tout ce frivole acquis vaut-il
une feule des larmes qu'il lui coûte ?

Si tout cela n'étoit qu'inutile , je m'en
plaindrois moins ; mais n'eft-ce rien que
d'inftruire un enfant à fe payer de mots ,
& à croire favoir ce qu'il ne peut comprendre ? Se pourroit-il qu'un tel amas ne
nuifit point aux premiéres idées dont on
doit meubler une tête humaine, & ne
vaudroit-il pas mieux n'avoir point de mémoire , que de la remplir de tout ce fatras ,
au préjudice des connoiffances néceffaires
dont il tient la place ?

Non, fi la nature a donné au cerveau des
enfans cette foupleffe qui le rend propre à
recevoir toutes fortes d'impreffions, ce n'eft
pas pour qu'on y grave des noms de Rois,
des dates, des termes de blafon , de fphé-
re , de géographie , & tous ces mots fans
aucun fens pour leur âge, & fans aucune
utilité pour quelque âge que ce foit , dont
on accable leur trifte & ftérile enfance';
mais c'eft pour que toutes les idées relati-
ves à l'état de l'homme ; toutes celles qui fe
rapportent à fon bonheur & l'éclairent fur
fes devoirs, s'y tracent de bonne-heure en
caractéres ineffaçables , & lui fervent à fe
conduire pendant fa vie d'une maniére convenable à fon être & à fes facultés.

Sans étudier dans les livres , la mémoire
d'un enfant ne refte pas pour cela oifive :
tout ce qu'il voit, tout ce qu'il entend le

frappe, & il s'en souvient ; il tient regiſtre
en lui-même des actions , des diſcours des
hommes , & tout ce qui l'environne eſt le
livre dans lequel, ſans y ſonger , il enrichit
continuellement ſa mémoire, en attendant
que ſon jugement puiſſe en profiter. C'eſt
dans le choix de ces objets , c'eſt dans le ſoin
de lui préſenter ſans ceſſe ceux qu'il doit connoître , & de lui cacher ceux qu'il doit ignorer , que conſiſte le véritable art de cultiver
la première de ſes facultés , & c'eſt par-là
qu'il faut tâcher de lui former un magaſin de
connoiſſances qui ſerve à ſon éducation durant la jeuneſſe, & à ſa conduite dans tous les
temps. Cette méthode, il eſt vrai, ne forme
point de petits prodiges , & ne fait pas briller les gouvernantes & les précepteurs ;
mais elle forme des hommes judicieux, ro-
buſtes , ſains de corps & d'entendement ,
qui , ſans s'être fait admirer étant jeunes , ſe
font honorer étant grands.

Ne penſez pas , pourtant , continua Julie ,
qu'on néglige ici tout-à-fait ces ſoins dont
vous faites un ſi grand cas. Une mère un peu
vigilante tient dans ſes mains les paſſions de
ſes enfans. Il y a des moyens pour exciter
& nourrir en eux le déſir d'apprendre ou de
faire telle ou telle choſe ; & autant que ces
moyens peuvent ſe concilier avec la plus entière liberté de l'enfant & n'engendrent en
lui nulle ſemence de vice, je les emploie
aſſez volontiers , ſans m'opiniâtrer, quand
le ſuccès n'y répond pas ; car il aura tou-

jours le temps d'apprendre, mais il n'y a pas un moment à perdre pour lui former un bon naturel, & M. de Wolmar a une telle idée du premier développement de la raison, qu'il foutient que quand fon fils ne fauroit rien à douze ans, il n'en feroit pas moins inftruit à quinze ; fans compter que rien n'eft moins néceffaire que d'être favant, & rien plus que d'être fage & bon.

Vous favez que notre ainé lit déjà paffablement. Voici comment lui eft venu le goût d'apprendre à lire. J'avois deffein de lui dire de temps en temps quelque fable de la Fontaine pour l'amufer, & j'avois déjà commencé quand il me demanda fi les corbeaux parloient ? A l'inftant, je vis la difficulté de lui faire fentir bien nettement la différence de l'apologue au menfonge, je me tirai d'affaire comme je pus, & convaincue que les fables font faites pour les hommes, mais qu'il faut toujours dire la vérité nue aux enfans, je fupprimai la Fontaine. Je lui fubftituai un recueil de petites hiftoires intéreffantes & inftructives, la plupart tirées de la bible ; puis voyant que l'enfant prenoit goût à mes contes, j'imaginai de les lui rendre encore plus utiles, en effayant d'en compofer moi-même d'auffi amufans qu'il me fut poffible, & les appropriant toujours au befoin du moment. Je les écrivois, à mefure, dans un beau livre orné d'images, que je tenois bien enfermé, & dont je lui difois de temps en temps quelques contes, rarement

peu long-temps , & répétant , souvent les
mêmes avec des commentaires , avant de
passer à de nouveaux. Un enfant oisif est sujet à l'ennui ; les petits contes servoient de
ressource ; mais quand je le voyois le plus
avidement attentif, je me souvenois quelquefois d'un ordre à donner, & je le quit-
tois à l'endroit le plus intéressant , en laiss-
sant négligemment le livre. Aussi-tôt il alloit
prier sa Bonne, ou Fanchon, ou quélqu'un
d'achever la lecture ; mais comme il n'a
rien à commander à personne & qu'on étoit
prévenu, l'on n'obéissoit pas toujours. L'un
refusoit, l'autre avoit affaire, l'autre balbu-
tioit lentement & mal, l'autre laissoit , à
mon exemple, un conte à moitié. Quand
on le vit bien ennuyé de tant de dépendance , quelqu'un lui suggéra secrétement
d'apprendre à lire pour s'en délivrer & feuil-
leter le livre à son aise. Il goûta ce projet.
Il fallut trouver des gens assez complaisans
pour vouloir lui donner leçon ; nouvelle
difficulté qu'on n'a poussée qu'aussi loin
qu'il falloit. Malgré toutes ses précautions ,
il s'est lassé trois ou quatre fois ; on l'a laissé
faire. Seulement je me suis efforcée de rendre les contes encore plus amusans , & il
est revenu à la charge avec tant d'ardeur,
que, quoiqu'il n'y ait pas six mois qu'il a
tout de bon commencé d'apprendre, il sera
bientôt en état de lire seul le recueil.

C'est à peu près ainsi que je tâcherai d'exciter son zèle & sa bonne volonté, pour ac-

quérir les connoiſſances qui demandent de
la ſuite & de l'application, & qui peuvent
convenir à ſon âge ; mais quoiqu'il apprenne
à lire, ce n'eſt point des livres qu'il tirera
ces connoiſſances ; car elles ne s'y trouvent point, & la lecture ne convient en aucune manière aux enfans. Je veux auſſi l'ha-
bituer de bonne-heure à nourrir ſa tête d'i-
dées & non de mots ; c'eſt pourquoi je ne lui
fais jamais rien apprendre par cœur.

Jamais ? interrompis-je : c'eſt beaucoup
dire ; car encore faut-il bien qu'il ſache ſon
catéchiſme & ſes prières. C'eſt ce qui vous
trompe, reprit-elle. A l'égard de la prière,
tous les matins & tous les ſoirs je fais la
mienne à haute voix dans la chambre de
mes enfans, & c'eſt aſſez pour qu'ils l'apprennent ſans qu'on les y oblige : quant au catéchiſme, ils ne ſavent ce que c'eſt. Quoi,
Julie ! vos enfans n'apprennent pas leur catéchiſme ? Non, mon ami ; mes enfans n'apprennent pas leur catéchiſme. Comment !
ai-je dit tout étonné ; une mère ſi pieuſe !....
je ne vous comprends point. Et pourquoi
vos enfans n'apprennent-ils pas leur catéchiſme ? Afin qu'ils le croient un jour,
dit-elle, j'en veux faire un jour des Chrétiens. Ah, j'y ſuis, m'écriai-je, vous ne voulez pas que leur foi ne ſoit qu'en paroles, ni
qu'ils ſachent ſeulement leur Religion,
mais qu'ils la croient, & vous penſez avec
raiſon qu'il eſt impoſſible à l'homme de
croire ce qu'il n'entend point. Vous êtes

bien difficile, me dit en fouriant M. de
Wolmar ; feriez-vous Chrétien, par hafard ?
Je m'efforce de l'être, lui dis-je avec fermeté. Je crois de la Religion tout ce que
j'en puis comprendre, & refpecte le reſte
fans le rejetter. Julie me fit un figne d'approbation, & nous reprimes le fujet de notre entretien.

Après être entrée dans d'autres détails qui
m'ont fait concevoir combien le zéle maternel eſt actif, infatigable & prévoyant, elle
a conclu, en obfervant que fa méthode fe
rapportoit exactement aux deux objets qu'elle s'étoit propofés : favoir, de laiſſer développer le naturel des enfans & de l'étudier.
Les miens ne font gênés en rien, dit-elle,
& ne fauroient abufer de leur liberté ; leur
caractère né peut ni fe dépraver ni fe contraindre ; on laiſſe en paix renforcer leur
corps & germer leur jugement ; l'efclavage
n'avilit point leur ame, les regards d'autrui
ne font point fermenter leur amour-propre ;
ils ne fe croient ni des hommes puiſſans,
ni des animaux enchaînés, mais des enfans
heureux & libres. Pour les garantir des vices qui ne font pas en eux, ils ont, ce femble, un préfervatif plus fort que des difcours qu'ils n'entendroient point, où dont
ils feroient bientôt ennuyés. C'eſt l'exemple des mœurs de tout ce qui les environne :
ce font les entretiens qu'ils entendent, qui
font ici naturels à tout le monde, & qu'on
n'a pas befoin de compofer exprès pour

eux ; c'eſt la paix & l'union dont ils ſont
témoins ; c'eſt l'accord qu'ils voient régner
ſans ceſſe , & dans laſconduite reſpective de
tous , & dans la conduite & les diſcours de
chacun.

Nóurris encore dans leur premiére ſimplicité , d'où leur viendroient des vices dont
ils n'ont point vu d'exemple , des paſſions
qu'ils n'ont nulle occaſion de ſentir , des
préjugés que rien ne leur inſpire ? Vous
voyez qu'aucune erreur ne les gagne, qu'au-
cùn mauvais penchant ne ſe montre en eux.
Leur ignorance n'eſt point entêtée, leurs
deſirs ne ſont point obſtinés ; les inclinations au mal ſont prévenues , la nature eſt
juſtifiée , & tout me prouve que les défauts
dont nous l'accuſons ne ſont point ſon ouvrage, mais le nôtre.

C'eſt ainſi que livrés au penchant de leur
cœur, ſans que rien le déguiſe ou l'altére ,
nos enfans ne reçoivent point une forme
extérieure & artificielle , mais conſervent
exactement celle de leur caractére originel :
c'eſt ainſi que ce caractére ſe développe journellement à nos yeux ſans réſerve , & que
nous pouvons étudier les mouvemens de la
nature juſques dans leurs principes les plus
ſecrets. Sûrs de n'être jamais ni grondés ni
punis, ils ne ſavent ni mentir, ni ſe cacher, & dans tout ce qu'ils diſent, ſoit entr'eux,
ſoit à nous, ils laiſſent voir ſans contrainte
tout ce qu'ils ont au fond de l'ame. Libres
de babiller entr'eux toute la journée, ils ne

fongent pas même à fe gêner un moment devant moi. Je ne les reprends jamais, ni ne les fais taire, ni ne feins de les écouter, & ils diroient les chofes du monde les plus blâmables que je ne ferois pas femblant d'en rien favoir : mais en effet, je les écoute avec la plus grande attention fans qu'ils s'en doutent ; je tiens un regiftre exact de ce qu'ils font & de ce qu'ils difent ; ce font les productions naturelles du fond qu'il faut cultiver. Un propos vicieux dans leur bouche eft une herbe étrangére dont le vent emporta la graine ; fi je la coupe par une réprimande, bientôt elle repouffera : au lieu de cela, j'en cherche en fecret la racine, & j'ai foin de l'arracher. Je ne fuis, m'a-t-elle dit en riant, que la fervante du Jardinier ; je farcle le jardin, j'en ôte la mauvaife herbe, c'eft à lui de cultiver la bonne.

Convenons auffi qu'avec toute la peine que j'aurois pu prendre, il falloit être auffi bien fecondée pour efpérer de réuffir, & que le fuccès de mes foins dépéndoit d'un concours de circonftances qui ne s'eft peut-être jamais trouvé qu'ici. Il falloit les lumières d'un père éclairé, pour démêler à travers les préjugés établis le véritable art de gouverner les enfans dès leur naiffance ; il falloit toute fa patience pour fe prêter à l'exécution, fans jamais démentir fes leçons par fa conduite ; il falloit des enfans bien nés en qui la nature eut affez fait pour qu'on pût aimer fon feul ouvrage ; il falloit n'avoir

autour de-foi que des domestiques intélligens
& bien intentionnés, qui ne fe laffaffent
point d'entrer dans les vues des maîtres ;
un feul valet brutal ou flatteur eut fuffi pour
tout gâter. En vérité quand on fonge combien de caufes étrangères peuvent nuire aux
meilleurs deffeins & renverfer les projets les
mieux concertés, on doit remercier la fortu-
né de tout ce qu'on fait de bien dans la
vie, & dire que la fageffe dépend beaucoup
du bonheur.

Dites, me fuis-je écrié, que le bonheur
dépend encore plus de la fageffe ! Ne voyez-
vous pas que ce concours dont vous vous
félicitez eft votre ouvrage, & que tout ce
qui vous approche eft contraint de vous reffembler ? Mères de famille ! Quand vous
vous plaignez de n'être pas fecondées, que
vous connoiffez mal votre pouvoir ! foyez
tout ce que vous devez être, vous furmon-
terez tous les obftacles ; vous forcerez chacun de remplir fes devoirs fi vous rempliffez-
fez bien tous les vôtres. Vos droits ne font-
ils pas ceux de la nature ? Malgré les maximes du vice, ils feront toujours chers au
cœur humain. Ah ! veuillez être femmes &
mères, & le plus doux empire qui foit fur la
terre fera auffi le plus refpecté !

En achevant cette converfation, Julie a
remarqué que tout prenoit une nouvelle facilité depuis l'arrivée d'Henriette. Il eft certain, dit-elle, que j'aurois befoin de beaucoup moins de foins & d'adreffe, fi je vou-

E v

lois, introduire l'émulation entre les deux
frères ! mais ce moyen me paroît trop dangereux ; j'aime mieux avoir plus de peine
& ne rien risquer. Henriette supplée à cela ;
comme elle est d'un autre sexe, leur aînée,
qu'ils l'aiment tous deux à la folie, & qu'elle a du sens au-dessus de son âge, j'en fais
en quelque sorte leur première gouvernan-
te, & avec d'autant plus de succès que ses
leçons leur sont moins suspectes.

Quant à elle, son éducation me regarde ;
mais les principes en sont si différens qu'ils
méritent un entretien à part. Au moins puis-
je bien dire d'avance qu'il sera difficile d'a-
jouter en elle aux dons de la nature, &
qu'elle vaudra sa mère elle-même, si quelqu'un au monde la peut valoir.

Milord, on vous attend de jour en jour ;
& ce devroit être ici ma dernière Lettre.
Mais je comprends ce qui prolonge votre
séjour à l'armée, & j'en frémis. Julie n'en
est pas moins inquiete ; elle vous prie de
nous donner plus souvent de vos nouvelles,
& vous conjure de songer, en exposant votre
personne, combien vous prodiguez le repos
de vos amis. Pour moi, je n'ai rien à vous
dire. Faites votre devoir ; un conseil timide
ne peut non plus sortir de mon cœur qu'approcher du vôtre. Cher Bomston, je le sais trop ;
la seule mort digne de ta vie seroit de verser
ton sang pour la gloire de ton pays ; mais ne
dois-tu nul compte de tes jours à celui qui
n'a conservé les siens que pour toi ?

LETTRE IV

JE vois par vos deux dernières lettres qu'il m'en manque une antérieure à ces deux-là, apparemment la première que vous m'ayez écrite à l'armée , & dans laquelle étoit l'explication des chagrins secrets de Madame de Woimar. Je n'ai point reçu cette lettre, & je conjecture qu'elle pouvoit être dans la malle d'un Courier qui nous a été enlevé. Répétez-moi donc, mon ami, ce qu'elle contenoit ; ma raison s'y perd & mon cœur s'en inquiete : car encore une fois, si le bonheur & la paix ne font pas dans l'ame de Julie, où sera leur asyle ici bas ?

Rassurez-la sur les risques auxquels elle me croit exposé ; nous avons à faire à un ennemi trop habile pour nous en laisser courir. Avec une poignée de monde, il rend toutes nos forces inutiles , & nous ôte par tout les moyens de l'attaquer. Cependant, comme nous sommes confians, nous pourrions bien lever des difficultés insurmontables pour de meilleurs Généraux & forcer à la fin les François de nous battre. J'augure que nous payerons cher nos premiers succès , & que la bataille gagnée à Dettingue nous en fera perdre une en Flandres. Nous avons en tête un grand Capitaine ; ce n'eſt pas tout ; il a la confiance de ſes troupes, & le ſoldat françois qui compte ſur ſon Général eſt invincible. Au contraire, on en a ſi bon marché quand il eſt commandé par des Courtiſans qu'il mépriſe, & cela arrive ſi ſouvent, qu'il ne faut qu'attendre les intrigues de Cour & l'occaſion, pour vaincre à coup ſûr la plus brave nation du continent. Ils le ſavent fort bien eux-mêmes. Milord Malboroug voyant la bonne mine & l'air guerrier d'un ſoldat pris à Blenheim, (*m*) lui dit, s'il y eut eu cinquante mille hommes comme toi à l'armée françoiſe, elle ne ſe fut pas ainſi laiſſé battre. Eh morbleu ! répartit le grenadier, nous avions aſſez d'hommes comme moi ; il ne nous en manquoit qu'un comme vous. Or cet homme comme lui commande à préſent l'armée de France & manque à la nôtre ; mais nous ne ſongeons guère à cela.

Quoiqu'il en ſoit, je veux voir les manœuvres du reſte de cette campagne, & j'ai réſolu de reſter à l'armée juſqu'à ce qu'elle entre en quartiers. Nous gagnerons tous à ce délai. La ſaiſon étant trop avancée pour traverſer les monts, nous paſſerons l'hiver où vous êtes, & n'irons en Italie qu'au commencement du printemps. Dites à M. & Madame de Wolmar que je fais ce nouvel arrangement pour jouir à mon aiſe du

_____

[*m*] C'eſt le nom que les Anglois donnent à la bataille d'Hochſtet.

touchant fpectacle que vous décrivez fi bien ,
& pour voir Madame d'Orbe établie avec
eux. Continuez, mon cher, à m'écrire avec
le même foin , & vous me ferez plus de plaifir que jamais : mon équipage a été pris ,
& je fuis fans livres ; mais je lis vos lettres.

LETTRE V

A MILORD EDOUARD.

QUelle joie vous me donnez en m'an-
nonçant que nous paſſerons l'hiver à
Clarens ! mais que vous me la faites payer
cher en prolongeant votre féjour à l'armée !
Ce qui me déplaît fur-tout, c'eſt de voir
clairement qu'avant notre féparation le parti
de faire la campagne étoit déjà pris, & que
vous ne m'en voulûtes rien dire. Milord,
je fens la raifon de ce myftère & ne puis
vous en favoir bon gré. Me méprifériez-
vous affez, pour croire qu'il me fut bon de
vous furvivre, ou m'avez-vous connu des
attachemens fi bas que je les préfére à
l'honneur de mourir avec mon ami ? Si je
ne méritois pas de vous fuivre, il falloit
me laiſſer à Londres, vous m'auriez moins
offenfé que de m'envoyer ici.

Il eſt clair par la dernière de vos lettres
qu'en effet une des miennes s'eſt perdue,
& cette perte a dû vous rendre les deux

lettres fuivantes fort obfcures à bien des égards; mais les éclairciffemens néceffaires pour les bien entendre viendront à loifir. Ce qui preffe le plus à préfent, eft de vous tirer de l'inquiétude où vous êtes fur le chagrin fecret de Madame de Wolmar.

Je ne vous redirai point la fuite de la converfation que j'eus avec elle après le départ de fon mari. Il s'eft paffé depuis bien des chofes qui m'en ont fait oublier une partie, & nous la reprîmes tant de fois durant fon abfence, que je m'en tiens au fommaire pour épargner des répétitions.

Elle m'apprit donc que ce même Epoux qui faifoit tout pour la rendre heureufe étoit l'unique auteur de toute fa peine, & que plus leur attachement mutuel étoit fincére, plus il lui donnoit à fouffrir. Le diriez-vous, Milord? Cet homme fi fage, fi raifonnable, fi loin de toute efpèce de vice, fi peu foumis aux paffions humaines, ne croit rien de ce qui donne un prix aux vertus, & dans l'innocence d'une vie irréprochable, il porte au fond de fon cœur l'affreufe paix des méchans. La réflexion qui naît de ce contrafte augmente la douleur de Julie, & il femble qu'elle lui pardonneroit plutôt de méconnoître l'Auteur de fon être, s'il avoit plus de motifs pour le craindre ou plus d'orgueil pour le braver. Qu'un coupable appaife fa confcience aux dépens de fa raifon, que l'honneur de penfer autrement que le vulgaire anime celui qui dogmatife, cette erreur au moins fe conçoit, mais, pourfuit-elle en foupirant, pour un fi honnête-homme, & fi peu vain de fon favoir, c'étoit bien la peine d'être incrédule !

Il faut être inftruit du caractère des deux époux, il faut les imaginer concentrés dans le fein de leur famille, & fe tenant l'un à l'autre lieu du refte de l'univers ; il faut connoître l'union qui regne entr'eux dans tout le refte, pour concevoir combien leur différend, fur ce feul point, eft capable d'en troubler les charmes. M. de Wolmar, élevé dans le rit grec, n'étoit pas fait pour fupporter l'abfurdité d'un culte aufli ridicule. Sa raifon, trop fupérieure à l'imbécille joug qu'on lui vouloit impofer, le fecoua bientôt avec mépris, & rejettant à la fois tout ce qui lui venoit d'une autorité fi fufpecte, forcé d'être impie il fe fit athée.

Dans la fuite ayant toujours vécu dans des pays Catholiques, il n'apprit pas à concevoir une meilleure opinion de la foi Chrétienne, par celle qu'on y profeffe. Il n'y vit d'autre Religion que l'intérêt de fes miniftres. Il vit que tout y confiftoit encore en vaines fimagrées, plâtrées un peu plus fubtilement par des mots qui ne fignifioient rien ; il s'apperçut que tous les *honnêtesgens*, y étoient unanimement de fon avis & ne s'en cachoit guère, que le clergé même, un peu plus difcrétement, fe moquoit en fecret de ce qu'il enfeignoit en

public, & il m'a protefté fouvent qu'après
bien du temps & des recherches , il n'avoit
trouvé de fa vie que trois Prêtres qui cruf-
fent en Dieu. (o) En voulant s'éclaircir de
bonne-foi fur fes matières , il s'étoit enfoncé dans les ténébres de la métaphyfi-
que où l'homme n'a d'autres guides que les
fyftêmes qu'il y porte, & ne voyant par-
tout que doutes & contradictions ; quand
enfin il eft venu parmi des Chrétiens, il y
eft venu trop tard, fa foi s'étoit déjà fermée à la vérité, fa raifon n'étoit plus acceffible
à la certitude ; tout ce qu'on lui prouvoit
détruifant plus un fentiment qu'il n'en éta-
bliffoit un autre, il a fini par combattre
également les dogmes de toute efpéce ; &
n'a ceffé d'être athée que pour devenir fcep-
tique.

Voilà le mari que le Ciel deftinoit à cette
Julie , en qui vous connoiffez une foi fi
fimple & une piété fi douce : mais il faut
avoir vécu auffi familiérement avec elle
que fa coufine & moi, pour favoir combien cette ame tendre eft naturellement

_____

(o) A Dieu ne plaife que je veuille approuver ces affer-
tions dures & téméraires, j'affirme feulement qu'il y a
des gens qui les font & dont la conduite du Clergé de
tous les pays & de toutes les fectes n'autorife que trop
fouvent l'indifcrétion. Mais loin que mon deffein dans
cette note foit de me mettre lâchement à couvert, voici
bien nettement mon propre fentiment fur ce point. C'eft
que nul vrai croyant ne fauroit etre intolérant ni perfé-
cuteur. Si j'étois Magiftrat, & que la loi portât peine de
mort contre les athées, je commencerois par faire brûler
comme tel, celui qui en viendroit dénoncer un autre.

portée à la dévotion. On diroit que rien
de terreftre ne pouvant fuffire au befoin
d'aimer dont elle eft dévorée, cet excès
de fenfibilité foit forcé de remonter à fa
fource. Ce n'eft point, comme Sainte Thé-
refe, un cœur amoureux qui fe donne le
change & veut fe tromper d'objet ; c'eft
un cœur vraiment intariffable que l'amour
ni l'amitié n'ont pu épuifer, & qui porte
fes affections furabondantes au feul Etre digne de les abforber (p). L'amour de Dieu
ne la détache point des créatures ; il ne
lui donne ni dureté ni aigreur. Tous ces
attachemens produits par la même caufe,
en s'animant l'un par l'autre en deviennent
plus charmans & plus doux, & pour moi
je crois qu'elle feroit moins dévote, fi elle
aimoit moins tendrement fon pére, fon
mari, fes enfans, fa Coufine, & moi-
même.

Ce qu'il y a de fingulier, c'eft que plus
elle l'eft, moins elle croit l'être, & qu'elle
fe plaint de fentir en elle-même une ame
aride qui ne fait point aimer Dieu. On a
beau faire, dit-elle fouvent, le cœur ne
s'attache que par l'entremife des fens ou
de l'imagination qui les repréfente, & le
moyen de voir ou d'imaginer l'immenfité

___

(p) Comment ! Dieu n'aura donc que les reftes des créatures ? Au contraire, ce que les créatures peuvent occuper du cœur humain eft fi peu de chofe, que quand on croit
l'avoir rempli d'elles, il eft encore vuide. Il faut un objet
infini pour le remplir.

du grand Être (q)! Quand je veux m'élever à lui, je ne sais où je suis; n'appercevant aucun rapport entre lui & moi, je ne sais par où l'atteindre, je ne vois ni ne sens plus rien, je me trouve dans une espéce d'anéantissement, & si j'osois juger d'autrui par moi-même, je craindrois que les extases des mystiques ne vinssent moins d'un cœur plein que d'un cerveau vuide.

Que faire donc, continue-t-elle, pour me dérober aux fantômes d'une raison qui s'égare? Je substitue un culte grossier, mais à ma portée, à ces sublimes contemplations qui passent mes facultés. Je rabaisse à regret la Majesté divine; j'interpose entr'elle & moi des objets sensibles; ne la pouvant contempler dans son essence, je la contemple au moins dans ses œuvres, je l'aime dans ses bienfaits; mais de quelque manière que je m'y prenne, au lieu de l'amour pure qu'elle exige, je n'ai qu'une reconnoissance intéressée à lui présenter.

C'est ainsi que tout devient sentiment dans un cœur sensible. Julie ne trouve dans l'U-

---

(q) Il est certain qu'il faut se fatiguer l'ame pour l'élever aux sublimes idées de la Divinité; un culte plus sensible repose l'esprit du peuple. Il aime qu'on lui offre des objets de piété qui le dispensent de penser à Dieu. Sur ces maximes, les Catholiques ont-ils mal fait de remplir leurs Légendes, leurs Calendriers, leurs Eglises, de petits Anges, de beaux garçons, & de jolies saintes? L'Enfant Jesus entre les bras d'une mère charmante & modeste, est en même-temps un des plus touchans & des plus agréables spectacles que la dévotion Chrétienne puisse offrir aux yeux des fidèles.

nivers entier que fujets d'attendriffement &
de gratitudé. Par-tout elle apperçoit la bien-
aifante main de la Providence; fes enfans
ont le cher dépôt qu'elle en a reçu; elle
recueille fes dons dans les productions de
a terre; elle voit fa table couverte par fes
foins; elle s'endort fous fa protection; fon
paifible réveil lui vient d'elle; elle fent fes
leçons dans les difgraces, & fes faveurs
dans les plaifirs; les biens dont jouit tout
ce qui lui eft cher font autant de nouveaux
fujets d'hommages; fi le Dieu de l'Univers
échappe à fes foibles yeux, elle voit par-
tout le père commun des hommes. Honorer ainfi fes bienfaits fuprêmes, n'eft-ce pas
fervir autant qu'on peut l'Etre infini?

Concevez, Milord, quel tourment c'eft
le vivre dans la retraite avec celui qui partage notre exiftence, & ne peut partager
l'efpoir qui nous la rend chére! De ne pouvoir avec lui ni bénir les œuvres de Dieu,
ni parler de l'heureux avenir que nous promet fa bonté! de le voir infenfible en faifant le bien à tout ce qui le rend agréable à
faire, & par la plus bizarre inconféquence
penfer en impie & vivre en chrétien! Imaginez Julie à la promenade avec fon mari;
l'une admirant dans la riche & brillante parure que la terre étale, l'ouvrage & les dons
de l'Auteur de l'Univers; l'autre ne voyant
en tout cela qu'une combinaifon fortuite
où rien n'eft lié que par une force aveugle:
imaginez deux époux fincérement unis, n'o-

fant de peur de s'importuner mutuellement,
fe livrer, l'un aux réflexions, l'autre aux fentimens que leur infpirent les objets qui les en-
tourent, & tirer de leur attachement même, le
devoir de fe contraindre inceffamment. Nous
ne nous promenons prefque jamais Julie &
moi, que quelque vue frappante & pittoref-
que ne lui rappelle ces idées douloureufes. Hélas ! dit-elle avec attendriffement ; le fpectacle de la nature, fi vivant, fi animé pour
nous, eft mort aux yeux de l'infortuné Wolmar, & dans cette grande harmonie des
êtres, où tout parle de Dieu d'une voix fi
douce, il n'apperçoit qu'un filence éternel.

Vous qui connoiffez Julie, vous favez combien cette ame communicative aime à fe répandre, concevez ce qu'elle fouf-
friroit de ces réferves, quand elles n'auroient d'autre inconvénient qu'un fi trifte
partage entre ceux à qui tout doit être commun. Mais des idées plus funeftes s'élevent
malgré qu'elle en ait à la fuite de celle-là.
Elle a beau vouloir rejetter ces terreurs in-
volontaires, elles reviennent la troubler à
chaque inftant. Quelle horreur pour une
tendre époufe d'imaginer l'Etre fuprême
vengeur de fa divinité méconnue, de fonger que le bonheur de celui qui fait le fien,
doit finir avec fa vie, & ne voir qu'un ré-
prouvé dans le père de fes enfans ! A cette affreufe image, toute fa douceur la ga-
rantit à peine du défefpoir, & la Religion,
qui lui rend amère l'incrédulité de fon mari

ui donne feule la force de la fupporter. Si
e Ciel, dit-elle fouvent, me refufe la converfion de cet honnête-homme, je n'ai
plus qu'une grace à lui demander, c'eft de
mourir la première.

Telle eft Milord, la trop jufte caufe de
fes chagrins fecrets, telle eft la peine intérieure qui femble charger fa confcience de
l'endurciffement d'autrui, & ne lui devient
que plus cruelle par le foin qu'elle prend de
la diffimuler. L'athéïfme qui marche à vifage découvert chez les papiftes, eft obligé
de fe cacher dans tout pays où la raifon
permettant de croire en Dieu, la feule excufe des incrédules leur eft ôtée. Ce fyftême eft naturellement défolant; s'il trouve
des partifans chez les grands & les riches
qu'il favorifa, il eft par-tout en horreur
au peuple opprimé & miférable, qui voyant
délivrer fes tyrans du feul frein propre à les
contenir, fe voit encore enlever dans l'efpoir d'une autre vie la feule confolation
qu'on lui laiffe en celle-ci. Madame de Wolmar fentant donc le mauvais effet que feroit
ici le pyrrhonifme de fon mari, & voulant
fur-tout garantir fes enfans d'un fi dangereux exemple, n'a pas eu de peine à engager au fecret un homme fincère & vrai,
mais difcret, fimple, fans vanité, & fort
éloigné de vouloir ôter aux autres un bien
dont il eft fâché d'être privé lui-même. Il
ne dogmatife jamais, il vient au temple avec
nous, il fe conforme aux ufages établis;

... aimés ; ils s'en souve-
... ils s'étoient un instant ou-
... livroit à l'opprobre. Je
... qu'elle avoit craint ce tête-
... s'en garantir, & la scène
... trop appris que celui des
... le moins de lui-même dé-
...

... crainte que lui inspiroit sa
...èle, elle n'imagina point de
... sûre que de se donner in-
... un témoin qu'il falloit respec-
... tiers le Juge intègre & re-
... voit les actions secretes & sait
... des cœurs. Elle s'environnoit
...té suprême ; je voyois Dieu sans
... & moi. Quel coupable desir
... une telle sauve-garde ? mon
...roit au feu de son zèle, & je
... vertu.
...es entretiens remplirent presque
...têtes-à-têtes durant l'absence de
... depuis son retour nous les re-
...fréquemment en sa présence. Il
...comme s'il étoit question d'un su-
...mépriser nos soins, il nous don-
...de bons conseils sur la manière
...évons raisonner avec lui. C'est
... me fait désespérer du suc-
...moins de bonne-foi, l'on
... de l'ame qui nour-
... s'il n'est question
... chercherons nou...

fans profeffer de bouche une foi qu'il n'a
pas ; il évite le fcandale , & fait fur le culte
re réglé par les loix , tout ce que l'Etat peut
exiger d'un Citoyen.

Depuis près de huit ans qu'ils font unis ,
la feule Madame d'Orbe eft du fecret, parce
qu'on le lui a confié. Au furplus , les apparences font fi bien fauvées, & avec fi peu
d'affectation , qu'au bout de fix femaines
paffées enfemble dans la plus grande, intimité , je n'avois pas même conçu le moindre foupçon , & n'aurois peut-être jamais
pénétré la vérité fur ce point , fi Julie elle-
même ne me l'eut apprife.

Plufieurs motifs l'ont déterminée à cette
confidence. Premiérement , quelle réferve
eft compatible avec l'amitié qui règne entre
nous ? N'eft-ce pas aggraver fes chagrins à
pure perte que s'ôter la douceur de les partager avec un ami ? De plus , elle n'a pas
voulu que ma préfence fut plus long-temps
un obftacle aux entretiens qu'ils ont fouvent
enfemble fur un fujet qui lui tient fi fort
au cœur. Enfin , fachant que vous deviez
bientôt venir nous joindre, elle a defiré ,
du confentement de fon mari, que vous fuffiez
d'avance inftruit de fes fentimens ; car elle
attend de votre fageffe un fupplément à nos
vains efforts, & des effets dignes de vous.

Le temps qu'elle choifit pour me confier
fa peine, m'a fait foupçonner une autre raifon dont elle n'a eu garde de me parler.
Son mari nous quittoit ; nous reftions feuis ;

nos cœurs s'étoient aimés ; ils s'en souvenoient encore ; s'ils s'étoient un inftant oubliés tout nous livroit à l'opprobre. Je voyois clairement qu'elle avoit craint ce tête-à-tête & tâché de s'en garantir, & la fcène de Meillerie m'a trop appris que celui des deux qui fe défioit le moins de lui-même devoit feul s'en défier.

Dans l'injufte crainte que lui infpiroit fa timidité naturelle, elle n'imagina point de précaution plus fûre que de fe donner inceffamment un témoin qu'il fallut refpecter d'appeller en tiers le Juge intégre & redoutable qui voit les actions fecretes & fait lire au fond des cœurs. Elle s'environnoit de la majefté fuprême ; je voyois Dieu fans ceffe entr'elle & moi. Quel coupable defir eut pu franchir une telle fauve-garde ? mon cœur s'épuroit au feu de fon zèle, & je partageois fa vertu.

Ces graves entretiens remplirent prefque tous nos têtes-à-têtes durant l'abfence de fon mari, & depuis fon retour nous les reprenons fréquemment en fa préfence. Il s'y prête comme s'il étoit queftion d'un autre, & fans méprifer nos foins, il nous donne fouvent de bons confeils fur la manière dont nous devons raifonner avec lui. C'eft cela même qui me fait défefpérer du fuccès ; car s'il avoit moins de bonne-foi, l'on pourroit attaquer le vice de l'ame qui nourriroit fon incrédulité ; mais s'il n'eft queftion que de convaincre, où chercherons-nous des lumières qu'il n'ait point eues & des raifons qui lui aient échappé? Quand j'ai voulu difputer avec lui, j'ai vu que tout ce que je pouvois employer d'argumens avoit été déjà vainement épuifé par Julie, & que ma fécherefle étoit bien loin de cette éloquence du cœur & de cette douce perfuafion qui coule de fa bouche. Milord, nous ne ramenerons jamais cet homme ; il eft trop froid & n'eft point méchant ; il ne s'agit pas de le toucher ; la preuve intérieure ou de fentiment lui manque, & celle - là feule peut rendre invincibles toutes les autres,

Quelque foin que prenne fa femme de lui déguifer fa triftefle, il la fent & la partage: ce n'eft pas un œil auffi clair-voyant qu'on abufe. Ce chagrin dévoré ne lui en eft que plus fenfible. Il m'a dit avoir été tenté plufieurs fois de céder en apparence, & de feindre pour la tranquillifer des fentimens qu'il n'avoit pas ; mais une telle baffefle d'ame eft trop loin de lui. Sans en impofer à Julie, cette diffimulation n'eut été qu'un nouveau tourment pour elle. La bonne foi, la franchife, l'union des cœurs qui confole de tant de maux fe fut éclipfée entr'eux. Etoit-ce en fe faifant moins eftimer de fa femme qu'il pouvoit la raflurer fur fes craintes ? Au lieu d'ufer de déguifement avec elle, il lui dit fincérement ce qu'il penfe ; mais il le dit d'un ton fi fimple, avec fi peu de mépris des opinions

vulgaires,

vulgaires, si peu de cette ironique fierté des. esprits forts, que ces tristes aveux donnent bien plus d'affliction que de colére à Julie, & que, ne pouvant transmettre à son mari ses sentimens & ses espérances, elle en cherche avec plus de soin à rassembler autour de lui ces douceurs passagéres auxquelles il borne sa félicité. Ah! dit-elle avec douleur, si l'infortuné fait son paradis en ce monde, rendons-le lui du moins aussi doux qu'il est possible! (r)

Le voile de tristesse dans cette opposition de sentimens couvre leur union, prouve mieux que toute autre chose l'invincible ascendant de Julie par les consolations dont cette tristesse est mêlée, & qu'elle seule au monde étoit peut-être capable d'y joindre. Tous leurs démêlés, toutes leurs disputes sur ce point important, loin de se tourner en aigreur, en mépris, en querelles, finissent toujours en quelque scene attendrissante, qui ne fait que les rendre plus chers l'un à l'autre.

Hier l'entretien s'étant fixé sur ce texte, qui revient souvent quand nous ne sommes que nous trois, nous tombâmes sur l'origine du mal, & je m'efforçois de montrer

(r) Combien ce sentiment plein d'humanité n'est-il pas plus naturel que le zèle affreux des persécuteurs, toujours occupés à tourmenter les incrédules, comme pour les damner dès cette vie, & se faire les précurseurs des démons? Je ne cesserai jamais de le redire; c'est que ces précurseurs-là ne sont point des croyans; ce sont des fourbes.

V. Partie.   F.

que non-feulement il n'y avoit point de
mal abfolu & général dans le fyftême des
êtres; mais que même les maux particuliers
étoient beaucoup moindres qu'ils ne le femblent au premier coup d'œil, & qu'à tout
prendre ils étoient furpaffés de beaucoup par
les biens particuliers & individuels. Je citois
à M. de Wolmar fon propre exemple, &
pénétré du bonheur de fa fituation, je la
peignois avec des traits fi vrais qu'il en parut ému lui-même. Voilà, dit-il en m'interrompant, les féductions de Julie. Elle
met toujours le fentiment à la place des raifons, & le rend fi touchant qu'il faut toujours l'embraffer pour toute réponfe : ne feroit-ce point de fon maître de philofophie,
ajouta t il en riant, qu'elle auroit appris cette maniére d'argumenter?

Deux mois plutôt la plaifanterie m'eût déconcerté cruellement, mais le temps de l'embarras eft paffé; je n'en fis que rire à mon
tour, & quoique Julie eût un peu rougi,
elle ne parut pas plus embarraffée que moi,
Nous continuâmes. Sans difputer fur la quantité du mal, Wolmar fe contentoit de l'a-
veu qu'il fallut bien faire, que, peu ou beaucoup; enfin, le mal éxifte, & de cette feule exiftence il déduifoit défaut de puiffance,
d intelligence ou de bonté dans la premiére
caufe. Moi, de mon côté, je tâchois de
montrer l'origine du mal phyfique dans la
nature de la matiére, & du mal moral dans
la liberté de l'homme. Je lui foutenois que

Dieu pouvoit tout faire, hors de créer d'autres fubftances àuffi parfaites que la fienne
& qui ne laiffaffent aucune prife au mal.
Nous étions dans la chaleur de la difpute,
quand je m'apperçus que Julie avoit difparu.
Devinez où elle eft , me dit fon mari,
voyant que je la cherchois des yeux? Mais ,
dis-je, elle eft allée donner quelque ordre
dans le ménage. Non , dit-il, elle n'auroit
point pris pour d'autres affaires le temps de
celle-ci. Tout fe fait fans qu'elle me quitte,
& je ne la vois jamais rien faire. Elle eft
donc dans la chambre des enfans? Tout
auffi peu, fes enfans ne lui font pas plus che.s
que mon falut. Hé bien, repris-je, ce qu'elle
fait , je n'en fais rien ; mais je fuis très-fûr
qu'elle ne s'occupe qu'à des foins utiles.
Encore moins , dit-il froidement; venez ,
venez, vous verrez fi j'ai bien deviné.

Il fe mit à marcher doucement; je le fuivis fur la pointe du pied. Nous arrivâmes à la
porte du cabinet; elle étoit fermée. Il l'ou-
vrit brufquement. Milord , quel fpectacle !
Je vis Julie à genoux , les mains jointes , &
toutes en larmes. Elle fe leve avec précipita-
tion, s'effuyant les yeux , fe cachant le vifage, & cherchant à s'échapper ; on ne vit
jamais une honte pareille. Son mari ne lui
laiffa pas le temps de fuir. Il courut à elle
dans une efpéce de tranfport. Chére époufe ! lui dit-il en l'embraffant ; l'ardeur même de tes vœux trahit ta caufe. Que leur
manque-t-il pour être efficaces ? Va, s'ils

étoient entendus, ils feroient bientôt exaucés. Ils le feront, lui dit-ellé d'un ton ferme & perfuadé; j'en ignore l'heure & l'occafion. Puiffai-je l'acheter aux dépens de
ma vie! mon dernier jour feroit le mieux
employé.

Venez, Milord, quittez vos malheureux
combats, venez remplir un devoir plus noble. Le fage préfére-t-il l'honneur de tuer
des hommes aux foins qui peuvent en fau-
ver un? (1).

LETTRE VI

A MILORD EDOUARD.

QUoi! même après la féparation de l'armée, encore un voyage à Paris! Ou-
bliez-vous donc tout-à-fait Clarens & celle
qui l'habite? Nous êtes vous moins chér
qu'à Milord Hyde? Etes-vous plus néceffaire à cet ami qu'à ceux qui vous attendent
ici? Vous nous forcez à faire des vœux op-
pofés aux vôtres, & vous me faites fouhai-
ter d'avoir du crédit à la Cour de France
pour vous empêcher d'obtenir les paffeports
que vous en attendez. Contentez vous toutefois: allez voir votre digne compatriote.
Malgré lui, malgré vous, nous ferons ven-

---

(1) Il y avoit ici une grande Lettre de Milord Edouard
à Julie. Dans la fuite il fera parlé de cette Lettre; mais
pour de bonnes raifons j'ai été forcé de la fupprimer. (L

gés de cette préférence, & quelque plaifir
que vous goûtiez à vivre avec lui, je fais
que quand vous ferez avec nous, vous re-
gretterez le temps que vous ne nous aurez
pas donné.

En recevant votre Lettre j'avois d'abord
foupçonné qu'une commiſſion fecrete..........
quel plus digne médiateur de paix? ....
mais les Rois donnent-ils leur confiance à
des hommes vertueux? Ofent-ils écouter
la vérité? Savent-ils même honorer le vrai
mérite? ..... Non, non cher Edouard, vous
n'êtes pas fait pour le Miniſtère, & je
penſe trop bien de vous pour croire que ſi
vous n'étiez pas né Pair d'Angleterre, vous
le fuſſiez jamais devenu.

Viens, ami, tu feras mieux à Clárens qu'à
la Cour. O quel hiver nous allons paſſer tous
enſemble, ſi l'eſpoir de notre réunion ne
m'abuſe pas! Chaque jour la prépare en ra-
menant ici quelqu'une de ces ames privilé-
giées qui font ſi chères l'une à l'autre, qui font
ſi dignes de s'aimer, & qui femblent n'attendre que vous pour ſe paſſer du reſte de l'univers. En apprenant quel heureux haſard a
fait paſſer ici la partie adverſe du Baron d'E-
tange, vous avez prévu tout ce qui dévoit
arriver de cette rencontre (1) & ce qui eſt arrivé réellement. Ce vieux plaideur, quoi-

(1) On voit qu'il manque ici pluſieurs Lettres intermédiaires, ainſi qu'en beaucoup d'autres endroits. Le lecteur dira qu'on ſe tire fort aiſément d'affaire avec de pa-
reilles omiſſions, & je fuis tout-à-fait de fon avis.

qu'inflexible & entier presque autant que
son adversaire, n'a pu résister à l'ascendant
qui nous a tous subjugués. Après avoir vu
Julie, après l'avoir entendue, après avoir
conversé avec elle, il a eu honte de plaider
contre son père. Il est parti pour Berne si
bien disposé, & l'accommodement est ac-
tuellement en si bon train, que sur la dernière Lettre du Baron nous l'attendons de
retour dans peu de jours.

Voilà ce que vous aurez déjà sû par M.
de Wolmar. Mais ce que probablement vous
ne savez point encore, c'est que Madame
d'Orbe ayant enfin terminé ses affaires, est
ici depuis Jeudi, & n'aura plus d'autre demeure que celle de son amie. Comme j'étois
prévenu du jour de son arrivée, j'allai au
devant d'elle à l'insu de Madame de Wolmar qu'elle vouloit surprendre, & l'ayant
rencontrée au-deçà de Lutri, je revins sur
mes pas avec elle.

Je la trouvai plus vive & plus charmante
que jamais, mais inégale, distraite, n'écoutant point, répondant encore moins, parlant sans suite & par saillies, enfin, livrée à
cette inquiétude dont on ne peut se défendre
sur le point d'obtenir ce qu'on a fortement
désiré. On eut dit à chaque instant qu'elle
trembloit de retourner en arrière. Ce départ, quoique long-temps différé, s'étoit fait
si à la hâte que la tête en tournoit à la maîtresse & aux domestiques. Il régnoit un désordre risible dans le menu bagage qu'on

aménoit. A mesure que la femme de chambre craignoit d'avoir oublié quelque chose, Claire assuroit toujours l'avoir fait mettre dans le coffre du Carosse, & le plaisant, quand on y regarda, fût qu'il ne s'y trouva rien du tout.

Comme elle ne vouloit pas que Julie entendit sa voiture, elle descendit dans l'avenue, traversa la cour en courant comme une folle; & monta si précipitamment qu'il fallut respirer après la première rampe avant d'achever de monter. M. de Wolmar vint au-devant d'elle; elle ne put lui dire un seul mot.

En ouvrant la porte de la chambre, je vis Julie assise vers la fenêtre & tenant sur ses genoux la petite Henriette, comme elle faisoit souvent. Claire avoit médité un beau discours à sa manière, mêlé de sentiment & de gaieté; mais en mettant le pied sur le seuil de la porte, le discours, la gaieté, tout fut oublié; elle vole à son amie en s'écriant avec un emportement impossible à peindre; Cousine, toujours, pour toujours, jusqu'à la mort! Henriette appercevant sa mère saute & court au-devant d'elle en criant aussi; *Maman! maman!* de toute sa force, & la rencontre si rudement que la pauvre petite tomba du coup. Cette subite apparition, cette chûte, la joie, le trouble saisirent Julie à tel point, que s'étant levée en étendant les bras avec un cri très-aigu, elle se laissa retomber & se trouva mal. Claire voulant relever sa fille, voit pâlir son amie, elle hésite, elle ne sait à laquelle courir. Enfin, me voyant relever Henriette, elle s'élance pour secourir Julie défaillante, & tombe sur elle dans le même état.

Henriette les appercevant toutes deux sans mouvement se mit à pleurer & pousser des cris qui firent accourir la Fanchon ; l'une court à sa mère, l'autre à sa maîtresse. Pour moi ; saisi, transporté, hors de sens, j'errois à grands pas par la chambre sans savoir ce que je faisois, avec des exclamations interrompues, & dans un mouvement convulsif dont je n'étois pas le maître. Wolmar lui-même, le froid Wolmar, se sentit ému. O sentiment, sentiment ! douce vie de l'ame ! quel est le cœur de fer que tu n'as jamais touché ? quel est l'infortuné mortel à qui tu n'arrachas jamais de larmes ? Au lieu de courir à Julie, cet heureux époux se jetta sur un fauteuil pour contempler avidement ce ravissant spectacle. Ne craignez rien, dit-il, en voyant notre empressement. Ces scenes de plaisir & de joie n'épuisent un instant la nature que pour la ranimer d'une vigueur nouvelle ; elles ne sont jamais dangereuses. Laissez-moi jouir du bonheur que je goûte & que vous partagez. Que doit-il être pour vous ? Je n'en connus jamais de semblable, & je suis le moins heureux des six.

Milord, sur ce premier moment vous pouvez juger du reste. Cette réunion excita dans toute la maison un retentissement d'alégreffé , & une fermentation qui n'eſt pas encore calmée. Julie hors d'elle-même étoit dans une agitation où je ne l'avois jamais vué ; il fut impoſſible de ſonger à rien de toute la journée , qu'à ſe voir & s'embraſſer ſans ceſſe avec de nouveaux tranſports. On ne s'aviſa pas même du ſallon d'Apollon , le plaiſir étoit par-tout, on n'avoit pas beſoin d'y ſonger. A peine le lendemain eut-on aſſez de ſang-froid pour préparer une fête. Sans Wolmar tout ſeroit allé de travers : chacun ſe para de ſon mieux. Il n'y eut de travail permis que ce qu'il en falloit pour les amuſemens. La fête fut célébrée, non pas avec pompe , mais avec délire ; il y regnoit une confuſion qui la rendoit touchante ; & le déſordre en faiſoit le plus bel ornement.

La matinée ſe paſſa à mettre Madame d'Orbe en poſſeſſion de ſon emploi d'Intendante ou de maîtreſſe d'hôtel , & elle ſe hâtoit d'en faire les fonctions avec un empreſſement d'enfant qui nous fit rire. En entrant pour dîner dans le beau ſallon , les deux Couſines virent de tous côtés leurs chiffres unis & formés avec des fleurs. Julie devina dès l'inſtant d'où venoit ce ſoin : Elle m'embraſſa dans un ſaiſiſſement de joie. Claire, contre ſon ancienne coutume, héſita d'en faire autant. Wolmar lui en fit la guerre, elle prit, en rougiſſant, le parti d'imiter ſa couſine. Cette rougeur, que je remarquai trop, me fit un effet que je ne ſau-

F v

rois dire; mais je ne me sentis pas dans ses bras sans émotion.

L'après-midi il y eut une belle collation dans le gynécée, où, pour le coup, le maître & moi fûmes admis. Les hommes tirèrent au blanc une mise donnée par Madame d'Orbe. Le nouveau venu l'emporta; quoique moins exercé que les autres; Claire ne fut pas la dupe de son adresse. Hanz lui-même ne s'y trompa pas, & refusa d'en accepter le prix; mais tous ses camarades l'y forcèrent, & vous pouvez juger que cette honnêteté de leur part ne fut pas perdue.

Le soir, toute la maison, augmentée de trois personnes, se rassembla pour danser. Claire sembloit parée par la main des graces; elle n'avoit jamais été si brillante que ce jour-là. Elle dansoit, elle causoit, elle rioit, elle donnoit ses ordres, elle suffisoit à tout. Elle avoit juré de m'excéder de fatigue, & après cinq ou six contredanses très-vives tout d'une haleine, elle n'oublia pas le reproche ordinaire, que je dansois comme un philosophe. Je lui dis, moi, qu'elle dansoit comme un lutin, qu'elle ne faisoit pas moins de ravage, & que j'avois peur qu'elle ne me laissât reposer ni jour ni nuit; au contraire, dit-elle, voici de quoi vous faire dormir tout d'une piece; & à l'instant, elle me reprit pour danser.

Elle étoit infatigable; mais il n'en étoit pas ainsi de Julie; elle avoit peine à se tenir; les genoux lui trembloient en dansant;

elle étoit trop touchée pour pouvoir être gaie. Souvent on voyoit des larmes de joie couler de ses yeux, elle contemploit sa Cousine avec une sorte de ravissement; elle aimoit à se croire l'étrangère à qui l'on donnoit la fête, & à regarder Claire comme la maîtresse de la maison qui l'ordonnoit. Après le souper, je tirai des fusées que j'avois apportées de la Chine, & qui firent beaucoup d'effet. Nous veillâmes fort avant dans la nuit; il fallut enfin se quitter; Madame d'Orbe étoit lasse ou devoit l'être, & Julie voulut qu'on se couchât de bonne heure.

Insensiblement le calme renait, & l'ordre avec lui. Claire, toute folâtre qu'elle est, sait prendre, quand il lui plaît, un ton d'autorité qui en impose. Elle a d'ailleurs du sens, un discernement exquis, la pénétration de Wolmar, la bonté de Julie, & quoi-qu'extrêmement libérale, elle ne laisse pas d'avoir aussi beaucoup de prudence. Ensorte que restée veuve si jeune, & chargée de la garde noble de sa fille, les biens de l'une & de l'autre n'ont fait que prospérer dans ses mains; ainsi l'on n'a pas lieu de craindre que sous ses ordres la maison soit moins bien gouvernée qu'auparavant. Cela donne à Julie le plaisir de se livrer toute entière à l'occupation qui est le plus de son goût, savoir l'éducation des enfans, & je ne doute pas qu'Henriette ne profite extrêmement de tous les soins dont une de ses mères aura soulagé l'autre. Je dis, ses

mères ; car à voir la manière dont elles vivent avec elle, il est difficile de distinguer
la véritable, & des étrangères qui nous sont
venus aujourd'hui sont ou paroissent là-dessus encore en doute. En effet, toutes deux
l'appellent, Henriette, ou, ma fille, indifféremment. Elle appelle, *maman* l'une, &
l'autre *petite maman* ; la même tendresse regne de part & d'autre ; elle obéit également
à toutes deux. S'ils demandent aux Dames à
laquelle elle appartient, chacune répond,
à moi. S'ils interrogent Henriette, il se trouve qu'elle a deux mères ; on seroit embarras-
sé à moins. Les plus clairvoyans se décident
pourtant à la fin pour Julie. Henriette, dont
le père étoit blond, est blonde comme elle
& lui ressemble beaucoup. Une certaine
tendresse de mère se peint encore mieux
dans ses yeux si doux que dans les regards
plus enjoués de Claire. La petite prend auprès de Julie un air plus respectueux, plus
attentif sur elle-même. Machinalement elle
se met plus souvent à ses côtés, parce que
Julie a plus souvent quelque chose à lui
dire. Il faut avouer que toutes les apparences sont en faveur de la petite maman, &
je me suis apperçu que cette erreur est si
agréable aux deux Cousines, qu'elle pourroit bien être quelquefois volontaire, &
devenir un moyen de leur faire sa cour.

Milord, dans quinze jours il ne manquera plus ici que vous. Quand vous y serez, il faudra mal penser de tout homme

donc le cœur cherchera sur le reste de la terre
des vertus, des plaisirs qu'il n'aura pas
trouvés dans cette maison.

LETTRE VII

A MILORD EDOUARD.

Il y a trois jours que j'essaie chaque soir
de vous écrire. Mais après une journée
laborieuse, le sommeil me gagne en rentrant : le matin dès le point du jour il faut
retourner à l'ouvrage. Une ivresse plus douce que celle de ... me tient au nœud de l'âme
sa moindre diversion, & je ne puis dérober
ce moment à des plaisirs devenus tous trop
vifs pour moi.

Je ne conçois pas quel ... pourroit
me déplaire avec la société que je trouve
dans celle-ci... mais savez-vous en quoi Clarens me plaît pour lui-même ? C'est que je
m'y tiens vraiment à la campagne, & que
c'est presque la première fois que j'ai ce qu'on
peut dire ainsi. Les gens de ville ne savent
point aimer la campagne : ils ne savent
pas même y être : à peine quand ils y sont
savent-ils ce qu'on y fait. Ils en dédaignent
les travaux, les plaisirs, ils les ignorent :
ils sont chez eux de sorte en pays étranger :
je ne m'étonne pas qu'ils s'y déplaisent. Il
faut être villageois au village, ou n'y point
aller ; car qu'y vient-on faire ? Les habitans

mères ; car à voir la manière dont elles vivent avec elle , il est difficile de distinguer
la véritable , & des étrangères qui nous sont
venus aujourd'hui sont ou paroissent là-dessus encore en doute. En effet, toutes deux
l'appellent, Henriette, ou , ma fille, indifféremment. Elle appelle, *maman* l'une, &
l'autre *petite maman* ; la même tendresse regne de part & d'autre ; elle obéit également
à toutes deux. S'ils demandent aux Dames à
laquelle elle appartient, chacune répond ,
à moi. S'ils interrogent Henriette, il se trouve qu'elle a deux mères ; on seroit embarras-
sé à moins. Les plus clairvoyans se décident
pourtant à la fin pour Julie. Henriette, dont
le père étoit blond, est blonde comme elle
& lui ressemble beaucoup. Une certaine
tendresse de mère se peint encore mieux
dans ses yeux si doux que dans les regards
plus enjoués de Claire. La petite prend auprès de Julie un air plus respectueux , plus
attentif sur elle-même. Machinalement elle
se met plus souvent à ses côtés, parce que
Julie a plus souvent quelque chose à lui
dire. Il faut avouer que toutes les apparences sont en faveur de la petite maman, &
je me suis apperçu que cette erreur est si
agréable aux deux Cousines, qu'elle pourroit bien être quelquefois volontaire, &
devenir un moyen de leur faire sa cour.

Milord , dans quinze jours il ne manquera plus ici que vous. Quand vous y serez, il faudra mal penser de tout homme

dont le cœur cherchera fur le refte de la terre
des vertus , des plaifirs qu'il n'aura pas
trouvés dans cette maifon.

LETTRE VII

A MILORD EDOUARD.

ILy a trois jours que j'effaie chaque foir
de vous écrire. Mais après une journée
laborieufe, le fommeil me gagne en rentrant : le matin dès le point du jour il faut
retourner à l'ouvrage. Une ivreffe plus douce que celle du vin me jette au fond de l'ame
un trouble délicieux, & je ne puis dérober
un moment à des plaifirs devenus tout nouveaux pour moi.

Je ne conçois pas quel féjour pourroit
me déplaire avec la fociété que je trouve
dans celui-ci : mais favez-vous en quoi Clarens me plaît pour lui-même ? C'eft que je
m'y fens vraiment à la campagne, & que
c'eft prefque la première fois que j'en ai pu
dire autant. Les gens de ville ne favent
point aimer la campagne ; ils ne favent
pas même y être : à peine quand ils y font
favent-ils ce qu'on y fait. Ils en dédaignent
les travaux, les plaifirs, ils les ignorent :
ils font chez eux comme en pays étranger,
je ne m'étonne pas qu'ils s'y déplaifent. Il
faut être villageois au village, ou n'y point
aller ; car qu'y va-t-on faire ? Les habitans

de Paris qui croient aller à la campagne, n'y vont point ; ils portent Paris avec eux. Les chanteurs, les beaux-esprits , les Auteurs , les parasites font le cortége qui les suit. Le jeu, la musique, la comédie y font leur seule occupation. Leur table est couverte comme à Paris : ils y mangent aux mêmes heures , on leur y sert les mêmes mets , avec le même appareil, ils n'y font que les mêmes choses ; autant valoit y rester ; car quelque riche qu'on puisse être & quelque soin qu'on ait pris , on sent toujours quelque privation , & l'on ne sauroit apporter avec soi Paris tout entier. Ainsi cette variété qui leur est si chére ils la fuient ; ils ne connoissent jamais qu'une maniére de vivre , & s'en ennuient toujours.

Le travail de la campagne est agréable à considérer , & n'a rien d'assez pénible en lui - même pour émouvoir à compassion. L'objet de l'utilité publique & privée le rend intéressant ; & puis , c'est la premiére vocation de l'homme, il rappelle à l'esprit une idée agréable , & au cœur tous les charmes de l'âge d'or. L'imagination ne reste point froide à l'aspect du labourage & des moissons. La simplicité de la vie pastorale & champêtre a toujours quelque chose qui touche. Qu'on regarde les prés couverts de gens qui fanent & chantent, & des troupeaux épars dans l'éloignement : insensiblement on se sent attendrir sans savoir pourquoi. Ainsi quelquefois encore la voix de la nature amollit nos cœurs farouches, & quoiqu'on l'entende avec un regret inutile, elle est si douce qu'on ne l'entend jamais fans plaifir.

J'avoue que la mifere qui couvre les champs en certains pays où le publicain dévore les fruits de la terre, l'âpre avidité d'un fermier avare, l'inflexible rigueur d'un maître inhumain ôtent beaucoup d'attrait à ces tableaux. Des chevaux étiques prêts d'expirer fous les coups ; de malheureux payfans exténués de jeûne, excédés de fatigue & couverts de haillons, des hameaux de mafures, offrent un trifte fpectacle à la vue ; on a prefque regret d'être homme quand on fonge aux malheureux dont il faut manger le fang. Mais quel charme de voir de bons & fages régiffeurs faire de la culture de leurs terres l'inftrument de leurs bienfaits, leurs amufemens, leurs plaifirs, verfer à pleines mains les dons de la providence ; engraiffer tout ce qui les entoure, hommes & beftiaux, des biens dont regorgent leurs granges, leurs caves, leurs greniers ; accumuler l'abondance & la joie autour d'eux, & faire du travail qui les enrichit une fête continuelle ! Comment fe dérober à la douce illufion que ces objets font naître ? On oublie fon fiecle & fes contemporains ; on fe tranfporte au temps des Patriarches ; on veut mettre foi-même la main à l'œuvre, partager les travaux ruftiques, & le bonheur qu'on y voit attaché. Ô temps de l'amour & de l'innocence, où les femmes étoient tendres & modestes, où les hommes étoient simples & vivoient contens ! O Rachel ! fille charmante & si constamment aimée, heureux celui qui pour t'obtenir ne regretta pas quatorze ans d'esclavage ! O douce éleve de Noëmi, heureux le bon vieillard dont tu réchauffois les pieds & le cœur ! Non, jamais la beauté ne regne avec plus d'empire qu'au milieu des soins champêtres. C'est-là que les graces sont sur leur trône, que la simplicité les pare, que la gaieté les anime, & qu'il faut les adorer malgré soi. Pardon, Milord, je reviens à nous.

Depuis un mois les chaleurs de l'automne, apprêtoient d'heureuses vendanges ; les premieres gelées en ont amené l'ouverture ; (u) le pampre grillé, laissant la grappe à découvert, étale aux yeux les dons du pére Lyée, & semble inviter les mortels à s'en emparer. Toutes les vignes chargées de ce fruit bienfaisant, que le Ciel offre aux infortunés pour leur faire oublier leur misere ; le bruit des tonneaux, des cuves, des légrefass (x) qu'on relie de toutes parts ; le chant des vendangeuses dont ces côteaux retentissent ; la marche continuelle de ceux qui portent la vendange au pressoir ; le rauque son des instrumens rustiques qui les anime au travail ; l'aimable & touchant tableau d'une alégresse générale qui semble

(u) On vendange fort tard dans le Pays de Vaud ; parce que la principale récolte est en vins blancs, & que la gelée leur est salutaire.

(x) Sorte de foudre ou grand tonneau du pays.

en ce moment étendu fur la face de la terre ; enfin le voile de brouillard que le fóleil éleve au matin comme une toile de théatre pour découvrir à l'œil un fi charmant fpectacle ; tout confpire à lui donner un air de fête, & cette fête n'en devient que plus belle à la réflexion, quand on fonge qu'elle eft la feule où les hommes aient fu joindre l'agréable à l'utile.

M. de Wolmar, dont ici le meilleur terrein confifte en vignobles, a fait d'avance tous les préparatifs néceffaires. Les cuves, le preffoir, le cellier, les futailles n'attendoient que la douce liqueur pour laquelle ils font deftinés. Madame de Wolmar, s'eft chargée de la récolte, le choix des ouvriers, l'ordre & la diftribution du travail la regardent. Madame d'Orbe préfide aux feftins de vendange, & au falaire des journaliers felon la police établie, dont les loix ne s'enfreignent jamais ici. Mon infpection, à moi, eft de faire obferver au preffoir les directions de Julie dont la tête ne fupporte pas la vapeur des cuves, & Claire n'a pas manqué d'applaudir à cet emploi, comme étant tout-à-fait du reffort d'un buveur.

Les tâches ainfi partagées, le métier commun pour remplir les vuides eft celui de vendangeur. Tout le monde eft fur pied de grand matin ; on fe raffemble pour aller à la vigne. Madame d'Orbe, qui n'eft jamais affez occupée au gré de fon activité, fe

chargé pour furcroît, de faire avertir &
tancer les pareffeux, & je puis me vanter
qu'elle s'acquitte envers moi de ce foin avec
une maligne vigilance. Quant au vieux Baron, tandis que nous travaillons tous, il fe
promene avec un fufil, & vient de temps
en temps m'ôter aux vendangeufes pour aller avec lui tirer des grives, à quoi l'on ne
manque pas de dire que je l'ai fecrétement
engagé, fi bien que j'én perd peu-à-peu le
nom de philofophe pour gagner celui de fai-
néant, qui dans le fond n'en différe pas de
beaucoup.

Vous voyez par ce que je viens de vous
marquer du Baron, que notre réconcilia-
tion eft fincére, & que Wolmar a lieu d'ê-
tre content de fa feconde épreuve. Moi
de la haine pour le père de mon amie !
Non, quand j'aurois été fon fils, je ne
l'aurois pas plus parfaitement honoré. En
vérité, je ne connois point d'homme plus
droit, plus franc, plus généreux, plus refpectable à tous égards que ce bon gentil-
homme. Mais la bizarrerie de ces préjugés
eft étrange. Depuis qu'il eft fûr que je ne
faurois lui appartenir, il n'y a forte d'honneur qu'il ne me faffe ; & pourvu que je
ne fois pas fon gendre, il fe mettroit volontiers au-deffous de moi. La feule chofe
que je ne puis lui pardonner, c'eft quand
nous fommes feuls de railler quelquefois le
prétendu philofophe fur fes anciennes leçons. Ces plaifanteries me font améres, &

jé les reçois toujours fort mal ; mais il rit
de ma colére, & dit ; allons tirer des grives, c'eſt aſſez pouſſer d'argumens Puis il
crie en paſſant ; Claire, Claire! un bon ſouper à ton maître, car je lui vais faire gagner de l'appétit. En effet, à ſon âge il court
les vignes avec ſon fuſil tout auſſi vigou-
reuſement que moi, & tire incomparable-
ment mieux. Ce qui me venge un peu de
ſes railleries, c'eſt que devant ſa fille il
n'oſe plus ſouffler, & la petite écoliére
n'en impoſe guère moins à ſon pére même
qu'à ſon Précepteur. Je reviens à nos vendanges.

Depuis huit jours que cet agréable travail nous occupe on eſt à peine à la moitié de l'ouvrage. Outre les vins deſtinés
pour la vente & pour ſes proviſions ordi-
naires, leſquels n'ont d'autie façon que
d'être recueillis avec ſoin, la bienfaiſante
Fée en prépare d'autres plus fins pour nos
buveurs, & j'aide aux opérations magiques
dont je vous ai parlé, pour tirer d'un même
vignoble des vins de tous les pays. Pour
l'un elle fait tordre la grappe quand elle eſt
mûre, & la laiſſe flétrir au ſoleil ſur la
ſouche ; pour l'autre, elle fait égrapper le
raiſin & tirer les grains avant de le jetter
dans la cuve ; pour un autre elle fait cueillir avant le lever du ſoleil du raiſin rouge,
& le porter doucement ſur le preſſoir couvert encore de ſa fleur & de ſa roſée, pour
en exprimer du vin blanc ; elle prépare un

vin de liqueur en mêlant dans les tonneaux
du mout réduit en ſyrop ſur le feu, un vin
ſec en l'empêchant de cuver, un vin d'ab-
ſynte pour l'eſtomac (*y*), un vin muſcat
avec des ſimples. Tous ces vins différens
ont leur apprêt particulier ; toutes ces pré-
parations ſont ſaines & naturelles : c'eſt ainſi
qu'une économe induſtrie ſupplée à la di-
verſité des terreins, & raſſemble vingt climats en un ſeul.

Vous ne ſauriez concevoir avec quel
zéle, avec quelle gaieté tout cela ſe fait.
On chante, on rit toute la journée, & le
travail n'en va que mieux. Tout vit dans
la plus grande familiarité ; tout le monde eſt
égal, & perſonne ne s'oublie. Les Dames
ſont ſans airs, les payſannes ſont décentes,
les hommes badins & non groſſiers. C'eſt
à qui trouvera les meilleures chanſons, à
qui fera les meilleurs contes, à qui dira les
meilleurs traits. L'union même engendre
les folâtres querelles, & l'on ne s'agace mutuellement que pour montrer combien on
eſt ſûr les uns des autres. On ne revient
point enſuite faire chez ſoi les Meſſieurs ;
on paſſe aux vignes toute la journée ; Julie
y a fait faire une loge où l'on va ſe chauffer
quand on a froid, & dans laquelle on ſe
réfugie en cas de pluie. On dîne avec les

(*y*) En Suiſſe on boit beaucoup de vin d'abſynthe ; &
en général, comme les herbes des Alpes ont plus de
vertu que dans les plaines, on y fait plus d'uſage des
infuſions.

paysans & à leur heure ; aussi-bien qu'on
travaille avec eux. On mange avec appétit
leur soupe un peu grossiére, mais bonne,
saine, & chargée d'excellens légumes. On
ne ricane point orgueilleusement de leur air
gauche & de leurs complimens rustauds ;
pour les mettre à leur aise on s'y prête sans
affectation. Ces complaisances ne leur échap-
pent pas ; ils y sont sensibles, & voyant
qu'on veut bien sortir pour eux de sa place,
ils s'en tiennent d'autant plus volontiers
dans la leur. A dîner, on amene les enfans,
& ils passent le reste de la journée à la vigne.
Avec quelle joie ces bons villageois les
voient arriver ! O bienheureux enfans, di-
sent-ils en les pressant dans leurs bras ro-
bustes, que le bon Dieu prolonge vos jours
aux dépens des nôtres ! ressemblez à vos
péres & méres, & soyez comme eux la bénédiction du pays ! Souvent en songeant
que la plupart de ces hommes ont porté les
armes & savent manier l'épée & le mous-
quet aussi-bien que la serpette & la houe ;
en voyant Julie au milieu d'eux si charmante & si respectée, recevoir, elle & ses
enfans, leurs touchantes acclamations, je
me rappelle l'illustre & vertueuse Agrippine
montrant son fils aux troupes de Germanicus. Julie ! femme incomparable ! vous exercez dans la simplicité de la vie privée le
despotique empire de la sagesse & des bienfaits : vous êtes pour tout le pays un dépôt
cher & sacré que chacun voudroit défen-

dre & conferver aux prix de fon fang, &
vous vivez plus fûrement, plus honorablement au milieu d'un peuple entier qui vous
aime, que les Rois entourés de tous leurs
foldats.

Le foir on revient gaiement tous enfemble. On nourrit & loge les ouvriers tout le
temps de la vendange, & même le Dimanche
che après le prêche du foir on fe raffemble
avec eux & l'on danfe jufqu'au fouper. Les
autres jours on ne fe fépare point non plus
en rentrant au logis, hors le Baron qui ne
foupe jamais & fe couche de fort bonne
heure, & Julie qui monte avec fes enfans
chez lui jufqu'à ce qu'il s'aille coucher. A
cela près, depuis le moment qu'on prend
le métier de vendangeur jufqu'à celui qu'on
le quitte, on ne mêle plus la vie citadine
à la vie ruftique. Ces faturnales font bien
plus agréables & plus fages que celles des
Romains. Le renverfement qu'ils affectoient
étoit trop vain pour inftruire le maitre ni
l'efclave : mais la douce égalité qui regne
ici rétablit l'ordre de la nature, forme une
inftruction pour les uns, une confolation
pour les autres, & un lien d'amitié pour
tous. (z)

(z) Si delà naît un commun état de fête, non moins
doux à ceux qui defcendent qu'à ceux qui montent, ne
s'erfuit-il pas que tous les etats font prefque indifférens
par eux-mêmes, pourvu qu'on puiffe & qu'on veuille en
fortir quelquefois ? Les gueux font malheureux parce
qu'ils font toujours gueux ; les Rois font malheureux parce
qu'ils font toujours Rois. Les états moyens dont on
fort plus aifément, offrent des plaifirs au-deffus & au-def

Le lieu d'affemblée eft une Salle à l'antique avec une grande cheminée où l'on fait
bon feu. La pièce eft éclairée de trois lam-
pes , auxquelles M. de Wolmar a feulement
fait ajouter des capuchons de fer-blanc pour
intercepter la fumée & réfléchir la lumière.
Pour prévenir l'envie & les regrets on tâche de ne rien étaler aux yeux de ces bonnes
gens qu'ils ne puiffent retrouver chez eux ,
de ne leur montrer d'autre opulence que le
choix du bon dans les chofes communes
& un peu plus de largeffe dans la diftribution. Le fouper eft fervi fur deux longues tables. Le luxe & l'appareil des feftins n'y font pas , mais l'abondance & la
joie y font. Tout le monde fe met à table,
maîtres , journaliers, domeftiques ; chacun
fe leve indifféremment pour fervir , fans
exclufion , fans préférence , & le fervice fe
fait toujours avec grace & avec plaifir. On
boit à difcrétion, la liberté n'a point d'autre borne que l'honnêteté. La préfence de
maîtres fi refpectés contient tout le monde
& n'empêche pas qu'on ne foit à fon aife
& gai. Que s'il arrive à quelqu'un de s'oublier , on ne trouble point la fête par des
réprimandes , mais il eft congédié fans ré-
miffion dès le lendemain.

fous de foi; ils étendent auffi les lumières de ceux qui
les rempliffent, en leur donnant plus de préjugés à connoître & plus de degrés à comparer. Voilà , ce me femble,
la principale raifon pourquoi ; c'eft généralement dans
les conditions médiocres qu'on trouve les hommes les
plus heureux & du meilleur fens,

Je me prévaux auffi des plaifirs du pays
& de la faifon. Je reprends la liberté de
vivre à la Valaifane, & de boire affez fouvent du vin pur: mais je n'en bois point
qui n'ait été verfé de la main d'une des
deux Coufines. Elles fe chargent de mefu-
rer ma foif à mes forces & de ménager ma
raifon. Qui fait mieux qu'elles comment il
la faut gouverner, & l'art de me l'ôter &
de me la rendre? Si le travail de la journée, la durée & la gaieté du repas donnent plus de force au vin verfé de ces mains
chéries, je laiffe exhaler mes tranfports fans
contrainte; ils n'ont plus rien que je doive
taire, rien qui gêne la préfence lu fage Wolmar. Je ne crains point que fon œil éclairé
life au fond de mon cœur; & quand un tendre fouvenir y veut renaître, un regard
de Claire lui donne le change, un régard de
Julie m'en fait rougir.

Après le fouper on veille encore une heure ou deux en teillant du chanvre; chacun
dit fa chanfon tour-à-tour. Quelquefois les
vendangeufes chantent en chœur toutes enfemble, ou bien alternativement à voix feule & en refrein. La plupart de ces chanfons
font de vieilles romances dont les airs ne
font pas piquans; mais ils ont je ne fais
quoi d'antique & de doux qui touche à la
longue. Les paroles font fimples, naïves,
fouvent triftes; elles plaifent pourtant. Nous
ne pouvons nous empêcher, Claire de
fourire, Julie de rougir, moi de foupirer,

quand

quand nous retrouvons dans ces chanfons
des tours & des expreffions dont nous nous
fommes fervis autrefois. Alors en jettant les
yeux fur elles & me rappellant les temps éloignés, un treffaillement me prend, un poids
infupportable me tombe tout-à-coup fur le
cœur, & me laiffe une impreffion funefte
qui ne s'efface qu'avec peine. Cependant,
je trouve à ces veillées une forte de charme que je ne puis vous expliquer, & qui
m'eft pourtant trop fenfible. Cette réunion
des différens états, la fimplicité de cette
occupation, l'idée de délaffement, d'accord
de tranquillité, le fentiment de paix qu'elle
porte à l'ame, a quelque chofe d'attendrif-
fant qui difpofe à trouver ces chanfons plus
intéreffantes. Ce concert des voix de femmes n'eft pas non plus fans douceur. Pour
moi, je fuis convaincu que de toutes les
harmonies, il n'y en a point d'auffi agréable que le chant à l'uniffon, & que s'il nous
faut des accords, c'eft parce que nous avons
le goût dépravé. En effet, toute l'harmonie
ne fe trouve-t-elle pas dans un fon quel-
conque ? & qu'y pouvons-nous ajouter fans
altérer les proportions que la nature a établies dans la force relative des fons harmo-
nieux ? En doublant les uns & non pas les
autres, en ne les renforçant pas en même
rapport, n'ôtons-nous pas à l'inftant ces proportions ? La nature a tout fait le mieux
qu'il étoit poffible ; mais nous voulons mieux
faire encore & nous gâtons tout.

V. Partie.   G

Il y a une grande émulation pour ce travail du soir auffi-bien que pour celui de la journée, & la filouterie que j'y voulois hier employer m'attira un petit affront. Comme je ne fuis pas des plus adroits à teiller & que j'ai fouvent des diftractions, ennuyé d'être toujours noté pour avoir fait le moins d'ouvrage, je tirois doucement avec le pied des chenevotes de mes voifins pour groffir mon tas ; mais cette impitoyable Madame d'Orbe s'en étant apperçue fit figne à Julie, qui m'ayant pris fur le fait, me tança févérement. Monfieur le frippon, me dit-elle tout haut, point d'injuftice, même en plaifantant ; c'eft ainfi qu'on s'accoutume à devenir méchant tout de bon, & qui pis eft, à plaifanter encore.

Voilà comment fe paffe la foirée. Quand l'heure de la retraite approche, Madame de Wolmar dit, allons tirer le feu d'artifice. A l'inftant, chacun prend fon paquet de chenevotes, figne honorable de fon travail ; on les porte en triomphe au milieu de la cour, on les raffemble en un tas, on en fait un trophée, on y met le feu ; mais n'a pas cet honneur qui veut ; Julie l'adjuge, en préfentant le flambeau à celui où celle qui a fait ce foir-là le plus d'ouvrage ; fut-ce elle-même, elle fe l'attribue fans façon. L'augufte cérémonie eft accompagnée d'acclamations & de battemens de mains. Les chenevotes font un feu clair & brillant qui s'éleve jufqu'aux nues, un vrai

feu de joie autour duquel on faute , on rit.
Enfuite on offre à boire à toute l'affemblée ;
chacun boit à la fanté du vainqueur & va
fe coucher content d'une journée paffée dans
le travail , la gaieté , l'innocence , & qu'on
ne feroit pas fâché de recommencer le lendemain, le furlendemain & toute fa vie.

LETTRE VIII

A M. DE WOLMAR.

JOuiffez, cher Wolmar, du fruit de vos
foins. Recevez les hommages d'un cœur
épuré , qu'avec tant de peine vous avez
rendu digne de vous être offert. Jamais
homme n'entreprit ce que vous avez entre-
pris, jamais homme ne tenta ce que vous
avez exécuté, jamais ame reconnoiffante &
fenfible ne fentit ce que vous m'avez infpiré. La mienne avoit perdu fon reffort,
fa vigueur, fon être ; vous m'avez tout rendu. J'étois mort aux vertus ainfi qu'au bonheur: je vous dois cette vie morale à laquelle je me fens renaître. O mon Bienfaiteur! ô mon Pére! En me donnant à vous
tout entier, je ne puis vous offrir, comme
à Dieu même, que les dons que je tiens de
vous.

Faut-il vous avouer ma foibleffe & mes
craintes? Jufqu'à préfent je me fuis toujours
défié de moi. Il n'y a pas huit jours que j'ai

rougi de mon cœur & cru toutes vos bontés perdues. Ce moment fut cruel & décourageant pour la vertu ; grace au Cel, grace à vous, il eſt paſſé pour ne plus revenir. Je ne me crois plus guéri, ſeulement parce que vous me le dites, mais parce que je le ſens. Je n'ai plus beſoin que vous me répondiez de moi. Vous m'avez mis en état d'en répondre moi - même. Il m'a fallu ſéparer de vous & d'elle, pour ſavoir ce que je pouvois être ſans votre appui. C'eſt loin des lieux qu'elle habite que j'apprends à ne plus craindre d'en approcher.

J'écris à Madame d'Orbe le détail de notre voyage. Je ne vous le répéterai point ici. Je veux bien que vous connoiſſiez toutes mes foibleſſes, mais je n'ai pas la force de vous les dire. Cher Wolmar, c'eſt ma derniére faute ; je m'en ſens déjà ſi loin, que je n'y ſonge point ſans fierté ; mais l'inſtant en eſt ſi près encore, que je ne puis l'avouer ſans peine. Vous qui fûtes pardonner mes égaremens, comment ne pardonneriez-vous pas la honte qu'a produit leur repentir ?

Rien ne manque plus à mon bonheur, Milord m'a tout dit. Cher ami, je ſerai donc à vous ? J'éleverai donc vos enfans ? L'aîné des trois élevera les deux autres ? Avec quelle ardeur je l'ai deſiré ! Combien l'eſpoir d'être trouvé digne d'un ſi cher emploi redoubloit mes ſoins pour répondre aux vôtres ! Combien de fois j'oſai montrer là

deſſus mon empreſſement à Julie ! Qu'avec
plaiſir j'interprêtois ſouvent en ma faveur
vos diſcours & les ſiens ! Mais quoiqu'elle
fut ſenſible à mon zéle & qu'elle en parut
approuver l'objet, je ne la vis point entrer
aſſez préciſément dans mes vues pour oſer
en parler plus ouvertement. Je ſentis qu'il
falloit mériter cet honneur & ne pas le demander. J'attendois de vous & d'elle ce gage
de votre confiance & de votre eſtime. Je n'ai
point été trompé dans mon eſpoir : mes
amis, croyez-moi, vous ne ſerez point
trompés dans le vôtre.

Vous lavez qu'à la ſuite de nos conver-
ſations ſur l'éducation de vos enfans, j'avo-
vois jetté ſur le papier quelques idées qu'elles m'avoient fournie & que vous approuvâ-
tes. Depuis mon départ il m'eſt venu de nouvelles réflexions ſur le même ſujet, & j'ai
réduit le tout en une eſpéce de ſyſtême que
je vous communiquerai quand je l'aurai
mieux digéré, afin que vous l'examiniez à
votre tour. Ce n'eſt qu'après notre arrivée
à Rome, que j'eſpére pouvoir le mettre en
état de vous être montré. Ce ſyſtême commence où finit celui de Julie, ou plutôt il
n'en eſt que la ſuite & le développement ;
car tout conſiſte à ne pas gâter l'homme de
la nature en l'appropriant à la ſociété.

J'ai recouvré ma raiſon par vos ſoins ; re-
devenu libre & ſain de cœur, je me ſens
aimé de tout ce qui m'eſt cher ; l'avenir le
plus charmant ſe préſente à moi ; ma ſitua-

tion devroit être délicieufe, mais il eft dit
que je n'aurai jamais l'ame en paix. En approchant du terme de notre voyáge, j'y vois
l'époque du fort de mon illuftre ami ; c'eft
moi qui dois, pour ainfi dire, en décider.
Saurai-je faire au moins une fois pour
lui ce qu'il a fait fi fouvent pour moi ? Saurai-je remplir dignement le plus grand, le
plus important devoir de ma vie ? Cher
Wolmar, j'emporte au fond de mon cœur
toutes vos leçons ; mais pour favoir les rendre utiles, que ne puis-je de même emporter votre fageffe ! Ah ! fi je puis voir un jour
Edouard heureux ; fi felon fon projet & le
vôtre nous nous raffemblons tous pour ne
nous plus féparer, quel vœu me reftera-t-il
à faire ? un feul, dont l'accompliffement ne
dépend ni de vous, ni de moi, ni de perfonne au monde ; mais de celui qui doit un
prix aux vertus de votre époufe, & compte
en fecret vos bienfaits.

LETTRE IX

A MADAME D'ORBE.

OU êtes-vous, charmanté Coufine ? Où
êtes-vous, aimable confidente de ce
foible cœur que vous partagez à tant de titres, & que vous avez confolé tant de fois ?
Venez, qu'il verfe aujourd'hui dans le vôtre l'aveu de fa dernière erreur. N'eft-ce pas

à vous qu'il appartient toujours de le puri-
fier, & fait-il se reprocher encore les tôrts
qu'il vous a confessés ? Non, je ne suis plus
le même, & ce changement vous est dû :
c'est un nouveau cœur que vous m'avez fait,
& qui vous offre ses prémices ; mais je ne
me croirai délivré de celui que je quitte,
qu'après l'avoir déposé dans vos mains. O
vous qui l'avez vu naître, recevez ces derniers soupirs !

L'eussiez-vous jamais pensé ? le moment
de ma vie où je fus le plus content de moi-
même, fut celui où je me séparai de vous.
Revenu de mes longs égaremens, je fixois
à cet instant la tardive époque de mon retour à mes devoirs. Je commençois à payer
enfin les immenses dettes de l'amitié, en
m'arrachant d'un séjour si chéri pour suivre
un bienfaiteur, un sage, qui, feignant d'a-
voir besoin de mes soins, mettoit le succès
des siens à l'épreuve. Plus ce départ m'é-
toit douloureux, plus je m'honorois d'un
pareil sacrifice. Après avoir perdu la moitié
de ma vie à nourrir une passion malheureuse, je consacrois l'autre à la justifier, à rendre par mes vertus un plus digne hommage
à celle qui reçut si long-temps tous ceux de
mon cœur. Je marquois hautement le premier de mes jours où je ne faisois rougir de
moi ni vous, ni elle, ni rien de tout ce qui
m'étoit cher.

Milord Edouard avoit craint l'attendrissement des adieux, & nous voulions partir

tion devroit être délicieuse, mais il est dit
que je n'aurai jamais l'ame en paix. En approchant du terme de notre voyage, j'y vois
l'époque du fort de mon illustre ami ; c'est
moi qui dois, pour ainsi dire, en décider.
Saurai-je faire au moins une fois pour
lui ce qu'il a fait si souvent pour moi ? Saurai-je remplir dignement le plus grand, le
plus important devoir de ma vie ? Cher
Wolmar, j'emporte au fond de mon cœur
toutes vos leçons ; mais pour savoir les rendre utiles, que ne puis-je de même emporter votre sagesse ! Ah ! si je puis voir un jour
Édouard heureux ; si selon son projet & le
vôtre nous nous rassemblons tous pour ne
nous plus séparer, quel vœu me restera-t-il
à faire ? un seul, dont l'accomplissement ne
dépend ni de vous, ni de moi, ni de personne au monde ; mais de celui qui doit un
prix aux vertus de votre épouse, & compte
en secret vos bienfaits.

LETTRE IX

A MADAME D'ORBE.

OU êtes-vous, charmante Cousine ? Où
êtes-vous, aimable confidente de ce
foible cœur que vous partagez à tant de titres, & que vous avez consolé tant de fois ?
Venez, qu'il verse aujourd'hui dans le vôtre l'aveu de sa dernière erreur. N'est-ce pas

à vous qu'il appartient toujours de le puri-
fier, & sait-il se reprocher encore les torts
qu'il vous a confessés ? Non, je ne suis plus
le même, & ce changement vous est dû :
c'est un nouveau cœur que vous m'avez fait,
& qui vous offre ses prémices ; mais je ne
me croirai délivré de celui que je quitte,
qu'après l'avoir déposé dans vos mains. Ô
vous qui l'avez vu naître, recevez ces derniers soupirs !

L'eussiez-vous jamais pensé ? le moment
de ma vie où je fus le plus content de moi-
même, fut celui où je me séparai de vous.
Revenu de mes longs égaremens, je fixois
à cet instant la tardive époque de mon retour à mes devoirs. Je commençois à payer
enfin les immenses dettes de l'amitié, en
m'arrachant d'un séjour si chéri pour suivre
un bienfaiteur, un sage, qui, feignant d'a-
voir besoin de mes soins, mettoit le succès
des siens à l'épreuve. Plus ce départ m'é-
toit douloureux, plus je m'honorois d'un
pareil sacrifice. Après avoir perdu la moitié
de ma vie à nourrir une passion malheureuse, je consacrois l'autre à la justifier, à rendre par mes vertus un plus digne hommage
à celle qui reçut si long-temps tous ceux de
mon cœur. Je marquois hautement le premier de mes jours où je ne faisois rougir de
moi ni vous, ni elle, ni rien de tout ce qui
m'étoit cher.

Milord Edouard avoit craint l'attendrissement des adieux, & nous voulions partir

sans être apperçus: mais tandis que tout dor-
moit encore, nous ne pûmes tromper votre vigilante amitié. En appercevant votre
porte entr'ouverte & votre femme de chambre au guet, en vous voyant venir au-devant de nous, en entrant & trouvant une
table à thé préparée, le rapport des circons-
tances me fit songer à d'autres temps, &
comparant ce départ à celui dont il me rappelloit l'idée, je me sentis si différent de ce
que j'étois alors, que me félicitant d'avoir
Edouard pour témoin de ces différences,
j'espérai bien lui faire oublier à Milan l'indigne scene de Besançon. Jamais je ne m'étois
senti tant de courage; je me faisois une
gloire de vous le montrer; je me parois auprès de vous de cette fermeté que vous ne
m'aviez jamais vue, & je me glorifiois en
vous quittant, de paroître un moment à vos
yeux tel que j'allois être. Cette idée ajoutoit à mon courage, je me fortifiois de votre
estime, & peut-être vous eussai-je dit adieu
d'un œil sec, si vos larmes, coulant sur ma
joue, n'eussent forcé les miennes de s'y confondre.

Je partis le cœur plein de tous mes devoirs, pénétré sur-tout de ceux que votre
amitié m'impose, & bien résolu d'employer
le reste de ma vie à la mériter. Edouard
passant en revue toutes mes fautes, me remit devant les yeux un tableau qui n'étoit
pas flatté, & je connus par sa juste rigueur
à blâmer tant de foiblesses, qu'il craignoit

peu de les imiter. Cependant il feignoit d'avoir cette crainte ; il me parloit avec inquiétude de son voyage de Rome & des indignes attachemens qui l'y rappelloient malgré lui ; mais je jugeai facilement qu'il augmentoit ses propres dangers pour m'en occuper davantage , & m'éloigner d'autant plus de ceux auxquels j'étois exposé.

Comme nous approchions de Villeneuve , un laquais qui montoit un mauvais cheval , se laissa tomber & se fit une légére contusion à la tête. Son maître le fit saigner & voulut coucher-là cette nuit. Ayant dîné de bonne-heure , nous primes des chevaux pour aller à Bex voir la Saline , Milord ayant des raisons particuliéres qui lui rendoient cet examen intéressant , je pris les mesures & le dessein du bâtiment de graduation; nous ne rentrâmes à Villeneuve qu'à la nuit. Après le souper nous causâmes en buvant du punch , & veillâmes assez tard. Ce fut alors qu'il m'apprit quels soins m'étoient confiés , & ce qui avoit été fait pour rendre cet arrangement praticable. Vous pouvez juger de l'effet que fit sur moi cette nouvelle ; une telle conversation n'amenoit pas le sommeil. Il fallut pourtant enfin se coucher.

En entrant dans la chambre qui m'étoit destinée , je la reconnus pour la même que j'avois occupée autrefois en allant à Sion. A cet aspect , je sentis une impression que j'aurois peine à vous rendre. J'en fus si vi-

G y

vement frappé que je crus redevenir à l'inſtant tout ce que j'étois alors : dix années s'effacèrent de ma vie, & tous mes malheurs furent oubliés. Hélas ! cette erreur fut courte ; & le ſecond inſtant me rendit plus accablant le poids de toutes mes anciennes peines. Quelles triſtes réflexions ſuccédèrent à ce premier enchantement ! Quelles comparaiſons douloureuſes s'offrirent à mon eſprit ! Charmes de la première jeuneſſe, délices des premières amours, pourquoi vous retracer encore à ce cœur accablé d'ennuis & ſurchargé de lui-même ? O temps, temps heureux tu n'es plus ! J'aimois, j'étois aimé. Je me livrois, dans la paix de l'innocence, aux tranſports d'un amour partagé : je ſavourois à longs traits le délicieux ſentiment qui me faiſoit vivre : la douce vapeur de l'eſpérance enivroit mon cœur. Une extaſe, un raviſſement, un délire abſorboit toutes mes facultés : Ah ! ſur les rochers de Meillerie, au milieu de l'hiver & des glaces, d'affreux abymes devant les yeux, quel être au monde jouiſſoit d'un ſort comparable au mien ?........ & je pleurois ! & je me trouvois à plaindre ! & la triſteſſe oſoit approcher de moi !...... Que ſerai-je donc aujourd'hui que j'ai tout poſſédé, tout perdu ?...... J'ai bien mérité ma miſère, puiſque j'ai peu ſenti mon bonheur !........ je pleurois alors !....... tu pleurois ?....... Infortuné, tu ne pleures plus...... n'as pas mérité le droit de pleurer.... Que

n'eſt.elle morte ! oſai-je m'écrier dans un
tranſport de rage ; oüi, je ſerois moins malheureux ; j'oſerois me livrer à mes douleurs ;
j'embraſſerois ſans remords ſa froide tombe, mes regrets ſeroient dignes d'elle ; je
dirois : elle entend mes cris, elle voit mes
pleurs, mes gémiſſemens la touchent, elle
approuve & reçoit mon pur hommage.........,
j'aurois au moins l'eſpoir de la rejoindre.......
Mais elle vit, elle eſt heureuſe !.... elle vit,
& ſa vie eſt ma mort, & ſon bonheur eſt
mon ſupplice ; & le Ciel, après me l'avoir
arrachée, m'ôte juſqu'à la douceur de la regretter !....... Elle vit, mais non pas pour
moi ; elle vit pour mon déſeſpoir. Je ſuis
cent fois plus loin d'elle que ſi elle n'étoit
plus.

Je me couchai dans ces triſtes idées. Elles me ſuivirent durant mon ſommeil, & le
remplirent d'images funébres. Les améres
douleurs, les regrets, la mort ſe peigni-
rent dans mes ſonges, & tous les maux
que j'avois ſoufferts reprenoient à mes yeux
cent formes nouvelles, pour me tourmenter une ſeconde fois. Un rêve ſur-tout, le
plus cruel de tous, s'obſtinoit à me pour-
ſuivre, & de fantôme en fantôme ; toutes
leurs apparitions confuſes finiſſoient toujours
par celui-là.

Je crus voir la digne mére de votre ami,
dans ſon lit expirante, & ſa fille à genoux
devant elle, fondant en larmes, baiſant ſes
mains & recueillant ſes derniers ſoupirs,

Je revis cette scene que vous m'avez autrefois dépeinte, & qui ne sortira jamais de mon souvenir. O ma mère, disoit Julie d'un ton à me navrer l'ame, celle qui vous doit le jour vous l'ôte ! Ah ! reprenez votre bienfait, sans vous il n'eft pour moi qu'un don funefte. Mon enfant, répondit fa tendre mère, ... il faut remplir fon fort.... Dieu eft jufte...... tu feras mère à ton tour... elle ne put achever..... Je voulus lever les yeux fur elle ; je ne la vis plus. Je vis Julie à fa place ; je la vis, je la reconnus, quoique fon vifage fût couvert d'un voile. Je fais un cri ; je m'élance pour écarter le voile ; je ne pûs l'atteindre ; j'étendois les bras, je me tourmentois & ne touchois rien. Atni, calme-toi ; me dit-elle d'une voix foible. Le voile redoutable me couvre, nulle main ne peut l'écarter. A ce mot, je m'agite & fais un nouvel effort ; cet effort me réveille : je me trouve dans mon lit, accablé de fatigue, & trempé de fueur & de larmes.

Bientôt ma frayeur fe diffipe, l'épuifement me rendort ; le même fonge me rend les mêmes agitations ; je m'éveille, & me rendors une troifiéme fois. Toujours ce fpectacle lugubre, toujours ce même appareil de mort ; toujours ce voile impénétrable échappe à mes mains, & dérobe à mes yeux l'objet expirant qu'il couvre.

A ce dernier réveil ma terreur fut fi forte que je ne la pûs vaincre étant éveillé.

ù veux-tu fuir? le fantome eſt dans ton cœur.

Je me jette à bas de mon lit, sans savoir
ce que je faisois. Je me mets à errer par la
chambre ; effrayé comme un enfant des om-
bres de la nuit, croyant me voir environné
de fantômes, & l'oreille encore frappée
de cette voix plaintive dont je n'entendis
jamais le son sans émotion. Le crepuscule
en commençant d'éclairer les objets ne fit
que les transformer au gré de mon imagination troublée. Mon effroi redouble & m'ô-
te le jugement : après avoir trouvé ma porté avec peine ; je m'enfuis de ma chambre ; j'entre brusquement dans celle d'E-
douard : J'ouvre son rideau, & me laisse
tomber sur son lit en m'écriant hors d'haleine : c'en est fait je ne la verrai plus !
Il s'éveille en sursaut, il saute à ses armes,
se croyant surpris par un voleur. A l'instant
il me reconnoît ; je me reconnois moi-même, & pour la seconde fois de ma vie, je
me vois devant lui dans la confusion que
vous pouvez concevoir.

Il me fit asseoir, me remettre & parler.
Si-tôt qu'il sut de quoi il s'agissoit, il voulut tourner la chose en plaisanterie ; mais
voyant que j'étois vivement frappé, & que
cette impression ne seroit pas facile à détruire, il changea de ton. Vous ne méritez
ni mon attention ni mon estime, me dit-il
assez durement ; si j'avois pris pour mon laquais le quart des soins que j'ai pris pour
vous, j'en aurois fait un homme ; mais vous
n'êtes rien. Ah ! lui-dis-je, il est trop vrai.

Tout ce que j'avois de bon me venoit d'elle :
je ne la reverrai jamais ; je ne suis plus
rien. Il sourit & m'embrassa. Tranquillisez-
vous aujourd'hui, me dit il, demain vous
serez raisonnable. Je me charge de l'événement. Après cela, changeant de conversation, il me proposa de partir. J'y consentis, on fit mettre les chevaux, nous nous
habillâmes : En entrant dans la chaise, Milord dit un mot à l'oreille au postillon &
nous partîmes.

Nous marchions sans rien dire. J'étois si
occupé de mon funeste rêve que je n'entendois & ne voyois rien. Je ne fis pas même attention que le lac, qui la veille étoit
à ma droite, étoit maintenant à ma gauche.
Il n'y eut qu'un bruit de pavé qui me tira
de ma léthargie, & me fit appercevoir, avec
___ment facile à comprendre, que
___ dans Clarens, A trois cens
___ille Milord fit arrêter, & me
___ : vous voyez, me dit il,
___ il n'a pas besoin d'explication.
___aire, ajouta-t-il en me ser-
___ ; allez la revoir. Heureux de
___ vos folies qu'à des gens qui
___ ! Hâtez-vous, je vous attends ;
___ ne revenez qu'après avoir
___al voile tissu dans votre cer-

___ dit ? Je partis sans répondre,
___ d'un pas précipité que la ré-
___ en approchant de la maison

Quel perſonnage allois-je faire ? Comment
oſer me montrer ? De quel prétexte couvrir ce retour imprévu ? Avec quel front
irois-je alléguer mes ridicules terreurs, &
ſupporter le regard mépriſant du généreux
Wolmar. Plus j'approchois, plus ma frayeur
me paroiſſoit puérile, & mon extravagan-
ce me faiſoit pitié. Cependant un noir preſ-
ſentiment m'agitoit encore, & je ne me
ſentois point raſſuré. J'avançois toujours
quoique lentement, & j'étois déjà près de
la cour, quand j'entendis ouvrir & refer-
mer la porte de l'Eliſée. N'en voyant fortir perſonne, je fis le tour en-dehors, &
j'allai par le rivage cottoyer la volière autant qu'il me fut poſſible. Je ne tardai pas
de juger qu'on en approchoit. Alors prêtant
l'oreille, je vous entendis parler toutes
deux, &, ſans qu'il me fut poſſible de diſ-
tinguer un ſeul mot, je trouvai dans le ſon
de votre voix je ne ſais quoi de languiſſant
& de tendre qui me donna de l'émotion,
& dans la ſienne un accent affectueux &
doux à ſon ordinaire, mais paiſible & ſe-
rein qui me remit à l'inſtant, & qui fit
le réveil de mon rêve.

A le champ je me ſentis tellement
je me moquai de moi-même
armes. En ſongeant que je n'
mie & quelques buiſſons à fran
pleine de vie & de ſanté
cru ne revoir jamais, j'abju
mes craintes, mon effroi

Tout ce que j'avois de bon me venoit d'elle; je ne la reverrai jamais ; je ne suis plus rien. Il sourit & m'embrassa. Tranquillisez-vous aujourd'hui, me dit-il, demain vous serez raisonnable. Je me charge de l'événement. Après cela, changeant de conversation, il me proposa de partir. J'y consentis, on fit mettre les chevaux, nous nous habillâmes : En entrant dans la chaise, Milord dit un mot à l'oreille au postillon & nous partîmes.

Nous marchions sans rien dire. J'étois si occupé de mon funeste rêve que je n'entendois & ne voyois rien. Je ne fis pas même attention que le lac, qui la veille étoit à ma droite, étoit maintenant à ma gauche. Il n'y eut qu'un bruit de pavé qui me tira de ma léthargie, & me fit appercevoir, avec un étonnement facile à comprendre, que nous rentrions dans Clarens. A trois cens pas de la grille Milord fit arrêter, & me tirant à l'écart : vous voyez, me dit-il, mon projet ; il n'a pas besoin d'explication. Allez, visionnaire, ajouta-t-il en me serrant la main ; allez la revoir. Heureux de ne montrer vos folies qu'à des gens qui vous aiment ! Hâtez-vous, je vous attends ; mais sur-tout ne revenez qu'après avoir déchiré ce fatal voile tissu dans votre cerveau.

Qu'aurois-je dit ? Je partis sans répondre. Je marchois d'un pas précipité que la réflexion rallentit en approchant de la maison

Quel perfonnage allois-je faire ? Comment
ofer me montrer ? De quel prétexte couvrir ce retour imprévu ? Avec quel front
irois-je alléguer mes ridicules terreurs, &
fupporter le regard méprifant du généreux
Wolmar. Plus j'approchois, plus ma frayeur
me paroiffoit puérile, & mon extravagan-
ce me faifoit pitié. Cependant un noir pref-
fentiment m'agitoit encore, & je ne me
fentois point rafluré. J'avançois toujours
quoique lentement, & j'étois déjà près de
la cour, quand j'entendis ouvrir & refer-
mer la porte de l'Elifée. N'en voyant fortir perfonne, je fis le tour en-dehors, &
j'allai par le rivage cottoyer la volière autant qu'il me fut poffible. Je ne tardai pas
de juger qu'on en approchoit. Alors prêtant
l'oreille, je vous entendis parler toutes
deux, &, fans qu'il me fut poffible de diftinguer un feul mot, je trouvai dans le fon
de votre voix je ne fais quoi de languiffant
& de tendre qui me donna de l'émotion,
& dans la fienne un accent affectueux, &
doux à fon ordinaire, mais paifible & fe-
rein, qui me remit à l'inftant, & qui fit le
vrai réveil de mon rêve.

Sur le champ je me fentis tellement changé, que je me moquai de moi-même & de
mes allarmes. En fongeant que je n'avois
qu'une haie & quelques buiffons à franchir
pour voir pleine de vie & de fanté celle
que j'avois cru ne revoir jamais, j'abjurai
pour toujours mes craintes, mon effroi

mes chiméres, & je me déterminai fans peine à repartir même fans la voir. Claire, je vous le jure, non-feulement je ne la vis point; mais je m'en retournai fier de ne l'avoir point vûe; & de n'avoir pas été foible & crédule jufqu'au bout, & d'avoir au moins rendu cet honneur à l'ami d'Edouard, de le mettre au-deffus d'un fonge.

Voilà, chére Coufine, ce que j'avois à vous dire, & le dernier aveu qui me reftoit à vous faire. Le détail du refte de notre voyage n'a plus rien d'intéreffant; il me fuffit de vous protefter que depuis lors, non-feulement Milord eft content de moi, mais que je le fuis encore plus de moi-même, qui fens mon entiére guérifon, bien mieux qu'il ne la peut voir. De peur de lui laiffer une défiance inutile, je lui ai caché que je ne vous avois point vûes. Quand il me demanda fi le voile étoit levé, je l'affirmai fans balancer, & nous n'en avons plus parlé. Oui, Coufine, il eft levé pour jamais, ce voile dont ma raifon fut long-temps offufquée. Tous mes tranfports inquiets font éteints. Je vois tous mes devoirs & je les aime. Vous m'êtes toutes deux plus chéres que jamais; mais mon cœur ne diftingue plus l'une de l'autre, & ne féparé point les inféparables.

Nous arrivâmes avant-hier à Milan. Nous en repartons après demain. Dans huit jours, nous comptons être à Rome, & j'efpére y

trouver de vos nouvelles en arrivant. Qu'il
me tarde de voir ces deux étonnantes perfonnes qui troublent depuis si long-temps le
repos du plus grand des hommes. O Julie!
ô Claire! il faudroit votre égale pour mériter de le rendre heureux.

LETTRE X.

RÉPONSE DE MADAME D'ORBE.

NOus attendions tous de vos nouvelles
avec impatience, & je n'ai pas befoin
de vous dire combien vos lettres ont fait
de plaifir à la petite communauté : mais
ce que vous ne devinerez pas de même,
c'eft que de toute la maifon je fuis peut-
être celle qu'elles ont le moins réjouie. Ils
ont tous appris que vous aviez heureufement
paffé les Alpes; moi, j'ai fongé que vous
étiez au-delà.

A l'égard du détail que vous m'avez fait,
nous n'en avons rien dit au Baron, &
j'en ai paffé à tout le monde quelques fo-
liloques fort inutiles. M. de Wolmar a
eu l'honnêteté de ne faire que fe moquer
de vous. Mais Julie n'a pu fe rappeller les
derniers momens de fa mére fans de nouveaux regrets & de nouvelles larmes. Elle
n'a remarqué de votre rêve que ce qui rani-
moit fes douleurs.

Quant à moi, je vous dirai, mon cher

Maître; que je ne suis plus surprise de vous
voir en continuelle admiration de vous-
même, toujours achevant quelque folie,
& toujours commençant d'être sage : car
il y a long-temps que vous passez votre vie
à vous reprocher le jour de la veille, & à
vous applaudir pour le lendemain.

Je vous avoue aussi que ce grand effort
de courage, qui, si près de nous vous a
fait retourner comme vous étiez venu, ne
me paroît pas aussi merveilleux qu'à vous.
Je le trouve plus vain que sensé, & je crois
qu'à tout prendre j'aimerois autant moins
de force avec un peu plus de raison. Sur
cette manière de vous en aller, pour-
roit-on vous demander ce que vous êtes
venu faire ? Vous avez eu honte de vous
montrer, & c'étoit de n'oser vous montrer
qu'il falloit avoir honte ; comme si la douceur de voir ses amis n'effaçoit pas cent
fois le petit chagrin de leur raillerie ! N'é-
tiez-vous pas trop heureux de venir nous
offrir votre air effaré pour nous faire rire ?
Hé bien donc, je ne me suis pas moqué de
vous alors ; mais je m'en moque tant plus
aujourd'hui ; quoique n'ayant pas le plaisir
de vous mettre en colère, je ne puisse pas
rire de si bon cœur.

Malheureusement, il y a pis encore ;
c'est que j'ai gagné toutes vos terreurs sans
me rassurer comme vous. Ce rêve a quelque chose d'effrayant qui m'inquiette &
m'attriste malgré que j'en aie. En lisant vo-

re lettre, je blâmois vos agitations ; en la finissant, j'ai blâmé votre sécurité. L'on ne sauroit voir à la fois pourquoi vous étiez si ému, & pourquoi vous êtes devenu si tranquille. Par quelle bizarrerie avez-vous gardé les plus tristes pressentimens jusqu'au moment où vous avez pu les détruire & ne l'avez pas voulu ? Un pas, un geste, un mot, tout étoit fini. Vous vous étiez allarmé sans raison, vous vous êtes rassuré de même ; mais vous m'avez transmis la frayeur que vous n'avez plus, & il se trouve qu'ayant eu de la force une seule fois en votre vie, vous l'avez eue à mes dépens. Depuis votre fatale lettre un serrement de cœur ne m'a pas quittée ; je n'approche point de Julie sans trembler de la perdre. A chaque instant je crois voir sur son visage la pâleur de la mort, & ce matin la pressant dans mes bras, je me suis sentie en pleurs sans savoir pourquoi. Ce voile ! Ce voile !..... Il a je ne sais quoi de sinistre qui me trouble chaque fois que j'y pense. Non, je ne puis vous pardonner d'avoir pu l'écarter sans l'avoir fait, & j'ai bien peur de n'avoir plus désormais, un moment de contentement que je ne vous revoie auprès d'elle. Convenez aussi qu'après avoir si long-temps parlé de philosophie, vous vous êtes montré philosophe à la fin bien mal à propos. Ah ! rêvez, & voyez vos amis ; cela vaut mieux que de les fuir & d'être un sage.

Il paroît par la Lettre de Milord à M. de
Wolmar ; qu'il songe sérieusement à venir
s'établir avec nous. Si-tôt qu'il aura pris
son parti là-bas, & que son cœur sera décidé, revenez tous deux heureux & fixés ;
c'est le vœu de la petite communauté, &
sur-tout celui de votre amie,

Claire d'Orbe.

P. S. Au reste, s'il est vrai que vous n'a-
vez rien entendu de notre conversation
dans l'élisée, c'est peut-être tant mieux
pour vous ; car vous me savez assez
alerte pour voir les gens sans qu'ils m'apperçoivent, & assez maligne pour per-
sifler les écouteurs.

LETTRE XI.

RÉPONSE DE M. DE WOLMAR.

J'Ecris à Milord Edouard, & je lui parle
de vous si au long, qu'il ne me reste en
vous écrivant à vous-même qu'à vous
renvoyer à sa lettre. La vôtre exigeroit
peut-être de ma part un retour d'honnêteté ; mais vous appeller dans ma famille ;
vous traiter en frère, en ami, faire votre
sœur de celle qui fut votre amante ; vous
remettre l'autorité paternelle sur mes enfans, vous confier mes droits après avoir
usurpé les vôtres, voilà les complimens

dont je vous ai cru digne. De votre part si, vous justifiez ma conduite & mes soins, vous m'aurez assez loué. J'ai tâché de vous honorer par mon estime , honorez - moi par vos vertus. Tout autre éloge doit être banni d'entre nous.

Loin d'être surpris de vous voir frappé d'un songe , je ne vois pas trop pourquoi vous vous reprochez de l'avoir été. Il me semble que pour un homme à systêmes ce n'est pas une si grande affaire qu'un rêve de plus.

Mais ce que je vous reprocherois volontiers , c'est moins l'effet de votre songe que son espéce, & cela par une raison fort différente de celle que vous pourriez penser. Un Tyran fit autrefois mourir un homme qui dans un songe avoit cru le poignarder. Rappellez - vous la raison qu'il donna de ce meurtre ; & faites-vous-en l'application. Quoi! vous allez décider du sort de votre ami, & vous songez à vos anciennes amours ! sans les conversations du soir précédent , je ne vous pardonnerois jamais ce rêve-là. Pensez le jour à ce que vous allez faire à Rome, vous songerez moins la nuit à ce qui se fait à Vevai.

La Fanchon est malade, cela tient ma femme occupée, & lui ôte le temps de vous écrire. Il y a ici quelqu'un qui supplée volontiers à ce soin. Heureux jeune homme ! Tout conspire à votre bonheur : tous les prix de la vertu vous recherchent pour vous forcer à les mériter. Quant à celui de mes bienfaits n'en chargez personne que vous-même ; c'est de vous seul que je l'attends.

LETTRE XII

A M. DE WOLMAR.

QUe cette Lettre demeure entre vous & moi. Qu'un profond secret cache à jamais les erreurs du plus vertueux des hommes. Dans quel pas dangereux je me trouve engagé ? O mon sage & bienfaisant ami ! que n'ai-je tous vos conseils dans la mémoire, comme j'ai vos bontés dans le cœur ! Jamais je n'eus si grand besoin de prudence, & jamais la peur d'en manquer ne nuisit tant au peu que j'en ai. Ah ! où sont vos soins paternels, où sont vos leçons, vos lumières ? Que deviendrai-je sans vous ? Dans ce moment de crise, je donnerois tout l'espoir de ma vie pour vous avoir ici durant huit jours.

Je me suis trompé dans toutes mes conjectures ; je n'ai fait que des fautes jusqu'à ce moment. Je ne redoutois que la Marquise. Après l'avoir vue, effrayé de sa beauté, de son adresse, je m'efforçois d'en détacher tout-à-fait l'ame noble de son ancien amant. Charmé de le ramener du côté d'où je ne voyois rien à craindre, je lui parlois de Laure avec l'estime & l'admiration qu'elle m'avoit inspirée ; en relâchant son plus fort attachement par l'autre , j'espérois les rompre enfin tous les deux.

Il se prêta d'abord à mon projet ; il outra même la complaisance, & voulant peutêtre punir mes importunités par un peu d'alarmes , il affecta pour Laure encore plus d'empressement qu'il ne croyoit en avoir. Que vous dirai-je aujourd'hui ? son empressement est toujours le même ; mais il n'affecte plus rien : Son cœur épuisé par tant de combats s'est trouvé dans un état de foiblesse dont elle a profité. Il seroit difficile à tout autre de feindre longtemps de l'amour auprès d'elle, jugez pour l'objet même de la passion qui la consume. En vérité, l'on ne peut voir cette infortunée sans être touché de son air & de sa figure ; une impression de langueur & d'abattement qui ne quitte point son charmant visage, en éteignant la vivacité de sa physionomie, la rend plus intéressante , & comme les rayons du soleil échappés à travers les nuages , ses yeux ternis par la douleur lancent des feux plus piquans. Son humiliation même a toutes les graces de la modestie : en la voyant on la plaint, en l'écoutant on l'honore ; enfin , je dois dire à la justification de mon ami, que je ne connois que deux hommes au monde qui puissent rester sans risque auprès d'elle.

Il s'égare, ô Wolmar! je le vois, je le
fens; je vous l'avoue dans l'amertume de
mon cœur. Je frémis en songeant jusqu'où
fon égarement peut lui faire oublier ce qu'il
eft & ce qu'il fe doit. Je tremble que cet
intrépide amour de la vertu, qui lui fait
méprifer l'opinion publique, ne le porte à
l'autre extrêmité, & ne lui faffe braver encore les loix facrées de la décence & de
l'honnêteté. Edouard Bomfton faire un tel
mariage!...... vous concevez !........ fous les
yeux de fon ami !.... qui le permet !..... qui
le fouffre ! & qui lui doit tout !..... Il faudra qu'il m'arrache le cœur de fa main avant
de la profaner ainfi.

Cependant, que faire ? Comment me
comporter ? Vous connoiffez fa violence.
On ne gagne rien avec lui par les difcours,
& les fiens depuis quelque temps ne font pas
propres à calmer mes craintes. J'ai feint d'a-
bord de ne pas l'entendre. J'ai fait indirec-
tement parler la raifon en maximes générales : à fon tour il ne m'entend point. Si j'effaie de le toucher un peu plus au vif, il répond des fentences, & croit m'avoir réfuté.
Si j'infifte, il s'emporte, il prend un ton
qu'un ami devroit ignorer, & auquel l'amitié ne fait point répondre. Croyez que je
ne fuis en cette occafion ni craintif, ni timide; quand on eft dans fon devoir, on n'eft
que trop tenté d'être fier ; mais il ne s'agit
pas ici de fierté, il s'agit de réuffir, & de
fauffes tentatives peuvent nuire aux meil-

leurs

leurs moyens. Je n'ose presque entrer avec
lui dans aucune discussion ; car je sens tous
les jours la vérité de l'avertissement que vous
m'avez donné, qu'il est plus fort que moi
de raisonnement, & qu'il ne faut point
l'enflammer par la dispute.

Il paroît d'ailleurs un peu refroidi pour
moi. On diroit que je l'inquiéte. Combien
avec tant de supériorité à tous égards un
homme est rabaissé pour un moment de foiblesse! Le grand, le sublime Edouard a
peur de son ami, de sa créature, de son
éleve! Il semble même, par quelques mots
jettés sur le choix de son séjour, s'il ne se ma-
rie pas, vouloir tenter ma fidélité par mon
intérêt. Il sait bien que je ne dois ni ne veux
le quitter. O Wolmar! je ferai mon devoir
& suivrai par-tout mon bienfaiteur. Si j'étois
lâche & vil, que gagnerois-je à ma perfi-
die? Julie & son digne époux confieroient-
ils leurs enfans à un traître?

Vous m'avez dit souvent que les petites
passions ne prennent jamais le change &
vont toujours à leur fin, mais qu'on peut
armer les grandes contre elles-mêmes. J'ai
cru pourvoir ici faire usage de cette maxime.
En effet, la compassion, le mépris des préjugés, l'habitude, tout ce qui détermine
Edouard en cette occasion, échappe à force
de petitesse & devient presque inattaquable.
Au lieu que le véritable amour est inséparable
de la générosité, & que par elle on a toujours sur lui quelque prise. J'ai tenté cette

voie indirecte, & je ne défefpére pas du
fuccès. Ce moyen paroît cruel; je ne l'ai
pris qu'avec répugnance. Cependant, tout
bien pefé, je crois rendre fervice à Laure
elle-même. Que feroit-elle dans l'état auquel elle peut monter, qu'y montrer fon
ancienne ignominie? Mais qu'elle peut être
grande en demeurant ce qu'elle eft! Si je
connois bien cette étrange fille, elle eft faite
pour jouir de fon facrifice, plus que du rang
qu'elle doit refufer.

Si cette reffource me manque, il m'en
refte une de la part du gouvernement à caufe de la Religion; mais ce moyen ne doit
être employé qu'à la derniére extrêmité &
au défaut de tout autre; quoiqu'il en foit,
je n'en veux épargner aucun pour prévenir
une alliance indigne & déshonnête. O refpectable Wolmar! je fuis jaloux de votre
eftime durant tous les momens de ma vie :
quoi que puiffe vous écrire Edouard, quoi
que vous puiffiez entendre dire, fouvenez-
vous qu'à quelque prix que ce puiffe être,
tant que mon cœur battra dans ma poitrine, jamais *Lauretta Pifanna* ne fera Ladi
Bomfton.

Si vous approuvez mes mefures, cette
lettre n'a pas befoin de réponfe. Si je me
trompe ; inftruifez-moi. Mais hâtez-vous,
car il n'y a pas un moment à perdre. Je
ferai mettre l'adreffe par une main étrangère. Faites de même en me répondant.
Après avoir examiné ce qu'il faut faire, brû-

lez ma Lettre & oubliez ce qu'elle contient.
Voici le premier & le feul fecret que j'aurai
eu de ma vie à cacher aux deux Coufines : fi
j'ofois me fier davantage à mes lumières,
vous-même n'en fauriez jamais rien. (a)

LETTRE XIII

DE MADAME DE WOLMAR

A Madame d'Orbe.

LE Courier d'Italie fembloit n'attendre
pour arriver que le moment de ton départ, comme pour te punir de ne l'avoir
différé qu'à caufe de lui. Ce n'eft pas moi
qui ait fait cette jolie découverte ; c'eft mon
mari qui a remarqué qu'ayant fait mettre
les chevaux à huit heures, tu tardas de partir jufqu'à onze, non pour l'amour de nous,
mais après avoir demandé vingt fois s'il en
étoit dix, parce que c'eft ordinairement
l'heure où la pofte paffe.

Tu es prife, pauvre Coufine, tu ne peux
plus t'en dédire. Malgré l'augure de la Chaillot, cette Claire fi folle, ou plutôt fi fage,

---

(a) Pour bien entendre cette Lettre & la 3e. de la VIe.
partie, il faudroit favoir les aventures de Milord Edouard ;
& j'avois d'abord réfolu de les ajouter à ce recueil. En y
repenfant, je n'ai pu me réfoudre à gâter la fimplicité
de l'hiftoire des deux amans par le romanefque de la
fienne. Il vaut mieux laiffer quelque chofe à deviner au
lecteur.

n'a pu l'être jufqu'au bout ; te voilà dans les mêmes lacs dont tu pris tant de peine à me dégager, & tu n'as pu conferver pour toi la liberté que tu m'as rendue. Mon tour de rire eft-il donc venu ? Chère amie, il faudroit avoir ton charme & tes graces pour favoir plaifanter comme toi, & donner à la raillerie elle-même l'accent tendre & touchant des careffes. Et puis, quelle différence entre nous ! De quel front pourrois-je me jouer d'un mal dont je fuis la caufe & que tu t'es fait pôur me l'ôter. Il n'y a pas un fentiment dans ton cœur qui n'offre au mien quelque fujet de reconnoiffance, & tout jufqu'à ta foibleffe eft en toi l'ouvrage de ta vertu. C'eft cela même qui me confole & m'égaie. Il falloit me plaindre & pleurer de mes fautes ; mais on peut fe moquer de la mauvaife honte qui te fait rougir d'un attachement auffi pur que toi.

Revenons au Courier d'Italie, & laiffons un moment les moralités. Ce feroit trop abufer de mes anciens titres ; car il eft permis d'endormir fon auditoire, mais non pas de l'impatienter. Hé bien donc, le Courier que je fais fi lentement arriver, qu'a t-il apporté ? Rien que de bien fur la fanté de nos amis, & de plus une grande Lettre pour toi. Ah bon ! je te vois déjà fourire & reprendre haleine ; la Lettre venue te fait attendre plus patiemment ce qu'elle contient.

Elle a pourtant bien fon prix encore ;

même après s'être fait defirer ; car elle refpire une fi...... mais je ne veux te parler
que de nouvelles ; & fûrement ce que j'allois dire n'en eft pas une.

Avec cette Lettre, il en eft venu une autre
de Milord Edouard pour mon mari, & beaucoup d'amitiés pour nous. Celle-ci contient
véritablement des nouvelles , & d'autant
moins attendues que la première n'en dit
rien. Ils devoient le lendemain partir pour
Naples, où Milord a quelques affaires, &
d'où ils iront voir le Véfuve....... Conçois-
tu, ma chère, ce que cette vie a de fi at-
trayant ? Revenus à Rome , Claire , penfe,
imagine..... Edouard eft fur le point d'é-
poufer........ non , grace au Ciel cette indigne Marquife; il marque , au contraire,
qu'elle eft fort mal. Qui donc?...... Laure,
l'aimable Laure ; qui..... mais pourtant......
quel mariage !..... Notre ami n'en dit pas
un mot. Auffi-tôt après ils partiront tous
trois , & viendront ici prendre leurs derniers arrangemens. Mon mari ne m'a pas
dit quels; mais il compte toujours que St.
Preux nous reftera.

Je t'avoue que fon filence m'inquiéte un
peu. J'ai peine à voir clair dans tout cela.
J'y trouve des fituations bizarres, & des
jeux du cœur humain qu'on n'entend guère. Comment un homme auffi vertueux
a-t-il pu fe prendre d'une paffion fi durable
pour une auffi méchante femme que cette
Marquife ? Comment elle-même avec un

caractère violent & cruel a-t-elle pu concevoir & nourrir un amour aussi vif pour un homme qui lui ressembloit si peu; si tant est cependant qu'on puisse honorer du nom d'amour une fureur capable d'inspirer des crimes? Comment un jeune cœur aussi généreux, aussi tendre, aussi désintéressé que celui de Laure a-t-il pu supporter ses premiers désordres? Comment s'en est-il retiré par ce penchant trompeur fait pour égarer son sexe, & comment l'amour qui perd tant d'honnêtes-femmes a-t-il pu venir à bout d'en faire une? Dis-moi, ma Claire, désunir deux cœurs qui s'aimoient sans se convenir; joindre ceux qui se convenoient sans s'entendre, & faire triompher l'amour de l'amour même; du sein du vice & de l'oprobre tirer le bonheur & la vertu; délivrer son ami d'un monstre en lui créant, pour ainsi dire, une compagne..... infortunée, il est vrai, mais aimable; honnête même, au moins si, comme je l'ose croire, on peut le redevenir: dis; celui qui auroit fait tout cela seroit-il coupable? celui qui l'auroit souffert seroit-il à blâmer?

Ladi Bomston viendra donc ici? Ici, mon ange? Qu'en penses-tu? Après tout quel prodige ne doit pas être cette étonnante fille que son éducation perdit, que son cœur a sauvée, & pour qui l'amour fut la route de la vertu? Qui doit plus l'admirer que moi qui fis tout le contraire, & que mon penchant seul égara, quand tout concouroit à

me bien conduire ? Je m'avilis moins, il est
vrai ; mais me suis-je élevée comme elle ?
Ai-je évité tant de piéges, & fait tant de
facrifices ? Du dernier degré de la honte, elle
a fu remonter au premier degré de l'honneur;
elle est plus respectable cent fois que si jamais elle n'eût été coupable. Elle est fensible & vertueufe : que lui faut-il de plus pour
nous reffembler ? S'il n'y a point de retour
aux fautes de la jeuneffe, quel droit ai-je
à plus d'indulgence, devant qui dois-je efpérer de trouver grace, & à quel honneur
pourrois-je prétendre en refufant de l'honorer ?

Hé bien, Coufine, quand ma raifon me
dit cela, mon cœur en murmure, &, fans
que je puiffe expliquer pourquoi, j'ai peine
à trouver bon qu'Edouard ait fait ce mariage, & que fon ami s'en foit mêlé. O l'opinion, l'opinion ! Qu'on a de peine à fe-
couer fon joug ! Toujours elle nous porte à
l'injuftice : le bien paffé s'efface par le mal
préfent ; le mal paffé ne s'effacera-t-il jamais par aucun bien ?

J'ai laiffé voir à mon mari mon inquiétude
fur la conduite de St. Preux dans cette affaire. Il femble, ai-je dit, avoir honte d'en
parler à ma Coufine. Il eft incapable de lâcheté, mais il eft foible...... Trop d'indulgence pour les fautes d'un ami........ Non,
m'a-t-il dit ; il a fait fon devoir ; il le fera,
je le fais ; je ne puis rien vous dire de plus :
mais St. Preux eft un honnête garçon. Je ré-

H iv

ponds de lui, vous en ferez conterte........
Claire, il eſt impoſſible que Wolmar me
trompe, & qu'il ſe trompe. Un diſcours ſi
poſitif m'a fait rentrer en moi-même : j'ai
compris que tous mes ſcrupules ne venoient
que de fauſſe délicateſſe ; & que ſi j'étois
moins vaine & plus équitable, je trouve-
rois Ladi Bomſton plus digne de ſon rang.

Mais laiſſons un peu Ladi Bomſton, &
revenons à nous. Ne fens-tu point trop en
liſant cette lettre, que nos amis reviendront
plutôt qu'ils n'étoient attendus, & le cœur
ne te dit-il rien ? Ne bat-il point à préſent
plus fort qu'à l'ordinaire, ce cœur trop tendre & trop ſemblable au mien ? Ne ſongé-
t-il point au danger de vivre familiérement
avec un objet chéri ? de le voir tous les
jours ? de loger ſous le même toît ? & ſi
mes erreurs ne m'ôtérent point ton eſtime,
mon exemple ne te fait-il rien craindre pour
toi ? Combien dans nos jeunes ans, la raiſon, l'amitié, l'honneur t'inſpirérent pour moi
de craintes, que l'aveugle amour me fit mépriſer ! C'eſt mon tout, maintenant, ma
douce amie, & j'ai de plus, pour me faire
écouter, la triſte autorité de l'expérience.
Ecoute-moi donc tandis qu'il eſt temps, de
peur qu'après avoir paſſé la moitié de ta
vie à déplorer mes fautes, tu ne paſſe l'autre à déplorer les tiennes. Sur-tout, ne te
fie plus à cette gaieté folâtre, qui garde celle
qui n'ont rien à craindre, & perd celles
qui ſont en danger. Claire, Claire ! tu te

moquois de l'amour une fois, mais c'est
parce que tu ne le connoissois pas, & pour
n'en avoir pas senti les traits, tu te croyois
au-dessus de ses atteintes. Il se venge, &
rit à son tour. Apprends à te défier de sa
traîtresse joie, ou crains qu'elle ne te coûte
un jour bien des pleurs. Chére amie, il est
temps de te montrer à toi-même; car jusqu'ici tu ne t'es pas bien vue; tu t'es trompée sur ton caractére, & n'as pas su t'estimer ce que tu valois. Tu t'es fiée au discours de la Chaillot : sur ta vivacité badine
elle te jugea peu sensible ; mais un cœur
comme le tien étoit au-dessus de sa portée.
La Chaillot n'étoit pas faite pour te connoître ; personne au monde ne t'a bien connue, excepté moi seule. Notre ami même
a plutôt senti que vu tout ton prix. Je t'ai
laissé ton erreur tant qu'elle a pu t'être utile ; à présent qu'elle te perdroit, il faut te
l'ôter.

Tu es vive, & te crois peu sensible. Pauvre enfant, que tu t'abuses ! ta vivacité
même prouve le contraire. N'est-ce pas toujours sur des choses de sentiment qu'elle
s'exerce ? N'est-ce pas de ton cœur que viennent les graces de ton enjouement ? Tes
railleries sont des signes d'intérêt plus touchans que les complimens d'un autre ; tu
caresses quand tu folâtres ; tu ris, mais ton
rire pénétre l'ame ; tu ris, mais tu fais
pleurer de tendresse, & je te vois presque
toujours sérieuse avec les indifférens.

H v

Si tu n'étois que ce que tu prétends être, dis-moi ce qui nous uniroit fi fort l'une à l'autre? Où feroit entre nous le lien d'une amitié fans exemple? Par quel prodige un tel attachement feroit-il venu chercher par préférence un cœur fi peu capable d'attachement? Quoi! celle qui n'a vécu que pour fon amie ne fait pas aimer? celle qui voulut quitter père, époux, parens, & fon pays pour la fuivre, ne fait préférer l'amitié à rien? Et qu'ai-je donc fait, moi qui porte un cœur fenfible? Coufine, je me fuis laiffée aimer & j'ai beaucoup fait, avec toute ma fenfibilité, de te rendre une amitié qui valût la tienne.

Ces contradictions t'ont donné de ton caractére, l'idée la plus bizarre qu'une folle comme toi pût jamais coucevoir; c'eft de te croire à la fois ardente amie, & froide amante. Ne pouvant difconvenir d'un tendre attachement dont tu te fentois pénétrée, tu crus n'être capable que de celui-là. Hors ta Julie, tu ne penfois pas que rien put t'émouvoir au monde; comme fi les cœurs naturellement fenfibles, pouvoient ne l'être que pour un objet, & que ne fachant aimer que moi, tu m'euffes pu bien aimer moi-même. Tu demandois plaifamment fi l'ame avoit un fexe? Non, mon enfant, l'ame n'a point de fexe, mais fes affections les diftinguent, & tu commences trop à le fentir. Parce que le premier amant qui s'offrit ne t'avoit pas émue, tu crus auffi-tôt ne

pouvoir l'être, parce que tu manquois d'a-
mour pour ton foupirant, tu crus n'en pouvoir fentir pour perfonne. Quand il fut ton
mari tu l'aimas pourtant, & fi fort que
notre intimité même en fouffrit ; cette ame fi
peu fenfible fut trouver à l'amour un fupplément encore affez tendre pour fatisfaire un
honnête-homme.

Pauvre Coufine ! c'eft à toi déformais
de réfoudre tes propres doutes, & s'il eft
vrai.

Ch'un freddo amante è mal ficuro amico. (b)

J'ai grand peur d'avoir maintenant une raifon de trop pour compter fur toi : mais il
faut que j'acheve de te dire là-deffus tout ce
que je penfe.

Je foupçonne que tu as aimé fans le favoir, bien plutôt que tu ne crois, ou du
moins, que le même penchant qui me perdit t'eut féduite fi je ne t'avois prévenue.
Conçois-tu qu'un fentiment fi naturel & fi
doux, puiffe tarder fi long-temps à naitre ?
Conçois-tu qu'à l'âge où nous étions on
puiffe impunément fe familiarifer avec un
jeune homme aimable, ou qu'avec tant de
conformité dans tous nos goûts, celui-ci feul
ne nous eut pas été commun ? Non, mon
ange, tu l'aurois aimé j'en fuis fûre, fi je

_____

(b) Ce vers eft renverfé de l'original, & n'en déplaife
aux belles Dames, le fens de l'Auteur eft plus véritable
& plus beau.

ne l'eusse aimé la première. Moins foible &
non moins sensible, tu aurois été plus sage
que moi sans être plus heureuse. Mais quel
penchant eut pu vaincre dans ton ame bon-
nête l'horreur de la trahison & de l'infidé-
lité ? L'amitié te sauva des pieges de l'amour ;
tu ne vis plus qu'un ami dans l'amant de ton
amie, & tu rachetas ainsi ton cœur aux dépens du mien.

Ces conjectures ne sont pas mêmes si conjectures que tu penses, & si je voulois rappeller des temps qu'il faut oublier, il me
seroit aisé de trouver dans l'intérêt que tu
croyois ne prendre qu'à moi seule, un intérêt non moins vif pour ce qui m'étoit cher.
N'osant l'aimer, tu voulois que je l'aimasse ;
tu jugeas chacun de nous nécessaire au bonheur de l'autre, & ce cœur, qui n'a point
d'égal au monde, nous en chérit plus tendrement tous les deux. Sois sûre que sans
ta propre foiblesse tu m'aurois été moins in-
dulgente ; mais tu te serois reprochée sous
le nom de jalousie une juste sévérité. Tu
ne te sentois pas en droit de combattre en
moi le penchant qu'il eut fallu vaincre, &
craignant d'être perfide plutôt que sage, en
immolant ton bonheur au nôtre, tu crus
avoir assez fait pour la vertu.

Ma Claire, voilà ton histoire ; voilà comment ta tyrannique amitié me force à te
savoir gré de ma honte, & à te remercier de mes torts. Ne crois pas, pourtant,
que je veuille t'imiter en cela. Je ne suis

pas plus difpofée à fuivre ton exemple que
toi le mien, & comme tu n'as pas à craindre mes fautes, je n'ai plus, grace au Ciel,
tes raifons d'indulgence. Quel plus digne
ufage ai-je à faire de la vertu que tu m'as
rendue, que de t'aider à la conferver.

Il faut donc te dire encore mon avis fur
ton état préfent. La longue abfence de notre maître n'a pas changé tes difpofitions
pour lui. Ta libeité recouvrée, & fon retour, ont produit une nouvelle époque dont
l'amour a fu profiter. Un nouveau fentiment n'eft pas né dans ton cœur, celui
qui s'y cacha fi long-temps n'a fait que fe
mettre plus à l'aife. Fier d'ofer te l'a-
vouer à toi-même, tu t'es preffée de me
le dire. Cet aveu te fembloit prefque néceffaire pour le rendre tout-à-fait innocent;
en devenant un crime pour ton amie, il
ceffoit d'en être un pour toi, & peut-être
ne t'es tu livrée au mal que tu combattois
depuis tant d'années, que pour mieux achever de m'en guérir.

J'ai fenti tout cela, ma chère; je me fuis
peu allarmée d'un penchant qui me fervoit
de fauvegarde, & que tu n'avois point à
te reprocher. Cet hiver que nous avons paffé
tous enfemble au fein de la paix & de
l'amitié, m'a donné plus de confiance encore, en voyant que loin de rien perdre de
ta gaieté, tu femblois l'avoir augmentée.
Je t'ai vue tendre, empreffée, attentive;
mais franche dans tes careffes; naïve dans

tes yeux, fans myſtère, fans ruſe en toutes choſes, & dans tes plus vives agaceries la joie de l'innocence réparoit tout.

Depuis notre entretien de l'éliſée, je ne fuis plus ſi contente de toi. Je te trouve triſte & rêveuſe. Tu te plais feule autant qu'avec ton amie ; tu n'as pas changé de langage, mais d'accent ; tes plaiſanteries ſont plus timides ; tu n'oſes plus parler de lui ſi ſouvent ; on diroit que tu crains toujours qu'il ne t'écoute, & l'on voit à ton inquiétude que tu attends de ſes nouvelles plutôt que tu n'en demandes.

Je tremble, bonne Couſine, que tu ne ſentes pas tout ton mal, & que le trait ne ſoit enfoncé plus avant que tu n'as paru le craindre. Crois-moi, fonde bien ton cœur malade ; dis-toi bien, je le répéte, ſi, quelque ſage qu'on puiſſe être, on peut ſans riſque demeurer long-temps avec ce qu'on aime, & ſi la confiance qui me perdit eſt tout-à-fait ſans danger pour toi ; vous êtes libres tous deux ; c'eſt préciſément ce qui rend les occaſions plus ſuſpectes. Il n'y a point, dans un cœur vertueux, de foibleſſe qui cede au remords, & je conviens avec toi, qu'on eſt toujours aſſez forte contre le crime ; mais hélas ! qui peut ſe garantir d'être foible ? Cependant, regarde les ſuites, ſonge aux effets de la honte. Il faut s'honorer pour être honorée ; comment peut-on mériter le reſpect d'autrui ſans en avoir pour ſoi-même, & où s'arrêtera dans la route

du vice. celle qui fait le premier pas fans. effroi? Voilà ce que je dirois à ces femmes du
monde, pour qui la morale & la religion
ne font rien, & qui n'ont de loi que l'opinion d'autrui. Mais toi, femme vertueufe
& chrétienne; toi qui vois ton devoir &
qui l'aimes; toi qui connois & fuis d'autres
regles que les jugemens publics, ton pie-
mier honneur eft celui que te rend ta confcience, & c'eft celui-là qu'il s'agit de conferver.

Veux-tu favoir quel eft ton tort en toute
cette affaire? C'eft, je te le redis, de
rougir d'un fentiment honnête, que tu n'as
qu'à déclarer pour le rendre innocent : *(c)*
mais avec toute ton humeur folâtre, rien
n'eft fi timide que toi. Tu plaifantes pour
faire la brave, & je vois ton pauvre cœur
tout tremblant. Tu fais avec l'amour, dont
tu feins de rire, comme ces enfans qui
chantent la nuit quand ils ont peur. O
chere amie! Souviens-toi de l'avoir dit mille
fois; c'eft la fauffe honte qui mene à la
véritable, & la vertu ne fait rougir que de
ce qui eft mal. L'amour en lui-même eft-il
un crime? N'eft-il pas le plus pur, ainfi que
le plus doux penchant de la nature? N'a-
t-il pas une fin bonne & louable? Ne dé-

_____

(c) Pourquoi l'Editeur laiffe-t-il les continuelles répétitions dont cette Lettre eft pleine, ainfi que beaucoup d'autres? Par une raifon fort fimple, c'eft qu'il ne
fe foucie point du tout que ces Lettres plaifent à ceux
qui feront cette queftion.

daigne-t-il pas les ames baſſes & rampan-
tes ? N'anime-t-il pas les ames grandes &
fortes? N'annoblit t-il pas tous les ſentimens?
Ne double-t-il pas leur être ? Ne les éleve-
t-il pas au-deſſus d'elles-mêmes ? Ah! ſi
pour être honnête & ſage, il faut être inac-
ceſſible à ſes traits, dis, que reſte-t-il pour
la vertu ſur la terre ? Le rebut de la nature,
& les plus vils des mortels.

Qu'as-tu donc fait que tu puiſſes te reprocher ! N'as-tu pas fait choix d'un honnête homme ? N'eſt-il pas libre ? Ne l'es-tu
pas ? Ne mérite-t-il pas toute ton eſtime ?
N'as-tu pas toute la ſienne? Ne ſeras-tu pas
trop heureuſe de faire le bonheur d'un ami
ſi digne de ce nom, de payer de ton cœur
& de ta perſonne les anciennes dettes de
ton amie, & d'honorer, en l'élevant à toi,
le mérite outragé par la fortune.

Je vois les petits ſcrupules qui t'arrêtent.
Démentir une réſolution priſe & déclarée,
donner un ſucceſſeur au défunt, montrer
ſa foibleſſe au public, épouſer un avantu-
rier; car les ames baſſes, toujours prodi-
gues de titres flétriſſans, ſauront bien trouver celui-ci. Voilà donc les raiſons ſur leſ-
quelles tu aime mieux te reprocher ton penchant que le juſtifier, & couvrir tes feux
au fond de ton cœur que les rendre légiti-
mes ? Mais, je te prie, la honte eſt-elle
d'épouſer celui qu'on aime, ou de l'aimer
ſans l'épouſer ? Voilà le choix qui te reſte à
faire. L'honneur que tu dois au défunt eſt

de refpeĉter affez fa veuve, pour lui donner
un mari plutôt qu'un amant, & fi ta jeuneffe te force à remplir fa place, n'eft-
ce pas rendre encore hommage à fa mémoire, de choifir un homme qui lui fut
cher.

Quant à l'inégalité, je croirois t'offenfer
de combattre une objeĉtion fi frivole, lorfqu'il s'agit de fageffe & de bonnes mœurs.
Je ne cónnois d'inégalité déshonorante que

tion. A quelqu'état que parvienne un homme imbu de maximes baffes, il eft toujours
honteux de s'allier à lui. Mais un homme
élevé dans des fentimens d'honneur eft l'égal
de tout le monde, il n'y a point de rang
où il ne foit à fa place. Tu fais quel fut
l'avis de ton père même, quand il étoit
queftion de moi pour notre ami. Sa famille eft honnête quoiqu'obfcure. Il jouit de
l'eftime publique, il la mérite. Avec cela
fut-il le dernier des hommes, encore ne fau-
droit-il pas balancer; car il vaut mieux dé-
roger à la nobleffe qu'à la vertu, & la femme d'un Charbonnier eft plus refpeĉtable
que la maîtreffe d'un Prince.

J'entrevois bien encore une autre efpèce
d'embarras dans la néceffité de te déclarer
la première; car comme tu dois le fentir,
pour qu'il ofe afpirer à toi, il faut que tu le
lui permettes; & c'eft un des juftes retours
de l'inégalité, qu'elle coûte fouvent au plus
élevé des avances mortifiantes. Quant à

cette difficulté, je te la pardonne, & j'a-
voue même qu'elle me paroîtroit fort grave, si je ne prenois soin de la lever : j'espére que tu comptes assez sur ton amie,
pour croire que ce sera sans te compromet-
tre; de mon côté je compte assez sur le succès, pour m'en charger avec confiance; car
quoique vous m'ayez dit autrefois tous deux
sur la difficulté de transformer une amie en
maîtresse, si je connois bien un cœur, dans
lequel j'ai trop appris à lire, je ne crois pas
qu'en cette occasion l'entreprise exige une
grande habileté de ma part. Je te propose
donc de me laisser charger de cette négo-
ciation, afin que tu puisses te livrer au plaisir que te fera son retour, sans mystère, sans
regrets, sans danger, sans honte. Ah,
Cousine! quel charme pour moi de réunir
à jamais deux cœurs si bien faits l'un pour
l'autre, & qui se confondent depuis si long-
temps dans le mien. Qu'ils s'y confondent
mieux encore s'il est possible ; ne soyez plus
qu'un pour vous & pour moi. Oui, ma
Claire, tu serviras encore ton amie en cou-
ronnant ton amour, & j'en serai plus sûre
de mes propres sentimens quand je ne pour-
rai plus les distinguer entre vous.

Que si, malgré mes raisons, ce projet ne
te convient pas, mon avis est, qu'à quelque prix que ce soit, nous écartions de nous
cet homme dangereux, toujours redoutable à l'une ou à l'autre; car, quoiqu'il arrive, l'éducation de nos enfans nous importe

encore moins que la vertu de leurs mères.
Je te laisse le temps de réfléchir sur tout ceci
durant ton voyage. Nous en parlerons après
ton retour.

Je prends le parti de t'envoyer cette Lettre en droiture à Genéve, parce que tu n'as dû coucher qu'une nuit à Lausanne, & qu'elle ne t'y trouveroit plus. Apporte-moi bien des détails de la petite République. Sur-tout le bien qu'on dit de cette ville charmante, je t'estimerois heureuse de l'aller voir, si je pouvois faire cas des plaisirs qu'on achete aux dépens de ses amis. Je n'ai jamais aimé le luxe, & je le hais maintenant de t'avoir ôtée à moi pour je ne sais combien d'années. Mon enfant, nous n'allâmes ni l'une ni l'autre faire nos emplettes de nôce à Geneve; mais quelque mérite que puisse avoir ton frère, je doute que ta belle-sœur soit plus heureuse avec sa dentelle de Flandres & ses étôffes des Indes, que nous dans notre simplicité. Je te charge, pourtant, malgré ma rancune, de l'engager à venir faire la nôce à Clarens. Mon père écrit au tien, & mon mari à la mère de l'épouse pour les en prier: voilà les lettres, donne-les, & soutiens l'invitation de ton crédit renaissant; c'est tout ce que je puis faire pour que la fête ne se fasse pas sans moi: car je te déclare qu'à quelque prix que ce soit, je ne veux pas quitter ma famille. Adieu, Cousine; un mot de tes nouvelles, & que je sache au moins quand je dois t'attendre. Voici le deuxième jour depuis ton départ, & je ne sais plus vivre si long-temps sans toi.

P. S. Tandis que j'achevois cette lettre interrompue, Mademoiselle Henriette se donnoit les airs d'écrire aussi de son côté. Comme je veux que les enfans disent toujours ce qu'ils pensent, & non ce qu'on leur fait dire, j'ai laissé la petite curieuse écrire tout ce qu'elle a voulu, sans y changer un seul mot. Troisième Lettre ajoutée à la mienne. Je me doute bien que ce n'est pas encore celle que tu cherchois du coin de l'œil en furetant ce paquet. Pour celle-là, dispense-toi de l'y chercher plus long-temps, car tu ne la trouveras pas. Elle est adressée à Clarens; c'est à Clarens qu'elle doit être lue; arrange toi là-dessus.

LETTRE XIV

D'HENRIETTE A SA MERE.

OU êtes-vous donc, Maman? On dit que vous êtes à Geneve, & que c'est si loin, si loin, qu'il faudroit marcher deux jours tout le jour pour vous atteindre: voulez-vous donc faire le tour du monde? Mon petit Papa est parti ce matin pour Etange; mon petit grand-Papa est à la chasse; ma

petite Maman vient de s'enfermer pour écrire; il ne me reste que ma mie Pernette &
ma mie Fanchon. Mon Dieu ! je ne sais
plus comment tout va, mais depuis le départ de notre bon ami, tout le monde s'é-
parpille. Maman, vous avez commencé la
première. On s'ennuyoit déjà bien quand
vous n'aviez plus personne à faire endéver;
Oh! c'est encore pis depuis que vous êtes
partie, car la petite Maman n'est pas non
plus de si bonne humeur que quand vous y
êtes. Maman, mon petit Mali se porte bien,
mais il ne vous aime plus, parce que vous
ne l'avez pas fait sauter hier comme à l'ordinaire. Moi, je crois que je vous aimerois
encore un peu si vous reveniez bien vite,
afin qu'il ne nous ennuyât pas tant. Si vous
voulez m'appaiser tout-à-fait, apportez à
mon petit Mali quelque chose qui lui fasse
plaisir. Pour l'appaiser, vous aurez bien
l'esprit de trouver aussi ce qu'il faut faire. Ah,
mon Dieu ! si notre bon ami étoit ici, comme
il l'auroit déjà deviné! mon bel éventail
est tout brisé; mon ajustement bleu n'est
plus qu'un chiffon; ma piéce de blonde est
en loques; mes mitaines à jour ne valent
plus rien. Bon jour, Maman; il faut finir
ma Lettre, car la petite Maman vient de
finir la sienne & sort de son cabinet. Je
crois qu'elle a les yeux rouges, mais je n'ose
le lui dire; mais en lisant ceci, elle verra
bien que je l'ai vu. Ma bonne Maman, que

vous êtes méchante, fi vous faites pleurer ma petite Maman!

P. S. J'embraffe mon grand - Papa, j'embraffe mes oncles, j'embraffe ma nouvelle tante & fa maman ; j'embraffe tout le monde, excepté vous. Maman, vous m'entendez bien, je n'ai pas pour vous de fi longs bras.

Fin de la cinquième Partie.

LETTRES

DE

DEUX AMANS,

HABITANS D'UNE PETITE VILLE
AU PIED DES ALPES,
RECUEILLIES ET PUBLIÉES
PAR J. J. ROUSSEAU.

Seconde Édition originale, revue & corrigée par l'Editeur.

SIXIÈME PARTIE.

A AMSTERDAM,
Chez MARC-MICHEL REY.

M. DCC. LXX.

LETTRES

DE

DEUX AMANS,

HABITANS D'UNE PETITE VILLE
AU PIED DES ALPES.

SIXIÈME PARTIE.

LETTRE PREMIÈRE

DE MADAME D'ORBE
A Madame de Wolmar.

AVANT de partir de Lausanne il faut t'écrire un petit mot, pour t'apprendre que j'y suis arrivée.; non pas pourtant aussi joyeuse que j'espérois. Je me faisois une fête de ce petit voyage, qui t'a toi-même si souvent tentée ; mais en refusant d'en être, tu me l'as rendu presqu'importun; car quelle ressource y trouverai-je ? S'il eſt ennuyeux, j'aurai l'ennui pour mon compte ; & s'il eſt agréable, j'aurai le regret de m'amuſer ſans toi. Si je n'ai rien à dire contre tes rai- ſons, crois-tu pour cela que je m'en con- tente ? Ma foi, Couſine, tu te trompes bien fort, & c'eſt encore ce qui me fâche, de n'être pas même en droit de me fâcher. Dis, mauvaiſe, n'as-tu pas honte d'avoir toujours raiſon avec ton amie, & de réſiſter à ce qui lui fait plaiſir, ſans lui laiſſer même celui de gronder ? Quand tu aurois planté là pour huit jours ton mari, ton ménage & tes marmots, ne diroit-on pas que tout eût été perdu ? Tu aurois fait une étourderie, il eſt vrai, mais tu en vaudrois cent fois mieux ; au lieu qu'en te mêlant d'être par- faite, tu ne ſeras plus bonne à rien, & tu n'auras qu'à te chercher des amis parmi les anges.

Malgré les mécontentemens paſſés, je n'ai pu ſans attendriſſement me retrouver au milieu de ma famille ; j'y ai été reçue avec plaiſir, ou du moins avec beaucoup de careſſes. J'attends pour te parler de mon frère, que j'aie fait connoiſſance avec lui. Avec une aſſez belle figure, il a l'air empeſé du pays d'où il vient. Il eſt ſérieux & froid ; je lui trouve même un peu de morgue : j'ai grand peur pour la petite perſonne, qu'au lieu d'être un auſſi bon mari que les nôtres, il ne tranche un peu du Seigneur & maître.

Mon père a été ſi charmé de me voir

qu'il a quitté pour m'embraſſer la relation
d'une grande bataille que les François viennent de gagner en Flandres, comme pour
vérifier la prédiction de l'ami de notre ami.
Quel bonheur qu'il n'ait pas été-là ! Imagi-
nes-tu le brave Edouard voyant fuir les
Anglois, & fuyant lui-même ?.....,..... jamais,
jamais !...... il ſe fut fait, tuer cent fois.

Mais à propos de nos amis, il y a long-
temps qu'ils ne nous ont écrit. N'étoit-ce pas
hier, je crois, jour de Courier ? Si tu reçois de leurs Lettres, j'eſpère que tu n'ou-
blieras pas l'intérêt que j'y prends.

Adieu, Couſine, il faut partir. J'attends
de tes nouvelles à Geneve, où nous comptons arriver demain pour dîner. Au reſte,
je t'avertis que de manière ou d'autres la
nôce ne ſe ferā pas ſans toi, & que ſi tu
ne veux pas venir à Lauſanne, moi je viens
avec tout mon monde mettré Clarens au
pillage, & boire les vins de tout l'univers.

LETTRE II.

DE MADAME D'ORBE

A Madame de Wolmar.

A Merveilles, ſœur prêcheuſe, mais tu
comptes un peu trop, ce me ſemble,
ſur l'effet ſalutaire de tes ſermons : ſans ju-

per s'ils endormoient beaucoup autrefois ton
ami, je t'avertis qu'ils n'endorment point
aujourd'hui ton amie ; & celui que j'ai reçu
hier au soir, loin de m'exciter au sommeil
me l'a ôté durant la nuit entière. Gare le
paraphrase de mon argus, s'il voit cette
Lettre ! mais j'y mettrai bon ordre, & je te
jure que tu te brûleras les doigts plutôt que
de la lui montrer.

Si j'allois te récapituler point par point,
j'empiéterois sur tes droits ; il vaut mieux
livrer ma tête ; & puis, pour avoir l'air
plus modeste & ne pas te donner trop beau
jeu, je ne veux pas d'abord parler de nos
voyageurs & du courier d'Italie. Le pis
aller, si cela m'arrive, sera de récrire ma
Lettre, & de mettre le commencement à la
fin. Parlons de la prétendue Ladi Bomston.

Je m'indigne à ce seul titre. Je ne pardonnerois pas plus à St. Preux de le laisser
prendre à cette fille, qu'à Edouard de le lui
donner, & à toi de le reconnoître. Julie
de Wolmar recevoir *Laurette Pisana* dans
sa maison ! la souffrir auprès d'elle ! Eh mon
enfant y penses-tu ? Quelle douceur cruelle
est cela ? Ne sais-tu pas que l'air qui t'entoure est mortel à l'infamie ? La pauvre malheureuse oseroit-elle mêler son haleine à la
tienne, oseroit-elle respirer près de toi ?
Elle y seroit plus mal à son aise qu'un pos-
sédé touché par des reliques ; ton seul regard la feroit rentrer en terre ; ton ombre
seule la tueroit.

Je ne méprise point Laure ; à Dieu ne plaise : au contraire, je l'admire & la respecte d'autant plus qu'un pareil retour est héroïque & rare. En est-ce assez pour autoriser les comparaisons basses avec lesquelles tu t'oses profaner toi-même ; comme si dans ses plus grandes foiblesses le véritable amour ne gardoit pas la personne, & ne rendoit pas l'honneur plus jaloux ? Mais je t'entends, & je t'excuse. Les objets éloignés & bas se confondent maintenant à ta vue ; dans ta sublime élévation tu regardes la terre, & n'en vois plus les inégalités. Ta dévote humilité fait mettre à profit jusqu'à ta vertu.

Hé bien, que sert tout cela ? Les sentimens naturels en reviennent-ils moins ? L'amour-propre en fait-il moins son jeu ? Malgré-toi tu sens ta répugnance, tu la taxes d'orgueil, tu la voudrois combattre, tu l'imputes à l'opinion. Bonne fille, & depuis quand l'opprobre du vice n'est-il que dans l'opinion ? Quelle société conçois-tu possible avec une femme devant qui l'on ne sauroit nommer la chasteté, honnêteté ; la vertu, sans lui faire verser des larmes de honte, sans ranimer ses douleurs, sans insulter presque à son repentir ? Crois-moi, mon ange, il faut respecter Laure & ne la point voir. La fuir est un égard que lui doivent d'honnêtes-femmes, elle auroit trop à souffrir avec nous.

Ecoute. Ton cœur te dit que ce mariage ne se doit point faire ? N'est-ce pas te dire

A iv

ger s'ils endormoient beaucoup autrefois ton
ami, je t'avertis qu'ils n'endorment point
aujourd'hui ton amie ; & celui que j'ai reçu
hier au soir, loin de m'exciter au sommeil,
me l'a ôté durant la nuit entière. Gare la
paraphrase de mon argus, s'il voit cette
Lettre ! mais j'y mettrai bon ordre, & je te
jure que tu te brûleras les doigts plutôt que
de la lui montrer.

Si j'allois te récapituler point par point,
j'empiéterois sur tes droits ; il vaut mieux
suivre ma tête ; & puis, pour avoir l'air
plus modeste & ne pas te donner trop beau
jeu, je ne veux pas d'abord parler de nos
voyageurs & du courier d'Italie. Le pis
aller, si cela m'arrive, sera de récrire ma
Lettre, & de mettre le commencement à la
fin. Parlons de la prétendue Ladi Bomston.

Je m'indigne à ce seul titre. Je ne pardonnerois pas plus à St. Preux de le laisser
prendre à cette fille, qu'à Edouard de le lui
donner, & à toi de le reconnoitre. Julie
de Wolmar recevoir *Laurette Pisana* dans
sa maison ! la souffrir auprès d'elle ! Eh mon
enfant y penses-tu ? Quelle douceur cruelle
est cela ? Ne sais-tu pas que l'air qui t'entoure est mortel à l'infamie ? La pauvre malheureuse oseroit-elle mêler son haleine à la
tienne, oseroit-elle respirer près de toi ?
Elle y seroit plus mal à son aise qu'un pos-
sédé touché par des reliques ; ton seul regard la feroit rentrer en terre ; ton ombre
seule la tueroit.

Je ne méprife point Laure ; à Dieu ne
plaife : au contraire, je l'admire & la refpecte d'autant plus qu'un pareil retour eft
héroïque & rare. En eft-ce affez pour autori-
fer les comparaifons baffes avec lefquelles
tu t'ofes profaner toi-même ; comme fi dans
fes plus grandes foibleffes le véritable amour
ne gardoit pas la perfonne, & ne rendoit
pas l'honneur plus jaloux ? Mais je t'entends, & je t'excufe. Les objets éloignés
& bas fe confondent maintenant à ta vue ;
dans ta fublime élévation tu regardes la terre,
& n'en vois plus les inégalités. Ta dévote
humilité fait mettre à profit jufqu'à ta vertu.

Hé bien, que fert tout cela ? Les fentimens naturels en reviennent-ils moins ?
L'amour-propre en fait-il moins fon jeu ?
Malgré-toi tu fens ta répugnance, tu la
taxes d'orgueil, tu la voudrois combattre,
tu l'imputes à l'opinion. Bonne fille, & depuis quand l'opprobre du vice n'eft-il que
dans l'opinion ? Quelle fociété conçois-tu
poffible avec une femme devant qui l'on
ne fauroit nommer la chafteté, honnêteté ;
la vertu, fans lui faire verfer des larmes de
honte, fans ranimer fes douleurs, fans
infulter prefque à fon repentir ? Crois-moi,
mon ange, il faut refpecter Laure & ne la
point voir. La fuir eft un égard que lui doivent d'honnêtes-femmes, elle auroit trop à
fouffrir avec nous.

Ecoute. Ton cœur te dit que ce mariage
ne fe doit point faire ? N'eft-ce pas te dire

qu'il ne le fera point ?...... Notre ami, dis-
tu, n'en parles pas dans sa Lettre ?...... dans
la Lettre que tu dis qu'il m'écrit ?....... & tu
dis que cette Lettre est fort longue ?...... &
puis vient le discours de ton mari..... il est
mystérieux ton mari !...... Vous êtes un cou-
ple de frippons qui me jouez d'intelligence ;
mais.. ... son sentiment au reste, n'étoit pas
ici fort nécessaire...... sur-tout pour toi qui
as vu la Lettre...... ni pour moi qui ne l'ai
pas eue..... car je suis plus sûre de ton ami,
du mien, que de toute la Philosophie.

Ah ça ! Ne voilà-t-il pas déjà cet importun qu revient, on ne sait comment ? Ma
foi, de peur qu'il ne revienne encore, puisque je suis sur son chapitre, il faut que je
l'épuise, afin de n'en pas faire à deux fois.

N'allons point nous perdre dans le pays
des chimères. Si tu n'avois pas été Julie ;
si ton ami n'eut pas été ton amant, j'igno-
gnore ce qu'il eut été pour moi, je ne sais
ce que j'aurois été moi-même. Tout ce que
je sais bien, c'est que si sa mauvaise étoile
me l'eut adressée d'abord, c'étoit fait de sa
pauvre tête, &, que je sois folle ou non,
je l'aurois infailliblement rendu foû. Mais
qu'importe ce que je pouvois être ! Parlons de ce que je suis. La première chose
que j'ai faite a été de t'aimer. Dès nos
premiers ans mon cœur s'absorba dans le
tien. Toute tendre & sensible que j'eusse
été, je ne sais plus aimer, ni sentir par
moi-même. Tous mes sentimens me vin

rent de toi ; toi feule me tins lieu de tout ,
& je ne vécus que pour être ton amie.
Voilà ce que vit la Chaillot ; voilà fur quoi
elle me jugea ; répond, Coufine, fe trom-
pa-t-elle ?

Je fis mon frère de ton ami, tu le fais :
l'amant de mon amie me fut comme le fils
de ma mère. Ce ne fut point ma raifon,
mais mon cœur qui fit ce choix. J'euffe
été plus fenfible encore, que je ne l'aurois
pas autrement aimé. Je t'embraffois en embraffant la plus chère moitié de toi-même ;
j'avois pour garant de la pureté de mes
careffes leur propre vivacité. Une fille
traite-t-elle ainfi ce qu'elle aime ? Le trai-
tois-tu toi-même ainfi ? Non, Julie, l'a-
mour chez nous eft craintif & timide ; la réferve & la honte font fes avances, il s'annonce par fes refus, & fi-tôt qu'il trans-
forme en faveurs les careffes, il en fait bien
diftinguer le prix. L'amitié eft prodigue,
mais l'amour eft avare.

J'avoue que de trop étroites liaifons font
toujours périlleufes à l'âge où nous étions
lui & moi ; mais tous deux le cœur plein du
même objet , nous nous accoutumâmes
tellement à le placer entre nous , qu'à
moins de t'anéantir nous ne pouvions plus
arriver l'un à l'autre. La familiarité même
dont nous avions pris la douce habitude,
cette familiarité dans tout autre cas fi dan-
gereufe, fut alors ma fauvegarde. Nos fentimens dépendent de nos idées, & quand

elles ont pris un certain cours, elles en changent difficilement. Nous en avions trop dit sur un ton pour recommencer sur un autre : nous étions déjà trop loin pour revenir sur nos pas. L'amour veut faire tout son progrès lui-même, il n'aime point que l'amitié lui épargne la moitié du chemin. Enfin, je l'ai dit autrefois, & j'ai lieu de le croire encore ; on ne prend guère de baisers coupables sur la même bouche où l'on en prit d'innocens.

A l'appui de tout cela, vint celui que le Ciel destinoit à faire le court bonheur de ma vie. Tu le sais, Cousine, il étoit jeune, bienfait, honnête, attentif, complaisant ; il ne savoit pas aimer comme ton ami, mais c'étoit moi qu'il aimoit, & quand on a le cœur libre, la passion qui s'adresse à nous a toujours quelque chose de contagieux. Je lui rendis donc du mien tout ce qu'il en restoit à prendre, & sa part fut encore assez bonne pour ne lui pas laisser de regret à son choix. Avec cela, qu'avois-je à redouter ? J'avoue même que les droits du sexe joints à ceux du devoir, portèrent un moment préjudice aux tiens, & que livrée à mon nouvel état, je fus d'abord plus épouse qu'amie ; mais en revenant à toi je te rapportai deux cœurs au lieu d'un, & je n'ai pas oublié depuis, que je suis restée seule chargée de cette double dette.

Que te dirai-je encore ma douce amie ? Au retour de notre ancien maître, c'é-

oit, pour ainsi dire, une nouvelle connoissance à faire : je crus le voir avec d'au-
res yeux ; je crus sentir en l'embrassant un
rémissement, qui jusques-là m'avoit été in-
connu ; plus cette émotion me fut délicieuse, plus elle me fit de peur: je m'al-
armai comme d'un crime, d'un sentiment
qui n'existoit peut-être que parce qu'il n'é-
oit plus criminel. Je pensai trop que ton
mant ne l'étoit plus & qu'il ne pouvoit
lus l'être ; je sentis trop qu'il étoit libre &
que je l'étois aussi. Tu sais le reste, aima-
le Cousine, mes frayeurs, mes scrupules
e furent connus aussi-tôt qu'à moi. Mon
cœur, sans expérience, s'intimidoit tellement d'un état si nouveau pour lui, que
e me reprochois mon empressement de te
ejoindre, comme s'il n'eût pas précédé le
etour de cet ami. Je n'aimois point qu'il
ut précisément où je desirois si fort d'être,
& je crois que j'aurois moins souffert de
entir ce desir plus tiéde , que d'imaginer
qu'il ne fut pas tout pour toi.

Enfin, je te rejoignis, & je fus presque rassurée. Je m'étois moins reproché ma
oiblesse après t'en avoir fait l'aveu. Près
le toi je me la reprochois moins encore ;
e crus m'être mise à mon tour sous ta
garde , & je cessai de craindre pour moi.
e résolus par ton conseil même, de ne
oint changer de conduite avec lui. Il est
onstant qu'une plus grande réserve eut été
ane espèce de déclaration , & ce n'étois

que trop de celles qui pouvoient m'échapper
malgré moi, sans en faire une volontaire.
Je continuai donc d'être badine par honte,
& familière par modestie : mais peut-être
tout cela se faisant moins naturellement, ne
se faisoit-il plus avec la même mesure. De
folâtre que j'étois, je devins tout-à-fait folle, & ce qui m'en accrut la confiance fut
de sentir que je pouvois l'être impunément.
Soit que l'exemple de ton retour à toi-même me donnât plus de force pour t'imiter;
soit que ma Julie épure tout ce qui l'approche; je me trouvai tout-à-fait tranquille,
& il ne me resta de mes premiéres émotions
qu'un sentiment très-doux, il est vrai, mais
calme & paisible, & qui ne demandoit rien
de plus à mon cœur que la durée de l'état
où j'étois.

Oui, chère amie, je suis tendre & sensible aussi-bien que toi; mais je le suis d'une
autre manière. Mes affections sont plus vives; les tiennes sont plus pénétrantes. Peut-
être avec des sens plus animés ai-je plus
de ressource pour leur donner le change,
& cette même gaieté qui coûte l'innocence
à tant d'autres me l'a toujours conservée.
Ce n'a pas toujours été sans peine, il faut
l'avouer. Le moyen de rester veuve à mon
âge, & de ne pas sentir quelquefois que
les jours ne sont que la moitié de la vie;
mais comme tu l'as dit, & comme tu l'é-
prouves, la sagesse est un grand moyen
d'épargne, car avec toute ta bonne con-

tenance, je ne te crois pas dans un cas
fort différent du mien. C'eſt alors que l'enjouement vient à mon ſecours & fait plus,
peut-être, pour la vertu que n'euſſent fait
les graves leçons de la raiſon. Combien de
fois dans le ſilence de la nuit où l'on ne
peut s'échapper à ſoi-même, j'ai chaſſé des
idées importunes en méditant des tours
pour le lendemain! combien de fois j'ai
ſauvé les dangers d'un tête-à-tête par une
ſaillie extravagante ! Tiens, ma chère, il
y a toujours, quand on eſt foible, un moment où la gaieté devient ſérieuſe, & ce
moment ne viendra point pour moi. Voilà
ce que je crois ſentir, & de quoi je t'oſe
répondre.

Après cela, je te confirme librement tout
ce que je t'ai dit dans l'Eliſée ſur l'attachement que j'ai ſenti naître, & ſur-tout le
bonheur dont j'ai joui cet hiver. Je m'en
livrois de meilleur cœur au charme de vivre avec ce que j'aime, en ſentant que
je ne deſirois rien de plus. Si ce temps eut
duré toujours, je n'en aurois jamais ſou-
haité un autre. Ma gaieté venoit de contentement & non d'artifice. Je tournois en eſ-
piéglerie le plaiſir de m'occuper de lui ſans
ceſſe. Je ſentois qu'en me bornant à rire je
ne m'apprêtois point de pleurs.

Ma foi, Couſine, j'ai cru m'appercevoir
quelquefois que le jeu ne lui déplaiſoit pas
trop à lui-même. Le ruſé n'étoit pas fâché
d'être fâché, & il ne s'appaiſoit avec tant

de peine que pour ſe faire appaiſer plus long-
temps. J'en tirois occaſion de lui tenir des
propos aſſez tendres en paroiſſant me moquer de lui ; c'étoit à qui des deux feroit le
plus enfant. Un jour qu'en ton abſence il
jouoit aux échecs avec ton mari, & que
je jouois au volant avec la Fanchon dans
la même ſalle, elle avoit le mot & j'ob-
ſervois notre Philoſophe. A ſon air humblement fier & à la promptitude de ſes
coups, je vis qu'il avoit beau jeu. La table
étoit petite, & l'échiquier débordoit. J'attendis le moment, & ſans paroître y tâcher, d'un revers de raquette je renverſai
l'échec & mat. Tu ne vis de tes jours pareille colère ; il étoit ſi furieux que lui ayant
laiſſé le choix d'un ſoufflet ou d'un baiſer
pour ma pénitence, il ſe détourna quand
je lui préſentai la joue. Je lui demandai
pardon ; il fut inflexible : il m'auroit laiſſée
à genoux ſi je m'y étois miſe. Je finis par
lui faire une autre pièce qui lui fit oublier
la première ; & nous fumes meilleurs amis
que jamais.

Avec une autre méthode, infailliblement
je m'en ſerois moins bien tirée, & je m'a-
perçus une fois que ſi le jeu fut devenu ſérieux il eut pu trop l'être. C'étoit un ſoir
qu'il nous accompagnoit ce duo ſi ſimple &
ſi touchant de Leo, *vado a morir, ben mio.*
Tu chantois avec aſſez de négligence, je
n'en faiſois pas de même ; & comme j'a-
vois un main appuyée ſur le Claveſſin, au

laire' Claire! les enfans chantent la nuit quand ils ont p

moment le plus pathétique & où j'étois moi-
même émue, il appliqua fur cette main un
baifer que je fentis fur mon cœur. Je ne connois pas bien les baifers de l'amour, mais ce
que je peux te dire, c'eft que jamais l'amitié, pas même la nôtre, n'en a donné ni
reçu de femblable à celui-là. Hé bien, mon
enfant, après de pareils momens que de-
vient-on quand on s'en va rêver feule, &
qu'on emporte avec foi leur fouvenir ? Moi,
je troublai la mufique, il fallut danfer, je
fis danfer le Philofophe, on foupa prefque
en l'air, on veilla fort avant dans la nuit,
je fus me coucher bien laffe, & je ne fis
qu'un fommeil.

J'ai donc de fort bonnes raifons pour ne
point gêner mon humeur ni changer de manières. Le moment qui rendra ce changement néceffaire eft fi près, que ce n'eft pas
la peine d'anticiper. Le temps ne viendra que
trop tôt d'être prude & réfervée ; tandis
que je compte encore pas vingt, je me dépêche d'ufer de mes droits ; car paffé la tren-
taine on n'eft plus folle, mais ridicule,
& ton épilogueur d'homme ofe bien me dire qu'il ne me refte que fix mois encore à retourner la falade avec les dôigts. Patience !
pour payer ce farcafme je prétends la lui retourner dans fix ans, & je te jure qu'il faudra qu'il la mange ; mais revenons.

Si l'on n'eft pas maître de fes fentimens,
au moins on l'eft de fa conduite. Sans doute, je demanderois au Ciel un cœur plus

tranquille ; mais puissai-je à mon dernier
jour offrir au Souverain Juge une vie auffi
peu criminelle que celle que j'ai passée cet
hiver ! En vérité , je ne me reprochois rien
auprès du seul homme qui pouvoit me rendre coupable. Ma chère, il n'en est pas de
même depuis qu'il est parti ; en m'accoutu-
mant à penser à lui dans son absence, j'y
pense à tous les instans du jour, & je trouve
son image plus dangereuse que sa personne.
S'il est loin , je suis amoureuse ; s'il est près,
je ne suis que folle ; qu'il revienne, & je ne
le crains plus.

Au chagrin de son éloignement s'est join-
te l'inquiétude de son rêve. Si tu as tout mis
fur le compte de l'amour, tu t'es trompée ;
l'amitié avoit part à ma tristesse. Depuis leur
départ je te voyois pâle & changée ; à chaque instant je pensois te voir tomber malade.
Je ne suis pas crédule, mais craintive. Je
sais bien qu'un songe n'amène pas un événement, mais j'ai toujours peur que l'événement n'arrive à sa suite. A peine ce maudit rêve m'a-t-il laissé une nuit tranquille ,
jusqu'à ce que je t'aie vue bien remise & reprendre tes couleurs. Duffai-je avoir mis fans
le savoir un intérêt suspect à cet empressement ; il est sûr que j'aurois donné tout au
monde pour qu'il se fut montré quand il s'en
retourna comme un imbécille. Enfin, ma vaine terreur s'en est allée avec ton mauvais visage. Ta fante, ton appétit ont plus fait que
tes plaisanteries , & je t'ai vu si bien argu-

menter à table contre mes frayeurs qu'elles
se sont tout-à-fait dissipées. Pour surcroît de
bonheur, il revient & j'en suis charmée à
tous égards. Son retour ne m'allarme point,
il me rassure ; & si-tôt que nous le verrons,
je ne craindrai plus rien pour tes jours ni pour
mon repos. Cousine, conserve-moi mon
amie, & ne sois pas en peine de la tienne ;
je réponds d'elle tant qu'elle t'aura..........
Mais, mon Dieu, qu'ai-je donc qui m'inquiete encore, & me serre le cœur sans savoir pourquoi ? Ah, mon enfant, faudra-
t-il un jour qu'une des deux survive à l'autre ? Malheur à celle-sur qui doit tomber un
sort si cruel ! Elle restera peu digne de vivre,
ou sera morte avant sa mort.

Pourrois-tu me dire à-propos de quoi je
m'épuise en sottes lamentations ? Foin de ces
terreurs paniques qui n'ont pas le sens commun ! Au lieu de parler de mort, parlons
de mariage, cela sera plus amusant. Il y a
long-temps que cette idée est venue à ton
mari, & s'il m'en eut jamais parlé, peut-
être ne me fut-elle point venue à moi-même. Depuis lors j'y ai pensé quelquefois,
& toujours avec dédain. Fi ! cela vieillit une
jeune veuve ; si j'avois des enfans d'un second, je me croirois la grand-mère de
ceux du premier. Je te trouve aussi fort bonne de faire avec légéreté les honneurs de ton
amie, & de regarder cet arrangement comme un soin de ta bénigne charité. Oh bien
je t'apprends, moi, que toutes les raisons

fondées fur tes foucis obligeans ne valent
pas la moindre des miennes contre un fecond
mariage.

Parlons férieufement ; je n'ai pas l'ame
affez baffe pour faire entrer dans ces raifons
la honte de me rétracter d'un engagement
téméraire pris avec moi feule, ni la crainte
du blâme en faifant mon devoir, ni l'inégalité des fortunes dans un cas où tout l'honneur eft pour celui des deux à qui l'autre veut
bien devoir la fienne : mais fans répéter ce
que je t'ai dis tant de fois fur mon humeur
indépendante & fur mon éloignement naturel pour le joug du mariage, je me tiens à
une feule objection, & je la tire de cette voix
fi facrée, que perfonne au monde ne refpecte
autant que toi ; leve cette objection, Coufine, & je me rends. Dans tous ces jeux qui
te donnent tant d'effroi, ma confcience eft
tranquille. Le fouvenir de mon mari ne me
fait point rougir ; j'aime à l'appeller à témoin
de mon innocence, & pourquoi craindrois-
je de faire devant fon image tout ce que je
faifois autrefois devant lui ? En feroit-il de
même, ô Julie ! fi je violois les faints engagemens qui nous unirent, que j'ofaffe jurer
à un autre l'amour éternel que je lui jurai
tant de fois, que mon cœur indignement
partagé dérobât à fa mémoire ce qu'il donneroit à fon fucceffeur, & ne put, fans offenfer
l'un des deux remplir ce qu'il doit à l'autre ?
Cette même image qui m'eft fi chère ne me
donneroit qu'épouvante & qu'effroi, fans

ĉeffe elle viendroit empoifonner mon bonheur, & fon fouvenir, qui fait la douceur
de ma vie, en feroit le tourment. Comment
ofes-tu me parler de donner un fucceffeur
à mon mari, après avoir juré de n'en jamais
donner au tien? comme fi les raifons que tu
m'allégues t'étoient moins applicables en
pareil cas ! Ils s'aimérent? C'eft pis encoie:
Avec quelle indignation verroit-il un homme qui lui fut cher ufurper fes droits, & rendre fa femme infidelle ! Enfin, quand il feroit
vrai que je ne lui dois plus rien à lui-même,
ne dois-je rien au cher gage de fon amour,
& puis-je croire qu'il eut jamais voulu de
moi, s'il eut prévu que j'euffe un jour expofé
fa fille unique à le voir confondue avec les
enfans d'un autre ?

Encore un mot, & j'ai fini. Qui t'a dit
que tous les obftacles viendroient de moi
feule ? En répondant de celui que cet engagement regarde, n'as-tu point plutôt con-
fulté ton defir que ton pouvoir ? Quand tu
ferois fûre de fon aveu, n'aurois-tu donc
aucun fcrupule de m'offrir un cœur ufé par
une autre paffion? Crois-tu que le mien dût
s'en contenter, & que je puffe être heureufe avec un homme que je ne rendrois pas
heureux ? Coufine, penfez-y mieux ; fans
exiger plus d'amour que je n'en puis reffen-
tir moi-même, tous les fentimens que j'accorde, je veux qu'ils me foient rendus, & je
fuis trop honnête-femme pour pouvoir me
paffer de plaire à mon mari. Quel garant as-

tu donc de tes efpérances ? Un certain plaifir à fe voir, qui peut être l'effet de la feule amitié ; un tranfport paffager qui peut naître à notre âge, de la feule différence du fexe ; tout cela fuffit-il pour les tondre ? Si ce tranfport eût produit quelque fentiment durable, eft-il croyable qu'il s'en fut tu, non-feulement à moi ; mais à toi, mais à ton mari, de qui ce propos n'eut pu qu'être favorablement reçu ? En a-t-il jamais dit un mot à perfonne ? Dans nos tête-à-tête, a-t-il jamais été queftion que de toi ? a-t-il jamais été queftion de moi dans les vôtres ? Puis-je penfer que s'il avoit eu là-deffus quelque fecret pénible à garder, je n'aurois jamais apperçu fa contrainte, ou qu'il ne lui feroit jamais échappé d'indifcrétion ? Enfin, même depuis fon départ, de laquelle de nous deux parle-t-il le plus dans fes Lettres ; de laquelle eft-il occupé dans fes fonges ? Je t'admire de me croire fenfible & tendre, & de ne pas imaginer que je me dirai tout cela ! Mais j'apperçois vos rufes, ma mignone. C'eft pour vous donner droit de repréfailles que vous m'accufez d'avoir jadis fauvé mon cœur aux dépens du vôtre. Je ne fuis pas la dupe de ce tour-là.

Voilà toute ma confeffion, Coufine. Je l'ai faite pour t'éclairer, & non pour te contredire. Il me refte à te déclarer ma réfolution fur cette affaire. Tu connois à préfent mon intérieur auffi-bien & peut être mieux que moi-même ; mon honneur, mon bon-

kéur te font chers autant qu'à moi, & dans
le calme des paffions, la raifon te fera mieux
voir où je dois trouver l'un & l'autre.
Charge-toi donc de ma conduite, je t'en
remets l'entiére direction. Rentrons dans
notre état naturel, & changeons entre-nous
de métier, nous nous en tirerons mieux toutes deux. Gouverne ; je ferai docile ; c'eft à
toi de vouloir ce que je dois faire, à moi de
faire ce que tu voudras. Tiens mon ame à
couvert de la tienne ; que fert aux inſéparables d'en avoir deux ?

Ah çà ! revenons à préſent à nos voyageurs ; mais j'ai déjà tant parlé de l'un,
que je n'oſe plus parler de l'autre, de peur
que la différence du ſtyle ne ſe fit un peu trop
ſentir, & que l'amitié même que j'ai pour
l'Anglois ne dit trop en faveur du Suiſſe.
Et puis, que dire ſur des lettres qu'on n'a
pas vues ? Tu devois bien au moins m'envoyer celle de Milord Edouard ; mais tu
n'as oſé l'envoyer ſans l'autre, & tu as fort
bien fait.... tu pouvois pourtant faire mieux
encore..... Ah, vivent les Duegnes de
vingt ans ! elles font plus traitables qu'à
trente.

Il faut au moins que je me venge en t'apprenant ce que tu as opéré par cette belle
réſerve : c'eft de me faire imaginer la Lettre en queſtion.... cette lettre ſi.... cent
fois plus ſi, qu'elle ne l'eſt réellement. De
dépit, je me plais à la remplir de choſes
qui n'y ſauroient être. Va, ſi je n'y ſuis

pas adorée, c'eſt à toi que je ferai payer
tout ce qu'il en faudra rabattre.

En vérité, je ne fais après tout cela comment tu m'oſes parler du Courier d'Italie.
Tu prouve que mon tort ne fut pas de l'attendre, mais de ne pas l'attendre aſſez long-
temps. Un pauvre petit quart-d'heure de
plus, j'allois au-devant du paquet, je m'en
emparois la première, je liſois le tout à mon
aiſe, & c'étoit mon tour de me faire valoir.
Les raiſins ſont trop verds; on me retient
deux Lettres; mais j'en ai deux autres que,
quoique tu puiſſe croire, je ne changerois
ſûrement pas contre celles-là, quand tous
les ſi du monde y ſeroient. Je te jure que
ſi celle d'Henriette ne tient pas ſa place à
côté de la tiènne, c'eſt qu'elle la paſſe, &
que ni toi ni moi n'écriront de la vie rien
d'auſſi joli. Et puis on ſe donnera les airs
de traiter ce prodige de petite impertinen-
te! Ah! c'eſt aſſurément pure jalouſie. En
effet, te voit-on jamais à genoux devant
elle lui baiſer humblement les deux mains
l'une après l'autre? Grace à toi, la voilà
modeſte comme une vierge, & grave comme un Caton; reſpectant tout le monde,
juſqu'à ſa mère; il n'y a plus le mot pour
rire à ce qu'elle dit; à ce qu'elle écrit, paſſe
encore. Auſſi depuis que j'ai découvert ce
nouveau talent, avant que tu gâtes ſes lettres, comme ſes propos, je compte établir
de ſa chambre à la mienne un Courier d'Italie, dont on n'eſcamotera point les paquets,

Adieu, petite Coufine, voilà des réponfes qui t'apprendront à refpecter mon crédit
renaiffant. Je voulois te parler de ce pays
& de fes habitans, mais il faut mettre fin à
ce volume, & puis tu m'a toute brouillée
avec tes fantaifies, & le mari m'a prefque
fait oublier les hôtes. Comme nous avons
encore cinq ou fix jours à refter ici & que
j'aurai le temps de mieux revoir le peu que
j'ai vu, tu ne perdras rien pour attendre,
& tu peux compter fur un fecond tome
avant mon départ.

LETTRE III

DE MILORD EDOUARD

A M. de Wolmar.

NOn, cher Wolmar, vous ne vous êtes
point trompé, le jeune homme eft fûr ;
mais moi je ne le fuis guère, & j'ai failli
payer cher l'expérience qui m'en a convaincu. Sans lui, je fuccombois moi-même
à l'épreuve que je lui avois deftinée. Vous
favez que pour contenter fa reconnoiffance
& remplir fon cœur de nouveaux objets,
j'affectois de donner à ce voyage plus d'importance qu'il n'en avoit réellement. D'anciens penchans à flatter, une vieille habitude à fuivre encore une fois, voilà avec ce
qui fe rapportoit à St. Preux, tout ce qui

m'engageoit à l'entreprendre. Dire les derniers adieux aux attachemens de ma jeuneſſe, ramener un ami parfaitement guéri, voilà tout le fruit que j'en voulois recueillir.

Je vous ai marqué que le ſonge de Villeneuve m'avoit laiſſé des inquiétudes. Ce ſonge me rendit ſuſpects les tranſports de joie auxquels il s'étoit livré quand je lui avois annoncé qu'il étoit le maître d'élever vos enfans & de paſſer ſa vie avec vous. Pour mieux l'obſerver dans les effuſions de ſon cœur, j'avois d'abord prévenu ſes difficultés, en lui déclarant que je m'établirois moi-même avec vous, je ne laiſſois plus à ſon amitié d'objections à me faire; mais de nouvelles réſolutions me firent changer de langage.

Il n'eut pas vu trois fois la Marquiſe, que nous fumes d'accord ſur ſon compte. Malheureuſement pour elle, elle voulut le gagner & ne fit que lui montrer ſes artifices. L'infortunée! Que de grandes qualités ſans vertu! Que d'amour ſans honneur! Cet amour ardent & vrai me touchoit, m'attachoit, nourriſſoit le mien; mais il prit la teinte de ſon ame noire, & finit par me faire horreur. Il ne fut plus queſtion d'elle.

Quand il eut vu Laure, qu'il connut ſon cœur, ſa beauté, ſon eſprit, & cet attachement ſans exemple, trop fait pour me rendre heureux, je réſolus de me ſervir d'elle pour bien éclaircir l'état de St. Preux.

Si

Si j'époufe Laure, lui dis-je, mon deffein n'eft point de la mener à Londres où quelqu'un pourroit la reconnoitre; mais dans des lieux où l'on fait honorer la vertu partout où elle eft; vous remplirez votre emploi, & nous ne cefferons point de vivre enfemble. Si je ne l'époufe pas, il eft temps de me recueillir. Vous connoiffez ma maifon d'Oxfort-Shire, & vous choifirez d'élever les enfans d'un de vos amis, ou d'accompagner l'autre dans fa folitude. Il me fit la réponfe à laquelle je pouvois m'attendre; mais je voulois l'obferver par fa conduite: car, fi pour vivre à Clarens il favorifoit un mariage qu'il eut dû blâmer, ou fi dans cette occafion délicate il préféroit à fon bonheur la gloire de fon ami, dans l'un & dans l'autre cas l'épreuve étoit faite, & fon cœur étoit jugé.

Je le trouvai d'abord tel que je le defirois; ferme contre le projet que je feignois d'avoir, & armé de toutes les raifons qui devoient m'empêcher d'époufer Laure. Je fentois ces raifons mieux que lui, mais je la voyois fans ceffe, je la voyois affligée & tendre. Mon cœur tout-à-fait détaché de la Marquife, fe fixa par ce commerce affidu. Je trouvai dans les fentimens de Laure de quoi redoubler l'attachement qu'elle m'avoit infpiré. J'eus honte de facrifier à l'opinion que je méprifois, l'eftime que je devois à fon mérite; ne devois-je rien auffi à l'efpérance que je lui avois donnée, finon par

VI. Partie. B

mes. difcours, au moins par mes foins ? Sans
avoir rien promis, ne rien tenir c'étoit la
tromper : cette tromperie étoit barbare. Enfin, joignant à mon penchant une efpèce.de
devoir, & fongeant plus à mon bonheur
qu'à ma gloire, j'achevai de l'aimer par raifon ; je réfolus de pouffer la feinte auffi loin
qu'elle pouvoit aller, & jufqu'à la réalité
même, fi je ne pouvois m'en tirer autrement fans injuftice.

Cependant, je fentis augmenter mon inquiétude fur le compte du jeune homme,
voyant qu'il ne rempliffoit pas dans toute fa
force le rôle dont il s'étoit chargé. Il s'o-
pofoit à mes vues, il improuvoit le nœud
que je voulois former ; mais il combattoit
mal mon inclination naiffante, & me parloit de Laure avec tant d'éloges, qu'en
paroiffant me détourner de l'époufer, il augmentoit mon penchant pour elle. Ces con-
tradiĉtions m'allarmèrent. Je ne le trouvois
point auffi ferme qu'il auroit dû l'être. Il
fembloit n'ofer heurter de front mon fentiment, il molliffoit contre ma réfiftance,
il craignoit de me fâcher, il n'avoit point
à mon gré, pour fon devoir, l'intrépidité
qu'il infpire à ceux qui l'aiment.

D'autres obfervations augmentérent ma
défiance ; je fus qu'il voyoit Laure en fecret, je remarquois entr'eux des fignes d'intelligence. L'efpoir de s'unir à celui qu'elle
avoit tant aimé ne la rendoit point gaie. Je
lifois bien la même tendreffe dans fes re-

gards, mais cette tendreſſe n'étoit plus mêlée de joie à mon abord, la triſteſſe y dominoit toujours. Souvent dans les plus doux
épanchemens de ſon cœur, je la voyois
jetter ſur le jeune homme un coup d'œil à la
dérobée, & ce coup d'œil étoit ſuivi de
quelques larmes qu'on cherchoit à me cacher. Enfin, le myſtère fut pouſſé au point
que j'en fus allarmé. Jugez de ma ſurpriſe.
Que pouvois-je penſer! N'avois-je réchauffé
qu'un ſerpent dans mon ſein? Juſqu'où n'o-
ſois-je point porter mes ſoupçons & lui rendre ſon ancienne injuſtice? Foibles & malheureux que nous ſommes, c'eſt nous qui
faiſons nos propres maux! Pourquoi nous
plaindre que les méchans nous tourmentent, ſi les bons ſe tourmentent encore
entr'eux?

Tout cela ne fit qu'achever de me déterminer. Quoique j'ignoraſſe le fonds de
cette intrigue, je voyois que le cœur de
Laure étoit toujours le même, & cette
épreuve ne me la rendoit que plus chère.
Je me propoſois d'avoir une explication
avec elle avant la concluſion; mais je voulois attendre juſqu'au dernier moment,
pour prendre auparavant par moi-même
tous les éclairciſſemens poſſibles. Pour lui
j'étois réſolu de me convaincre, de le convaincre, enfin d'aller juſqu'au bout avant
que de lui rien dire, ni de prendre un parti
par rapport à lui, prévoyant une rupture infaillible, & ne voulant pas mettre un bon

Le furlendemain de notre arrivée, je le vis entrer dans ma chambre avec une contenance ferme & grave, & tenant une Lettre à la main. Je m'écriai, la Marquife eft morte! Plut à Dieu, reprit-il froidement : il vaut mieux n'être plus, que d'exifter pour mal faire ; mais ce n'eft pas d'elle que je viens vous parler ; écoutez-moi. J'attendis en filence.

Milord, me dit-il, en me donnant le faint nom d'ami, vous m'apprites à le porter. J'ai rempli la fonction dont vous m'avez chargé, & vous voyant prêt à vous oublier, j'ai dû vous rappeller à vous-même. Vous n'avez pu rompre une chaine que par un autre. Toutes deux étoient indignes de vous. S'il n'eut été queftion que d'un mariage inégal, je vous aurois dit : fongez que vous etes Pair d'Angleterre, & renoncez aux honneurs du monde, ou refpectez l'opinion. Mais un mariage abject !... vous !.... choififfez mieux votre époufe. Ce n'eft pas affez qu'elle foit vertueufe ; elle doit être fans tache.... la femme d'Edouard Bomfton n'eft pas facile à trouver. Voyez ce que j'ai fait.

Alors il me remit la lettre. Elle étoit de Laure. Je ne l'ouvris pas fans émotion. *L'amour a vaincu*, me difoit-elle ; *vous avez voulu m'époufer ; je fuis contente. Votre ami m'a dicté mon devoir : je le remplis fans regret. En vous déshonorant j'aurois vécu malheureufe ; en vous laiffant votre gloire*

naturel & vingt ans d'honneur en balance
avec des soupçons.

La Marquise n'ignoroit rien de ce qui se
passoit entre nous. Elle avoit des épies dans
le Couvent de Laure, & parvint à savoir
qu'il étoit question de mariage. Il n'en fallut pas davantage pour réveiller ses fureurs,
elle m'écrivit des letttres menaçantes. Elle
fit plus que d'écrire ; mais comme ce n'é-
toit pas la première fois que nous étions sur
nos gardes , ses tentatives furent vaines.
J'eus seulement le plaisir de voir dans l'occasion, que St. Preux savoit payer de sa
personne, & ne marchandoit pas sa vie pour
sauver celle d'un ami.

Vaincue par les transports de sa rage, la
Marquise tomba malade , & ne se releva
plus. Ce fut-là le terme de ses tourmens
& de ses crimes. Je ne pus apprendre son
état sans en être affligé. Je lui envoyai le
Docteur Efwin ; St. Preux y fut de ma part ;
elle né voulut voir ni l'un ni l'autre ; elle ne
voulut pas même entendre parler de moi, &
m'accabla d'imprécations horribles chaque
fois qu'elle entendit prononcer mon nom.
Je gémis sur elle, & sentis mes blessures
prêtes à se rouvrir ; la raison vainquit encore, mais j'eusse été le dernier des hommes de songer au mariage, tandis qu'une
femme qui me fut si chère étoit à l'extrêmité. St. Preux, craignant qu'enfin je ne
puffe résister au desir de la voir, me proposa le voyage de Naples , & j'y consentis.

Le furlendemain de notre arrivée, je le vis entrer dans ma chambre avec une contenance ferme & grave, & tenant une Lettre à la main. Je m'écriai, la Marquife eft morte! Plut à Dieu, reprit-il froidement : il vaut mieux n'être plus, que d'exifter pour mal faire ; mais ce n'eft pas d'elle que je viens vous parler ; écoutez-moi. J'attendis en filence.

Milord, me dit-il, en me donnant le faint nom d'ami, vous m'apprîtes à le porter. J'ai rempli la fonction dont vous m'avez chargé, & vous voyant prêt à vous oublier, j'ai dû vous rappeller à vous-même. Vous n'avez pu rompre une chaîne que par un autre. Toutes deux étoient indignes de vous. S'il n'eut été queftion que d'un mariage inégal, je vous aurois dit : fongez que vous êtes Pair d'Angleterre, & renoncez aux honneurs du monde, ou refpectez l'opinion. Mais un mariage abject !... vous!.... choififfez mieux votre époufe. Ce n'eft pas affez qu'elle foit vertueufe ; elle doit être fans tache.... la femme d'Edouard Bomfton n'eft pas facile à trouver. Voyez ce que j'ai fait.

Alors il me remit la lettre. Elle étoit de Laure. Je ne l'ouvris pas fans émotion. *L'amour a vaincu*, me difoit-elle ; *vous avez voulu m'époufer ; je fuis contente. Votre ami m'a dicté mon devoir : je le remplis fans régret. En vous déshonorant j'aurois vécu malheureufe ; en vous laiffant votre gloire*

je crois la partager. Le sacrifice de tout
mon bonheur à un devoir si cruel me fait
oublier la honte de ma jeunesse. Adieu ; dès
cet instant je cesse d'être en votre pouvoir &
au mien. Adieu pour jamais. O Edouard !
ne portez-pas le désespoir dans ma retraite ;
écoutez mon dernier vœu. Ne donnez à nul
autre une place que je n'ai pu remplir. Il
fut au monde un cœur fait pour vous & c'é-
toit celui de Laure.

L'agitation m'empêchoit de parler. Il pro-
fita de mon silence pour me dire qu'après
mon départ elle avoit pris le voile dans le
Couvent où elle étoit pensionnaire ; que la
Cour de Rome informée qu'elle devoit
épouser un Luthérien , avoit donné des
ordres pour m'empêcher de la revoir, &
il m'avoua franchement qu'il avoit pris tous
ces soins de concert avec elle. Je ne m'op-
posai point à vos projets , continua-t-il ,
aussi vivement que je l'aurois pu, craignant
un retour à la marquise , & voulant donner le change à cette ancienne passion par
celle de Laure. En vous voyant aller plus
loin qu'il ne falloit , je fis d'abord parler la
raison ; mais ayant trop acquis par mes propres fautes le droit de me défier d'elle, je
sondai le cœur de Laure , & y trouvant
toute la générosité qui est inséparable du
véritable amour, je m'en prévalus pour la
porter au sacrifice qu'elle vient de faire.
L'assurance de n'être plus l'objet de votre
mépris , lui releva le courage & la rendit

plus digne de votre eftime. Elle a fait fon
devoir, il faut faire le vôtre.

Alors, s'approchant avec tranfport, il me
dit, en me ferrant contre fa poitrine : ami,
je lis dans le fort commun, que le Ciel nous
envoie la Loi commune qu'il nous prefcrit.
Le regne de l'amour eft paffé, que celui de
l'amitié commence ; mon cœur n'entend plus
que fa voix facrée, il ne connoît plus d'autre
chaîne que celle qui me lie à toi. Choifis le
féjour que tu veux habiter : Clarens, Oxfort,
Londres, Paris ou Rome ; tout me convient,
pourvu que nous y vivions enfemble. Va,
viens où tu voudras ; cherche un afyle en
quelque lieu que ce puiffe être, je te fui-
vrai par-tout. J'en fais le ferment folemnel
à la face du Dieu vivant, je ne te quitte plus
qu'à la mort.

Je fus touché. Le zéle & le feu de cet
ardent jeune homme éclatoient dans fes
yeux. J'oubliai la Marquife & Laure. Que
peut-on regretter au monde quand on y
conferve un ami ? Je vis auffi par le parti
qu'il prit fans héfiter dans cette occafion,
qu'il étoit guéri véritablement, & que vous
n'aviez pas perdu vos peines : enfin, j'ofai
croire, par le vœu qu'il fit de fi bon cœur
de refter attaché à moi, qu'il l'étoit plus à
la vertu qu'à fes anciens penchans. Je puis
donc vous le ramener en toute confiance ;
oui, cher Wolmar, il eft digne d'élever des
hommes, & qui plus eft, d'habiter votre
maifon.

Peu de jours après, j'appris la mort de la Marquife; il y avoit long-temps pour moi qu'elle étoit morte : cette perte ne me toucha plus. Jufqu'ici, j'avois regardé le mariage comme une dette que chacun contracte à fa naiffance envers fon efpéce, envers fon pays, & j'avois réfolu de me marier, moins par inclination que par devoir · j'ai changé de fentiment. L'obligation de fe marier, n'eft pas commune à tous : elle dépend pour chaque homme de l'état où le fort l'a placé; c'eft pour le peuple, pour l'artifan, pour le villageois, pour les hommes vraiment utiles, que le célibat eft illicite : pour les ordres qui dominent les autres, auxquels tout tend fans ceffe, & qui ne font toujours que trop remplis, il eft permis & même convenable. Sans cela, l'Etat ne fait que fe dépeupler, par la multiplication des fujets qui lui font à charge. Les hommes auront toujours affez de maîtres, & l'Angleterre manquera plutôt de Laboureurs que de Pairs.

Je me crois donc libre & maître de moi dans la condition où le Ciel m'a fait naître. A l'âge où je fuis, on ne répare plus les pertes que mon cœur a faites. Je le dévoue à cultiver ce qui me refte, & ne puis mieux le raffembler qu'à Clarens. J'accepte donc toutes vos offres, fous les conditions que ma fortune y doit mettre, afin qu'elle ne me foit pas inutile. Après l'engagement qu'a pris faint Preux, je n'ai plus d'autre moyen

de le tenir auprès de vous que d'y demeurer moi-même, & fi jamais il y eſt de trop,
il me ſuffira d'en partir. Le ſeul embarras
qui me reſte eſt pour mes voyages d'Angleterre ; car, quoique je n'aie plus aucun
crédit dans le Parlement, il me ſuffit d'en
être membre pour faire mon devoir juſqu'à
la fin. Mais j'ai un collégue & un ami ſûr,
que je puis charger de ma voix dans les affaires courantes. Dans les occaſions où je
croirai devoir m'y trouver moi-même, notre éleve pourra m'accompagner, même
avec les ſiens quand ils ſeront un peu plus
grands, & que vous voudrez bien nous les
confier. Ces voyages ne ſauroient que leur
être utiles, & ne ſeront pas aſſez longs pour
affliger beaucoup leur mère.

Je n'ai point montré cette lettre à S. Preux:
Ne la montrez pas entière à vos Dames ;
il convient que le projet de cette épreuve
ne ſoit jamais connu que de vous & de moi.
Au ſurplus ne leur cachez rien de ce qui
fait honneur à mon digne ami, même à
mes dépens. Adieu, cher Wolmar. Je vous
envoie les deſſeins de mon Pavillon. Réfor-
mez, changez comme il vous plaira, mais
faites-y travailler dès à préſent, s'il ſe peut.
J'en voulois ôter le ſallon de muſique, car
tous mes goûts ſont éteints, & je ne me
ſoucie plus de rien. Je le laiſſe à la prière
de S. Preux, qui ſe propoſe d'exercer dans
ce ſallon vos enfans. Vous recevrez auſſi
quelques livres pour l'augmention de vo-

Peu de jours après, j'appris la mort de la Marquise ; il y avoit long-temps pour moi qu'elle étoit morte : cette perte ne me toucha plus. Jusqu'ici, j'avois regardé le mariage comme une dette que chacun contracte à sa naissance envers son espéce, envers son pays, & j'avois résolu de me marier, moins par inclination que par devoir · j'ai changé de sentiment. L'obligation de se marier, n'est pas commune à tous : elle dépend pour chaque homme de l'état où le sort l'a placé ; c'est pour le peuple, pour l'artisan, pour le villageois, pour les hommes vraiment utiles, que le célibat est illicite : pour les ordres qui dominent les autres, auxquels tout tend sans cesse, & qui ne sont toujours que trop remplis, il est permis & même convenable. Sans cela, l'Etat ne fait que se dépeupler, par la multiplication des sujets qui lui sont à charge. Les hommes auront toujours assez de maîtres, & l'Angleterre manquera plutôt de Laboureurs que de Pairs.

Je me crois donc libre & maître de moi dans la condition où le Ciel m'a fait naître. A l'âge où je suis, on ne répare plus les pertes que mon cœur a faites. Je le dévoue à cultiver ce qui me reste, & ne puis mieux le rassembler qu'à Clarens. J'accepte donc toutes vos offres, sous les conditions que ma fortune y doit mettre, afin qu'elle ne me soit pas inutile. Après l'engagement qu'a pris saint Preux, je n'ai plus d'autre moyen

dé le tenir auprès de vous que d'y demeurer moi-même, & fi jamais il y eft de trop,
il me fuffira d'en partir. Le feul embarras
qui me refte eft pour mes voyages d'Angleterre ; car, quoique je n'aie plus aucun
crédit dans le Parlement, il me fuffit d'en
être membre pour faire mon devoir jufqu'à
la fin. Mais j'ai un collégue & un ami fûr,
que je puis charger de ma voix dans les affaires courantes. Dans les occafions où je
croirai devoir m'y trouver moi-même, notre éleve pourra m'accompagner, même
avec les fiens quand ils feront un peu plus
grands, & que vous voudrez bien nous les
confier. Ces voyages ne fauroient que leur
être utiles, & ne feront pas affez longs pour
affliger beaucoup leur mère.

Je n'ai point montré cette lettre à S. Preux:
Ne la montrez pas entière à vos Dames ;
il convient que le projet de cette épreuve
ne foit jamais connu que de vous & de moi.
Au furplus ne leur cachez rien de ce qui
fait honneur à mon digne ami, même à
mes dépens. Adieu, cher Wolmar. Je vous
envoie les deffeins de mon Pavillon. Réfor-
méz, changez comme il vous plaira, mais
faites-y travailler dès à préfent, s'il fe peut.
J'en voulois ôter le fallon de mufique, car
tous mes goûts font éteints, & je ne me
foucie plus de rien. Je le laiffe à la prière
de S. Preux, qui fe propofe d'exercer dans
ce fallon vos enfans. Vous recevrez auffi
quelques livres pour l'augmention de vos

B

tre bibliotheque. Mais que trouverez-vous
de nouveau dans des livres? O Wolmar,
il ne vous manque que d'apprendre à lire
dans celui de la nature, pour être le plus
sage des mortels.

LETTRE IV.

RÉPONSE.

JE me suis attendu, cher Bomston, au
dénouement de vos longues aventures.
Il eut paru bien étrange qu'ayant résisté si
long-temps à vos penchans, vous eussiez attendu pour vous laisser vaincre qu'un ami
vînt vous soutenir; quoi qu'à vrai dire on
soit souvent plus foible en s'appuyant sur un
autre, que quand on ne compte que sur
soi. J'avoue pourtant que je fus allarmé de
votre dernière lettre, où vous m'annonciez
votre mariage avec Laure comme une affaire
absolument décidée. Je doutai de l'événement malgré votre assurance, & si mon attente eut été trompée, de mes jours je n'aurois revu S. Preux. Vous avez fait tous deux
ce que j'avois espéré de l'un & de l'autre, &
vous avez trop bien justifié le jugement que
j'avois porté de vous, pour que je ne sois
charmé de vous voir reprendre nos premiers
arrangemens. Venez, hommes rares, augmenter & partager le bonheur de cette mai-

fon. Quoiqu'il en foit de l'efpoir des croyans
dans l'autre vie , j'aime à paffer avec eux
celle-ci, & je fens que vous me convenez
tous mieux tels que vous êtes, que fi vous
aviez le malheur de penfer comme moi.

Au refte , vous favez ce que je vous dis
fur fon fujet à votre départ. Je n'avois pas
befoin pour le juger de votre épreuve ; car
la mienne étoit faite, & je crois le connoître autant qu'un homme en peut connoître
un autre. J'ai d'ailleurs plus d'une raifon de
compter fur fon cœur, & de bien meilleures
cautions de lui que lui - même. Quoiqué
dans votre renoncement au mariage il pa-
roiffe vouloir vous imiter , peut-être trouverez-vous ici de quoi l'engager à changer
de fyftéme. Je m'expliquerai mieux après
votre retour.

Quant à vous, je trouve vos diftinctions
fur le célibat toutés nouvelles & fort fubti-
les. Je les crois même judicieufes pour le politique qui balance les forces refpectives de
l'état , afin d'en maintenir l'équilibre. Mais
je ne fais fi dans vos principes ces raifons
font affez folides pour difpenfer les particuliers de leur devoir envers la nature. Il fem-
bleroit que la vie eft un bien qu'on ne reçoit
qu'à la charge de le tranfmettre, une forte
de fubftitution qui doit paffer de race en race, & que quiconque eut un père eft obligé de le devenir. C'étoit votre fentiment
jufqu'ici, c'étoit une des raifons de votre
voyage ; mais je fais d'où vous vient cette

nouvelle philofophie, & j'ai vu dans le bil-
let de Laure un argumēnt auquel votre cœur
n'a point de replique.

La petite Coufine eft depuis huit ou dix
jours à Geneve avec fa famille pour des emplettes & d'autres affaires. Nous l'attendons
de retour de jour en jour. J'ai dit à ma femme
de votre lettre tout ce qu'elle en devoit favoir. Nous avions appris par M. Miol que
le mariage étoit rompu ; mais elle ignoroit
la part qu'avoit St. Preux à cet événement.
Soyez fûr qu'elle n'apprendra jamais qu'avec
la plus vive joie tout ce qu'il fera pour mériter vos bienfaits & juftifier votre eftime. Je
lui ai montré les deffeins de votre pavillon ;
elle les trouve de très-bon goût ; nous y
ferons pourtant quelques changemens que
le local exige, & qui rendront votre loge-
ment plus commode ; vous les approuverez
fûrement. Nous attendons l'avis de Claire
avant d'y toucher ; car vous favez qu'on
ne peut rien faire fans elle. En attendant
j'ai déjà mis du monde en œuvre, & j'efpère
qu'avant l'hiver la maçonnerie fera fort
avancée.

Je vous remercie de vos livres ; mais je
ne lis plus ceux que j'entends, & il eft trop
tard pour apprendre à lire ceux que je
n'entends pas. Je fuis pourtant moins ignorant que vous ne m'accufez de l'être. Le vrai
livre de la nature eft pour moi le cœur des
hommes, & la preuve que j'y fais lire eft
dâns mon amitié pour vous.

L E T T R E V

A MADAME D'ORBE.

A Madame de Wolmar.

J'Ai bien des griefs, Cousine, à la charge de ce séjour. Le plus grave est qu'il me donne envie d'y rester. La ville est charmante, les habitans sont hospitaliers, les mœurs sont honnêtes, & la liberté, que j'aime sur toutes choses, semble s'y être refugiée. Plus je contemple ce petit-Etat, plus je trouve qu'il est beau d'avoir une patrie, & Dieu garde de mal tous ceux qui pensent en avoir une, & n'ont pourtant qu'un pays ! Pour moi, je sens que si j'étois née dans celui-ci, j'aurois l'ame toute Romaine. Je n'oserois pourtant pas trop dire à présent ;

Rome n'est plus à Rome, elle est toute où je suis:

car j'aurois peur que dans ta malice tu n'allasse penser le contraire. Mais pourquoi donc Rome, & toujours Rome ? Restons à Geneve.

Je ne te dirai rien de l'aspect du pays. Il ressemble au nôtre excepté qu'il est moins montueux, plus champêtre, & qu'il n'a pas des chalets si voisins. Je ne te dirai rien non plus du gouvernement. Si Dieu ne t'aide, mon père t'en parlera de reste : il

paſſe toute la journée à politiquer avec les
Magiſtrats dans la joie de ſon cœur, & je
le vois déjà très-mal édifié que la Gazette
parle ſi peu de Geneve. Tu peux juger de
leurs conférences par mes Lettres. Quand ils
m'excedent, je me dérobe, & je t'ennuie
pour me déſennuyer.

Tout ce qui m'eſt reſté de leurs longs
entretiens, c'eſt beaucoup d'eſtime pour le
grand ſens qui regne en cette ville. A voir
l'action & réaction mutuelles de toutes les
parties de l'Etat qui le tiennent en équilibre, on ne peut douter qu'il n'y ait plus
d'art & de vrai talent employés au gouvernement de cette petite République, qu'à
celui des plus vaſtes empires, où tout ſe
ſoutient par ſa propre maſſe, & où les rê-
nes de l'Etat peuvent tomber entre les
mains d'un ſot, ſans que les affaires ceſſent
d'aller. Je te réponds qu'il n'en ſeroit pas
de même ici. Je n'entends jamais parler à
mon père de tous ces grands Miniſtres des
grandes Cours, ſans ſonger à ce pauvre
muſicien qui barbouilloit ſi fiérement ſur
notre grand orgue à Lauſanne, & qui ſe
croyoit un fort habile homme, parce qu'il
faiſoit beaucoup de bruit. Ces gens-ci n'ont
qu'une petite épinette, mais ils en ſavent
tirer une bonne harmonie, quoiqu'elle ſoit
ſouvent aſſez mal d'accord.

Je ne te dirai rien non plus...... mais à
force de ne te rien dire, je ne finirois pas.
Parlons de quelque choſe pour avoir plu-

tôt fait. Le Genevois eſt de tous les peuples
du monde celui qui cache le moins ſon caractère, & qu'on connoît le plus prompte-
ment. Ses mœurs, ſes vices mêmes ſont
mêlés de franchiſe. Il ſe ſent naturellement
bon, & cela lui ſuffit pour ne pas craindre
de ſe montrer tel qu'il eſt. Il a de la géné-
roſité, du ſens, de la pénétration ; mais il
aime trop l'argent ; défaut que j'attribue à
ſa ſituation qui le lui rend néceſſaire ; car
le territoire ne ſuffiroit pas pour nourrir les
Habitans.

Il arrive delà que les Genevois épars dans
l'Europe pour s'enrichir imitent les grands
airs des étrangers, & après avoir pris les
vices des pays où ils ont vécu, (a) les rapportent chez eux en triomphe avec leur tré-
ſors. Ainſi le luxe des autres peuples leur
fait mépriſer leur antique ſimplicité ; la fiere
liberté leur paroît ignoble ; ils ſe forgent
des fers d'argent ; non comme un chaîne,
mais comme un ornement.

Hé bien ! ne me voilà-t-il pas encore
dans cette maudite politique ? Je m'y perds,
je m'y noie, j'en ai par-deſſus la tête, je
ne ſais plus par où m'en tirer. Je n'entends parler ici d'autre choſe, ſi ce n'eſt
quand mon père n'eſt pas avec nous, ce
qui n'arrive qu'aux heures des Couriers.
C'eſt nous mon enfant, qui portons par-
tout notre influence ; car d'ailleurs, les

_____

(a) Maintenant on ne leur donne plus la peine de les
aller chercher, on les leur porte.

entretiens du pays font utiles & váriés, &
l'on n'apprend rien de bon dans les Livres
qu'on ne puiffe apprendre ici dans la converfation. Comme autrefois les mœurs an-
gloifes ont pénétré jufqu'en ce pays, les
hommes y vivant encore un peu plus féparés des femmes que dans le nôtre, contractent entr'eux un ton plus grave, & généralement plus de folidité dans leurs difcours. Mais auffi cet avantage a fon inconvénient qui fe fait bientôt fentir. Des lon-
gueurs toujours excédentes, des argumens;
des exordes, un peu d'apprêt, quelquefois
des phrafes, rarement de la légéreté, jamais de cette fimplicité naïve qui dit le
fentiment avant la penfée, & fait fi bien
valoir ce qu'elle dit. Au lieu que le François
éçrit comme il parle, ceux-ci parlent com
ils écrivent, ils differtent au lieu de caufer; on les croiroit toujours prêts à foutenir thefe. Ils diftinguent, ils divifent, ils
traitent la converfation par points ; ils
mettent dans leurs propos la même méthode que dans leurs livres; ils font Auteurs, & toujours Auteurs. Ils femblent
lire en parlant, tant ils obfervent bien les
étymologies, tant ils font fonner toutes les
Lettres avec foin.. Ils articulent le *marc* du
raifin comme *Marc* nom d'homme; ils difent exactement du *taba-k* & non pas du
taba, un *parafoleil* & non pas un *parafol*;
avan-t hier & non pas *avanthier*, *Secrétai-
re* & non pas *Segrétaire*, un *lac-d'amour*

où l'on se noie, & non pas où l'on s'étran-
gle ; par-tout les *r* finales, par-tout les *r*
des infinitifs ; enfin, leur parler est toujours
soutenu, leurs discours sont des harangues
& ils jasent comme s'ils prêchoient.

Ce qu'il y a de singulier, c'est qu'avec ce
ton dogmatique & froid, ils sont vifs, im-
pétueux, & ont les passions très-ardentes ;
ils diroient même assez-bien les choses de
sentiment s'ils ne disoient pas tout, ou s'ils
ne parloient qu'à des oreilles. Mais leurs
points, leurs virgules, sont tellement insup-
portables, ils peignent si posément des émotions si vives, que quand ils ont achevé
leur dire, on chercheroit volontiers autour
d'eux, où est l'homme qui-sent ce qu'ils ont
décrit.

Au reste, il faut t'avouer que je suis un peu
payée pour bien penser de leurs cœurs, &
croire qu'ils ne sont pas de mauvais goût.
Tu sauras en confidence, qu'un joli Monsieur à marier &, dit-on, fort riche, m'honore de ces attentions, & qu'avec des propos
assez tendres, il ne m'a point fait chercher
ailleurs l'Auteur de ce qu'il me-disoit. Ah !
s'il étoit venu il y a dix-huit mois, quel
plaisir j'aurois pris à me donner un Souverain
pour esclave, & à faire tourner la tête à un
magnifique Seigneur ! Mais à présent la
mienne n'est plus assez droite, pour que le
jeu me soit agréable, & je sens que toutes
mes folies s'en vont avec ma raison.

Je reviens à ce goût de lecture qui porte

les Génevois à penfer. Il s'étend à tous les
états, & fe fait féntir dans tous avec avantage. Le François lit beaucoup, mais il ne
lit que les Livres nouveaux, ou plutôt il les
parcourt, moins pour les lire, que pour
dire qu'il les a lus. Le Génevois ne lit que
les bons Livres ; il les lit, il les digére, il ne
les juge pas, mais il les fait. Le jugement &
le choix fe font à Paris; les Livres choifis
font prefque les feuls qui vont à Geneve.
Cela fait que la lecture y eft moins mêlée &
s'y fait avec plus de profit. Les femmes,
dans leur retraite, (b) lifent de leur côté,
& leur ton s'en reffent auffi, mais d'une autre maniére. Les belles Madames y font petites-maîtreffes & beaux efprits tout comme
chez nous. Les petites Citadines elles-mêmes prennent dans les Livres un babil plus
arrangé, & certain choix d'expreffions qu'on
eft étonné d'entendre fortir de léur bouche,
comme quelquefois de célle des enfans. Il
faut tout le bon fens des hommes, toute la
gaieté des femmes, & tout l'efprit qui leur
eft commun, pour qu'on ne trouve pas les
premiers un péu pédans, & les autres un
peu précieufes.

　　Hier, vis-à-vis de ma fenêtré, deux filles d'ouvriers, fort joliës, caufoient devant
leur boutique d'un air enjoüé pour me
donner de la curiofité. Je prêtai l'oreille,
& j'entendis qu'une des deux propofoit, en

____
(b) On fe fouviendra que cette Lettre eft de vieille daté,
& je crains bien que cela ne foit trop facile à voir.

riant, d'écrire leur journal. Oui, reprit l'autre à l'inſtant ; le journal tous-les matins , & tous les ſoirs le commentaire. Qu'en dis-tu , Couſine ? Je ne ſais ſi c'eſt-là le ton des filles d'artiſans, mais je ſais qu'il faut faire un furieux emploi du temps pour ne tirer du cours des journées que le commentaire de ſon journal. Aſſurément la petite perſonne avoit lu les aventures des mille & une nuits !

Avec ce ſtyle un peu guindé, les Génevoiſes ne laiſſent pas d'être vives & piquantes , & l'on voit autant de grandes paſſions ici qu'en ville du monde. Dans la ſimplicité de leur parure elles ont de la grace & du goût ; elles en ont dans leur entretien, dans leurs manières. Comme les hommes ſont moins-galants que tendres , les femmes ſont moins coquettes que ſenſibles , & cette ſenſibilité donne , même aux plus honnêtes , un tour d'eſprit agréable & fin qui va au cœur , & qui en tire toute ſa fineſſe. Tant que les Génevoiſes ſeront Génevoiſes, elles ſeront les plus aimables femmes de l'Europe ; mais bientôt elles voudront être Françoiſes, & alors les Françoiſes vaudront mieux qu'elles.

Ainſi tout dépérit avec les mœurs. Le meilleur goût tient à la vertu même ; il diſparoît avec elle, & fait place à un goût facticè & guindé qui n'eſt plus que l'ouvrage de la mode. Le veritable eſprit eſt preſque dans le même cas. N'eſt-ce pas la modeſtie de notre sexe qui nous oblige d'user d'adresse pour repousser les agaceries des hommes ; & s'ils ont besoin d'art pour se faire écouter, nous en faut-il moins pour savoir ne les pas entendre ? N'est-ce pas eux qui nous délient l'esprit & la langue, qui nous rendent plus vives à la riposte, & nous forcent de nous moquer d'eux ? Car enfin, tu as beau dire, une certaine coquetterie maligne & railleuse, désoriente encore plus les soupirans que le silence ou le mépris. Quel plaisir de voir un beau Céladon tout déconcerté, se confondre, se troubler, se perdre à chaque repartie, de s'environner contre lui des traits moins brûlants, mais plus aigus que ceux de l'amour, de le cribler de pointes de glace, qui piquent à l'aide du froid ! Toi-même qui ne fais semblant de rien, crois-tu que tes manières naïves & tendres, ton air timide & doux, cachent moins de ruse & d'habileté que toutes mes étourderies ? Ma foi, Mignonne, s'il falloit compter les galans que chacun de nous a persiflés, je doute fort qu'avec ta mine hypocrite, ce fut toi qui serois en reste ! Je ne puis m'empêcher de rire encore en songeant à ce pauvre Conflans, qui venoit tout en furie me reprocher que tu l'aimois trop. Elle est si caressante, me disoit-il, que je ne sais de quoi me plaindre : elle me parle avec tant de raison, que j'ai honte devant elle, & je la trouve si fort mon amie, que je n'ose être son amant.

Je ne crois pas qu'il n'y ait nulle part au monde des époux plus unis & de meilleurs ménages que dans cette ville ; la vie domeſtique y eſt agréable & douce ; on y voit des maris complaiſans & preſque d'autres Julies. Ton ſyſtême ſe vérifie très-bien ici. Les deux ſexes gagnent de toutes manières à ſe donner des travaux & des amuſemens différens qui les empêchent de ſe raſſaſier l'un de l'autre, & font qu'ils ſe retrouvent avec plus de plaiſir. Ainſi s'éguiſe la volupté du ſage : s'abſtenir pour jouir, c'eſt ta philoſophie ; c'eſt l'épicuréiſme de la raiſon.

Malheureuſement cette antique modeſtie commence à décliner. On ſe rapproche, & les cœurs s'éloignent. Ici comme chez nous tout eſt mêlé de bien & de mal ; mais à différentes meſures. Le Génevois tire ſes vertus de lui-même, ſes vices lui viennent d'ailleurs. Non-ſeulement il voyage beaucoup, mais il adopte aiſément les mœurs & les manières des autres peuples ; il parle avec facilité toutes les langues ; il prend ſans peine leurs divers accens, quoiqu'il ait lui-même un accent traînant très-ſenſible, ſurtout dans les femmes qui voyagent moins. Plus humble de ſa petiteſſe que fier de ſa liberté, il ſe fait chez les nations étrangères une honte de ſa patrie ; il ſe hâte, pour ainſi dire, de ſe naturaliſer dans le pays où il vit, comme pour faire oublier le ſien ; peut-être la réputation qu'il a d'être âpre au gain con-

tribue-t-elle à cette coupable honte. Il vau-
droit mieux, fans doute, effacer par fon
défintéreffement l'opprobre du nom Génevois, que de l'avilir encore en craignant de
le porter : mais le Génevois le méprife ,
même en le rendant eftimable, & il a plus
de tort encore de ne pas honorer fon pays
de fon propre mérite.

Quelque avide qu'il puiffe être , on ne le
voit guère aller à la fortune par des moyens
ferviles & bas ; il n'aime point s'attacher
aux Grands & ramper dans les Cours :
L'efclavage perfonnel ne lui eft pas moins
odieux que l'efclavage civil. Flexible & liant
comme Alcibiade, il fupporte auffi peu la
fervitude ; & quand il fe plie aux ufages
des autres, il les imite fans s'y affujettir. Le
commerce étant de tous les moyens de s'enrichir le plus compatible avec la liberté, eft
auffi celui que les Génevois préférent. Ils
font prefque tous marchands ou banquiers ,
& ce grand objet de leurs defirs leur fait fouvent enfouir de rares talens que leur pro-
digua la nature. Ceci me ramene au commencement de ma Lettre. Ils ont du génie
& du courage ; ils font vifs & pénétrans ,
il n'y a rien d'honnête & de grand au deffus de leur portée : mais plus paffionnés
d'argent que de gloire, pour vivre dans l'a-
bondance ils meurent dans l'obfcurité, &
laiffent à leurs enfans, pour tout exemple
l'amour des tréfors qu'ils leur ont acquis.

Je tiens tout cela des Génevois mêmes ;

car ils parlent d'eux fort impartialement.
Pour moi, je ne fais comment ils font
chez les autres, mais je les trouve aimables chez eux, & je ne connois qu'un
moyen de quitter fans regret Geneve. Quel
eſt ce moyen, Couſine? oh! ma foi, tu
as beau prendre ton air humble; ſi tu dis
ne l'avoir pas déjà deviné, tu ments. C'eſt
après demain que s'embarque la bande joyeu-
ſe dans un joli Brigantin appareillé de fête;
car nous avons choiſi l'eau à cauſe de la
ſaiſon, & pour demeurer tous raſſemblés.
Nous comptons coucher le même ſoir à
Morges, le lendemain à Lauſanne pour la
cérémonie, & le ſurlendemain.... tu m'entends. Quand tu verras de loin briller des
flammes, flotter des banderolles, quand
tu entendras ronfler le canon, cours par
toute la maiſon comme une folle, en criant
armes! armes! Voici les ennemis! voici les
ennemis.

P. S. Quoique la diſtribution des logemens
entre inconteſtablement dans les droits
de ma charge, je veux bien m'en déſiſter
en cette occaſion. J'entends feulement
que mon Père fut logé chez Milord
Édouard à cauſe des cartes de géographie, & qu'on acheve d'en tapiſſer du
haut en bas tout l'appartement.

LETTRE VI

DE MADAME DE WOLMAR.

QUel fentiment délicieux j'éprouve en
commençant cette lettre ! Voici la
première fois de ma vie où j'ai pu vous
écrire fans crainte & fans honte. Je m'honore de l'amitié qui nous joint comme d'un
retour fans exemple. On étouffe de grandes
paffions ; rarement on les épure. Oublier
ce qui nous fut cher quand l'honneur le
veut , c'eft l'effort d'une ame hónnête &
commune ; mais après avoir été ce que
nous fûmes, être ce que nous fommes aujourd'hui , voilà le vrai triomphe de la
vertu. La caufe qui fait ceffer d'aimer peut
être un vice, celle qui change un tendre
amour en une amitié non moins vive ne
fauroit être équivoque.

Aurions-nous jamais fait ce progrès par
nos feules forces? Jamais , jamais, mon bon
ami, le tenter même étoit une témérité.
Nous fuir étoit pour nous la première loi
du devoir , que rien ne nous eut permis
d'enfreindre. Nous nous ferions toujours
eftimés fans doute ; mais nous aurions
ceffé de nous voir, de nous écrire : nous
nous ferions efforcés de ne plus penfer
l'un à l'autre, & le plus grand honneur
que nous pouvions nous rendre mutuelle-

ment

ment étoit de rompre tout commerce entre nous.

Voyez, au lieu de cela, quelle eſt notre ſituation préſente. En eſt-il au monde une plus agréable, & ne goûtons-nous pas mille fois le jour le prix des combats qu'el'e nous a coûtés? Se voir, s'aimer, le ſentir, s'en féliciter, paſſer les jours enſemble dans la familiarité fraternelle & dans la paix de l'innocence, s'occuper l'un de l'autre, y penſer ſans remords, en parler ſans rougir, & s'honorer à ſes propres yeux du même attachement qu'on s'eſt ſi long-temps reproché; voilà le point où nous en ſommes. O ami! quelle carrière d'honneur nous avons déjà parcourue! Oſons-nous en glorifier pour ſavoir nous y maintenir, & l'achever comme nous l'avons commencée.

A qui devons-nous un bonheur ſi rare? Vous le ſavez. J'ai vu votre cœur ſenſible, plein des bienfaits du meilleur des hommes, aimer à s'en pénétrer; & comment nous ſeroient-ils à charge, à vous & à moi? Ils ne nous impoſent point de nouveaux devoirs, ils ne font que nous rendre plus chers ceux qui nous étoient déjà ſi ſacrés. Le ſeul moyen de reconnoître ſes ſoins eſt d'en être dignes, & tout leur prix eſt dans leur ſuccès. Tenons-nous-en donc là dans l'effuſion de notre zèle. Payons de nos vertus celles de notre bienfaiteur; voilà tout ce que nous lui devons. Il a fait aſ-

fez pour nous & pour lui s'il nous a rendus
à nous-mêmes. Abfens ou préfens, vivans
ou morts, nous porterons par-tout un témoignage qui ne fera perdu pour aucun
des trois.

Je faifois ces réflexions en moi - même
quand mon mari vous deftinoit l'éducation
de fes enfans. Quand Milord Edouard
m'annonça fon prochain retour & le vôtre ;
ces mêmes réflexions revinrent & d'autres
encore qu'il importe de vous communiquer tandis qu'il eft temps de les faire.

Ce n'eft point de moi qu'il eft queftion,
c'eft de vous. Je me crois plus en droit
de vous donner des confeils depuis qu'ils
font tout-à-fait défintéreffés, & que n'ayant
plus ma fûreté pour objet, ils ne fe rapportent qu'à vous - même. Ma tendre amitié
ne vous eft pas fufpecte, & je n'ai que
trop acquis de lumières pour faire écouter
mes avis.

Permettez-moi de vous offrir le tableau
de l'état où vous allez être, afin que vous
examiniez vous-même s'il n'a rien qui vous
doive effrayer. O bon jeune homme ! Si
vous aimez la vertu, écoutez d'une oreille
chafte les confeils de votre amie. Elle
commence en tremblant un difcours qu'elle
voudroit taire ; mais comment le taire fans
vous trahir ? Sera-t-il temps de voir les objets que vous devez craindre quand il vous
auront égaré ? Non, mon ami, je fuis la
feule perfonne au monde affez familière

avec vous pour vous les préſenter. N'ai je
pas le droit de vous parler au beſoin comme une ſœur, comme une mère? Ah! ſi
les leçons d'un cœur honnête étoient capables de ſouiller le vôtre, il y a long-temps
que je n'en aurois plus à vous donner.

Votre carrière, dites-vous, eſt finie. Mais
convénez qu'elle eſt finie avant l'âge. L'a-
mour eſt éteint; les ſens lui ſurvivent, &
leur délire eſt d'autant plus à craindre que
le ſeul ſentiment qui le bornoit n'éxiſtant
plus, tout eſt occaſion de chûte à qui ne
tient plus à rien. Un homme ardent & ſenſible, jeune & garçon, veut être continent & chaſte; il ſait, il ſent, il l'a dit
mille fois, que la force de l'ame qui produit toutes les vertus tient à la pureté qui
les nourrit toutes. Si l'amour le préſerva
des mauvaiſes mœurs dans ſa jeuneſſe, il
veut que la raiſon l'en préſerve dans tous
les temps; il connoît pour les devoirs pénibles un prix qui conſole de leur rigueur, &
s'il en coûte des combats quand on veut
ſe vaincre, fera-t il moins aujourd'hui pour
le Dieu qu'il adore, qu'il ne fit pour la maîtreſſe qu'il ſervit autrefois? Ce ſont-là, ce
me ſemble, des maximes de votre morale;
ce ſont donc auſſi des regles de votre conduite; car vous avez toujours mépriſé ceux
qui, contens de l'apparence, parlent autrement qu'ils n'agiſſent, & chargent les autres
de lourds fardeaux auxquels ils ne veulent
pas toucher eux-mêmes.

Quel genre de vie a choisi cet homme
sage pour suivre les loix qu'il se prescrit ?
Moins philosophe encore qu'il n'est vertueux & chrétien, sans doute il n'a point
pris son orgueil pour guide : il sait que
l'homme est plus libre d'éviter les tentations que de les vaincre, & qu'il n'est pas
question de réprimer les passions irritées,
mais de les empêcher de naître. Se déro-
be-t-il donc aux occasions dangereuses ?
Fuit-il les objets capables de l'émouvoir ?
Fait-il d'une humble défiance de lui-même
la sauve-garde de sa vertu ? Tout au contraire ; il n'hésite pas à s'offrir aux plus téméraires combats. A trente ans il va s'enfermer dans une solitude avec des femmes
de son âge , dont une lui fut trop chère
pour qu'un si dangereux souvenir se puisse
effacer, dont l'autre vit avec lui dans une
étroite familiarité, & dont une troisiéme
lui tient encore par les droits qu'ont les
bienfaits sur les ames reconnoissantes. Il va
s'exposer à tout ce qui peut réveiller en lui
des passions mal éteintes ; il va s'élancer
dans les piéges qu'il devroit le plus redouter. Il n'y a pas un rapport dans sa situation
qui ne dût le faire défier de sa force, &
pas un qui ne l'avilit à jamais s'il étoit foible un moment. Où est-elle donc, cette
grande force d'ame à laquelle il ose tant
se fier ? Qu'a t-elle fait jusqu'ici qui lui ré-
ponde de l'avenir ? Le tira-t-elle à Paris
de la maison du Colonel ? Est ce elle qui lui

dicta l'été dernier la scene de Meillerie ?
L'a t-elle bien sauvé cet hiver des charmes
d'un autre objet ; & ce printemps des frayeurs
d'un rêve ? S'est-il vaincu pour elle au
moins une fois , pour espérer de se vaincre
sans cesse ? Il sait, quand le devoir l'exige ,
combattre les passions d'un ami ; mais les
siennes ?..... Hélas ! sur la plus belle moitié de sa vie , qu'il doit penser modestement
de l'autre !

On supporte un état violent , quand il
passe. Six mois, un an ne sont rien ; on
envisage un terme & l'on prend courage.
Mais quand cet état doit durer toujours ,
qui est-ce qui le supporte ? Qui est-ce qui
fait triompher de lui-même jusqu'à la mort ?
O mon ami ! si la vie est courte pour le
plaisir, qu'elle est longue pour la vertu ! Il
faut être incessamment sur ses gardes. L'instant de jouir passe & ne revient plus ; celui de mal faire passe & revient sans cesse :
on s'oublie un moment, & l'on est perdu.
Est-ce dans cet état effrayant qu'on peut
couler des jours tranquilles, & ceux mêmes qu'on a sauvés du péril n'offrent ils
pas une raison de n'y plus exposer les
autres ?

Que d'occasions peuvent renaître, aussi
dangereuses que celles dont vous avez
échappé, & qui pis est, non moins impré-
vues ! Croyez-vous que les monumens à
craindre n'existent qu'à Meillerie ? Ils exist-
tent par-tout où nous sommes ; car nous

les portons avec nous. Eh! vous ſavez
trop qu'une ame attendrie intéreſſe l'univers entier à ſa paſſion, & que même après
la guériſon, tous les objets de la nature
nous rappellent encore ce qu'on ſentit autrefois en les voyant. Je crois pourtant, oui
j'oſe le croire, que ces périls ne reviendront plus, & mon cœur me répond du
vôtre. Mais pour être au-deſſus d'une lâcheté, ce cœur facile eſt-il au-deſſus d'une
foibleſſe, & ſuis-je la ſeule ici qu'il lui en
coûtera peut-être de reſpecter ? Songez.,
St. Preux, que tout ce qui m'eſt cher doit être
couvert de ce même reſpect que vous me
devez; ſongez que vous aurez ſans ceſſe
à porter innocemment les jeux innocens
d'une femme charmante; ſongez aux mépris éternels que vous auriez mérités, ſi
jamais votre cœur oſoit s'oublier un moment, & profaner ce qu'il doit honorer à
tant de titres.

Je veux que le devoir, la foi, l'ancienne amitié vous arrêtent; que l'obſtacle
oppoſé par la vertu vous ôte un vain eſpoir,
& qu'au moins par raiſon vous étouffiez
des vœux inutiles, ſerez-vous pour cela délivré de l'empire des ſens, & des piéges
de l'imagination ? Forcé de nous reſpecter
toutes deux, & d'oublier en nous notre
ſexe, vous le verrez dans celles qui nous
ſervent, & en vous abaiſſant vous croirez
vous juſtifier : mais ſerez vous moins coupable en effet, & la différence des rangs

change-t-elle ainſi la nature dés fautes ?
Au contraire, vous vous avilirez d'autant
plus que les moyens de réuſſir ſeront moins
honnêtes. Quels moyens ! Quoi ! Vous ?.....
Ah, périſſe l'homme indigne qui marchan-
de un cœur, & rend l'amour mercenaire !
C'eſt lui qui couvre la terre dés crimes que
la débauche y fait commettre. Comment
ne ſeroit pas toujours à vendre celle qui
ſe laiſſe acheter une fois, & dans l'opprobre où bientôt elle tombe, lequel eſt l'auteur de ſa miſere, du brutal qui la mal-
traite en un mauvais lieu, ou du ſéducteur
qui l'y traine, en mettant le premier ſes
faveurs à prix.

Oſerai-je ajouter une conſidération qui
vous touchera, ſi je ne me trompe ? Vous
avez vu quels ſoins j'ai pris pour établir ici
la regle & les bonnes mœurs ; la modeſtie
& la paix y regnent, tout y reſpire le bonheur & l'innocence. Mon ami, ſongez à
vous, à moi, à ce que nous fûmes, à ce
que nous ſommes, à ce que nous devons
être. Faudra t-il que je diſe un jour en regrettant mes peines perdues ; c'eſt de lui que
vient le déſordre de ma maiſon ?

Diſons tout, s'il eſt néceſſaire, & ſacri-
fions la modeſtie elle-même au véritable
amour de la vertu. L'homme n'eſt pas fait
pour le célibat, & il eſt bien difficile qu'un
état ſi contraire à la nature n'amene pas
quelque déſordre public ou caché. Le moyen
d'échapper toujours à l'ennemi qu'on porte

C iv

fans ceffe avec foi ! Voyez en d'autres pays
ces téméraires qui font vœu de n'être pas
hommes. Pour les punir d'avoir tenté Dieu,
Dieu les abandonne ; ils fe difent faints &
font déshonnêtes ; leur feinte continence
n'eft que fouillure, & pour avoir dédai-
gné l'humanité, ils s'abaiffent au - deffous
d'elle. Je comprends qu'il en coûte peu de
fe rendre difficile fur des loix qu'on n'obfer-
ve qu'en apparence ; (c) mais celui qui vèut
être fincérement vertueux, fe fent affez chargé des devoirs de l'homme fans s'en impofer de nouveaux. Voilà, cher St. Preux,
la véritable humilité du chrétien ; c'eft de
trouver toujours fa tâche au-deffus de fes
forces, bien loin d'avoir l'orgueil de la
doubler. Faites-vous l'application de cette
regle, & vous fentirez qu'un état qui de-
vioit feulement allarmer un autre homme,
doit par mille raifons vous faire trembler.
Moins vous craignez, plus vous avez à
craindre, & fi vous n'êtes point effrayé
de vos devoirs, n'efpérez pas de les remplir.

.Tels font les dangers qui vous attendent
ici. Penfez-y tandis qu'il en eft temps. Je

(c) Quelques hommes font continens fans mérite ; d'autres le font par vertu, & je ne doute point que plufieurs
Prêtres Catholiques ne foient dans ce dernier cas : mais
impofer le célibat à un Corps auffi nombreux que le Clergé de l'Eglife Romaine, ce n'eft pas tant lui défendre
de n'avoir point de femmes, que lui ordonner de fe contenter de celles d'autrui. Je fuis furpris que dans tout pays
où les bonnes mœurs font encore en eftime, les loix &
les Magiftrats tolèrent un vœu fi fcandaleux.

fais que jamais de propos délibéré vous
ne vous exposerez à mal faire, & le feul
mal que je crains de vous eft celui que vous
n'aurez pas prévu. Je ne vous dis donc pas
de vous déterminer fur mes raifons, mais
de les pefer. Trouvez-y quelque réponfe
dont vous foyez content & je m'en contente ; ofez comptei fur vous, & j'y compte. Dites-moi, je fuis un ange, & je vous
reçois à bras ouverts.

Quoi! toujours des privations & des peines! toujours des devoirs cruels à remplir!
toujours fuir les gens qui nous font chers!
Non, mon aimable ami. Heureux qui peut
dès cette vie offrir un prix à la vertu! J'en
vois un digne d'un homme qui fut combattre & fouffrir pour elle. Si je ne préfume pas
trop de moi, ce prix que j'ofe vous def-
tiner acquittera tout ce que mon cœur re-
doit au vôtre, & vous aurez plus que vous
n'euffiez obtenu fi le Ciel eut beni nos premieres inclinations. Ne pouvant vous faire
ange vous-même, je vous en veux donner un qui garde votre ame, qui l'épure,
qui la ranime, & fous les aufpices duquel
vous puiffiez vivre avec nous dans la paix
du féjour célefte. Vous n'aurez pas, je
crois, beaucoup de pëine à deviner qui je
veux dire ; c'eft l'objet qui fe trouve à
peu près établi d'avance dans le cœur
qu'il doit remplir un jour, fi mon projet
réuffit.

Je vois toutes les difficultés de ce projet

C v

fans en être rebutée ; car il eſt honnête. Je
connois tout l'empire que j'aie ſur mon
amie, & ne crains point d'en abuſer en
l'exerçant en votre faveur. Mais ſes réſolutions vous ſont connues, & avant de les
ébranler je dois m'aſſurer de vos diſpoſi-
tions, afin qu'en l'exhortant de vous per-
mettre d'aſpirer à elle, je puiſſe répondre
de vous & de vos ſentimens ; car ſi l'inégalité que le ſort à miſe entre l'un & l'autre vous ôte le droit de vous propoſer vous-
même, elle permet encore moins que ce
droit vous ſoit accordé ſans ſavoir quel uſage
vous en pourrez faire.

Je connois toute votre délicateſſe, & ſi
vous avez des objeſtions à m'oppoſer, je
ſais qu'elles ſeront pour elle bien plus que
pour vous. Laiſſez ces vains ſcrupules. Se-
rez-vous plus jaloux que moi de l'honneur
de mon ami ? Non, quelque cher que
vous me puiſſiez être, ne craignez point
que je préfére votre intérêt à ſa gloire.
Mais autant je mets de prix à l'eſtime des
gens ſenſés, autant je mépriſe les jugemens téméraires de la multitude, qui ſe
laiſſe éblouir par un faux éclat, & ne voit
rien de ce qui eſt honnête. La différence
fut-elle cent fois plus grande, il n'eſt point
de rang auquel les talens & les mœurs
n'aient droit d'atteindre, & à quel titre
une femme oſeroit-elle dédaigner pour
époux celui qu'elle s'honore d'avoir pour
ami ? Vous ſavez quels ſont là-deſſus nos

principes à toutes deux. La fauſſe honte „
& la crainte du blâme inſpirent plus de
mauvaiſes actions que de bonnes, & la vertu
ne fait rougir que de ce qui eſt mal.

A votre égard, la fierté que je vous ai
quelquefois connue ne ſauroit être plus déplacée que dans cette occaſion , & ce ſeroit à
vous une ingratitude de craindre d'elle un
bienfait de plus. Et puis , quelque difficile
que vous puiſſiez être , convenez qu'il eſt
plus doux & mieux ſéant de devoir ſa fortune à ſon épouſe qu'à ſon ami ; car on devient le protecteur de l'une & le protégé de
l'autre, & quoique l'on puiſſe dire , un honnête-homme n'aura jamais de meilleur ami
que ſa femme.

Que s'il reſte au fond de votre ame
quelque répugnance à former de nouveaux
engagemens, vous ne pouvez trop vous hâter de la détruire pour votre honneur &
pour mon repos ; car je ne ſerai jamais
contente de vous & de moi, que quand
vous ſerez en effet tel que vous devez
être , & que vous aimerez les devoirs que
vous avez à remplir. Eh , mon ami ! je
devrois moins craindre cette répugnance
qu'un empreſſement trop relatif à vos anciens penchans. Que ne fais-je point pour
m'acquitter auprès de vous ? Je tiens plus
que je n'avois promis. N'eſt-ce pas auſſi
Julie que je vous donne ? n'aurez-vous pas
la meilleure partie de moi-même, & n'en
ſerez-vous pas plus cher à l'autre? Avec

quel charme alors je me livrerai fans cofi-
trainte à tout mon attachement pour vous!
Oui, portez-lui la foi que vous m'avez
jurée; que votre cœur rempliffe avec elle
tous les engagemens qu'il prit avec moi :
qu'il lui rende s'il eft poffible tout ce que
vous redevez au mien. O St. Pieux ! Je lui
tranfmets cette ancienne dette. Souvenez-
vous qu'elle n'eft pas facile à payer.

Voilà, mon ami, le moyen que j'imagine de nous réunir fans danger, en vous
donnant dans notre famille la même place
que vous tenez dans nos cœurs. Dans le
nœud cher & facré qui nous unira tous ,
nous ne ferons plus entre nous que des fœurs
& des frères ; vous ne ferez plus votre propre ennemi ni le nôtre : les plus doux fentimens devenus légitimés ne feront plus dangereux ; quand il ne faudra plus les étouffer
on n'aura plus à les craindre. Loin de réfifter à des fentimens fi charmans , nous en
ferons à la fois nos devoirs & nos plaifirs ;
c'eft alors que nous nous aimerons tous plus
parfaitement, & que nous goûterons véritablement réunies les charmes de l'amitié
de l'amour & de l'innocence. Que fi dans
l'emploi dont vous vous chargez, le Ciel récompenfe du bonheur d'être père le foin
que vous prendrez de nos enfans, alors
vous connoîtrez par vous-même le prix de
ce que vous aurez fait pour nous. Comblé
des vrais biens de l'humanité , vous apprendrez à porter avec plaifir le doux fardeau

d'une vie utile à vos proches; vous fentirez, enfin, ce que la vaine fagefle des méchans n'a jamais pu croire; qu'il eft un bonheur réfervé dès-ce monde aux feuls amis
de la vertu.

Réfléchiffez à loifir fur le parti que je
vous propofe; non pour favoir s'il vous
convient, je n'ai pas befoin là-deffus de
votre réponfe, mais s'il convient à Madame d'Orbe; & fi vous pouvez faire fon
bonheur, commé elle doit faire le vôtre.
Vous favez comment elle a rempli fes devoirs dans tous les états de fon fexe; fur ce
qu'elle eft, jugez de ce qu'elle a droit d'exiger. Elle aime comme Julie, elle doit être
aimée comme elle. Si vous fentez pouvoir
la mériter, parlez; mon amitié tentera le
refte, & fe promet tout de la fienne : mais
fi j'ai trop efpéré de vous, au moins vous
êtes honnête homme, & vous connoiffez fa
délicateffe; vous ne voudriez pas d'un bonheur qui lui coûteroit le fien : que vôtre cœur
foit digne d'elle, ou qu'il ne lui foit jamais
offert.

Encore une fois, confultez-vous bien.
Pefez votre réponfe avant de la faire.
Quand il s'agit du fort de la vie, la prudence ne permet pas de fe déterminer légérement; mais toute délibération légère eft
un crime, quand il s'agit du deftin de l'ame
& du choix de la vertu. Fortifiez la vôtre,
ô mon bon ami, de tous les fecours de
la fageffe. La mauvaife honte m'empêche-

roit-elle de vous rappeller le plus néceſſaire ?
Vous avez de la Religion ; mais j'ai péur
que vous n'en tiriez pas tout l'avantage
qu'elle offre dans la conduite de la vie, &
que la hauteur philoſophique ne dédaigne
la ſimplicité du Chrétien. Je vous ai vu ſur
la Priére des maximes que je ne ſau-
rois, goûter. Selon vous, cet acte d'humilité ne nous eſt d'aucun fruit, & Dieu nous
ayant donné dans la conſcience tout ce qui
peut nous porter au bien, nous abandonne
enſuite à nous-mêmes & laiſſe agir notre
liberté. Ce n'eſt pas-là, vous le ſavez, la
doctrine de St. Paul, ni celle qu'on profeſſe
dans notre Egliſe. Nous ſommes libres,
il eſt vrai, mais nous ſommes ignorans,
foibles, portés au mal, & d'où nous viendroient la lumiére & la force, ſi ce n'eſt
de celui qui en eſt la ſource ; & pourquoi
les obtiendrons-nous, ſi nous ne daignons
pas les demander ? Prenez garde, mon ami,
qu'aux idées ſublimes que vous vous faites
du grand Être, l'orgueil humain ne mêle
des idées baſſes qui ſe rapportent à l'homme,
comme ſi les moyens qui ſoulagent notre
foibleſſe, convenoient à la puiſſance divine,
& qu'elle eût beſoin d'art comme nous pour
généraliſer les choſes, afin de les traiter
plus facilement. Il ſemble, à vous entendre, que ce ſoit un embarras pour elle de
veiller ſur chaque individu ; vous craignez
qu'une attention partagée & continuelle
ne la fatigue, & vous trouvez bien plus

beau qu'elle faffe tout par des loix générales, fans doute parce qu'elles lui coûte
moins de foin. O grands Philofophes, que
Dieu vous eft obligé, de lui fournir ainfi des
méthodes commodes, & de lui abréger le
travail !

A quoi bon lui rien demander, dites-vous
encore, ne connoît-il pas tous nos befoins ?
N'eft-il pas notre Pére pour y pourvoir ?
Savons-nous mieux que lui ce qu'il nous
faut, & voulons-nous notre bonheur plus
véritablement, qu'il ne le veut lui-même ?
Cher St. Preux, que de vains fophifmes !
Le plus grand de nos befoins, le feul auquel
nous pouvons pourvoir, eft celui de fentir
nos befoins; & le premier pas pour fortir de
notre mifére, eft de la connoître. Soyons
humbles pour être fages; voyons notre foibleffe, & nous ferons forts. Ainfi s'accorde
la juftice avec la clémence; ainfi regnent à
la fois la grace & la liberté. Efclaves par
notre foibleffe, nous fommes libres par la
priére; car, il dépend de nous de demander
& d'obtenir la force, qu'il ne dépend pas
de nous d'avoir par nous-mêmes.

Apprenez donc à ne pas prendre toujours
confeil de vous feul dans les occafions difficiles, mais de celui qui joint le pouvoir à
la prudence, & fait faire le meilleur parti,
du parti qu'il nous fait préférer. Le grand
défaut de la fageffe humaine, même de
celle qui n'a que la vertu pour objet, eft un
excès de confiance, qui nous fait juger de

l'avenir par le préfent, & par un moment de la vie entiére. On fe fent ferme un inftant, & l'on compte n'être jamais ébranlé. Plein d'un orgueil que l'expérience confond tous les jours, on croit n'avoir plus à craindre un piége une fois évité. Le modefte langage de la vaillance eft, je fus brave un tel jour ; mais celui qui dit, je fuis brave, ne fait ce qu'il fera demain ; & tenant pour fienne une valeur qu'il ne s'eft pas donnée, il mérite de la perdre au moment de s'en fervir.

Que tous nos projets doivent être ridicules, que tous nos raifonnemens doivent être infenfés devant l'Etre, pour qui les temps n'ont point de fucceffion, ni les lieux de d.f-tance! Nous comptons pour rien ce qui eft loin de nous, nous ne voyons que ce qui nous touche : quand nous aurons changé de lieu, nos jugemens feront tous contraires, & ne feront pas mieux fondés. Nous réglons l'avenir fur ce qui nous convient aujourd'hui, fans favoir s'il nous conviendra demain ; nous jugeons de nous comme étant toujours les mêmes, & nous changeons tous les jours. Qui fait fi nous aimerons ce que nous aimons, fi nous voudrons ce que nous voulons, fi nous ferons ce que nous fommes, fi les objets étrangers & les altérations de nos corps n'auront pas autrement modifié nos ames, & fi nous ne trouverons pas notre mifére dans ce que nous aurons arrangé pour notre bonheur? Montrez-moi la

regle de la fageſſe humaine, & je vais la
prendre pour guide. Mais fi ſa meilleure
leçon eſt de nous apprendre à nous défier
d'elle, rècourons à celle qui ne trompe point
& faiſons ce qu'elle nous inſpire. Je lui demande d'éclairer vos réſolutions. Quelque
parti que vous preniez, vous ne voudrez
que ce qui eſt bon & honnête; je le fais
bien : mais ce n'eſt pas aſſez encore; il faut
vouloir ce qui le fera toujours; & ni vous
ni moi n'en ſommes les Juges.

LETTRE VII.

RÉPONSE.

JUlie ! une lettre de vous !... après ſept
ans de ſilence . . . . . oui c'eſt elle; je le
vois, je le ſens : mes yeux méconnoî-
troient-ils des traits que mon cœur ne peut
oublier ? Quoi ! vous vous ſouvenez de
mon nom? vous le ſavez encore écrire ? ....,
en formant ce nom, votre main n'a-t-elle
point tremblé ? . . . . . Je m'égare, & c'eſt
votre faute. La forme, le pli, le cachet,
l'adreſſe, tout dans cette lettre m'en rappelle
de trop différentes. Le cœur & la main ſem-
blent ſe contredire. Ah! deviez-vous employer la même écriture pour tracer d'autres
ſentimens ?

Vous trouverez, peut-être, que ſonger
ſi fort à vos anciennes lettres, c'eſt trop

juſtifier la derniére. Vous vous trompez. Je
me ſens bien ; je ne ſuis plus le même , ou
vous n'êtes plus la même ; & ce qui me le
prouve eſt, qu'excepté les charmes & la
bonté, tout ce que je retrouve en vous de
ce que j'y trouvois autrefois m'eſt un nouveau ſujet de ſurpriſe. Cette obſervation
répond d'avance à vos craintes. Je ne me
fie point à mes forces, mais au ſentiment
qui me diſpenſe d'y recourir. Plein de tout
ce qu'il faut que j'honore en celle que j'ai
ceſſé d'adorer , je ſais à quels reſpects doivent s'élever mes anciens hommages. Pénétré de la plus tendre reconnoiſſance, je
vous aime autant que jamais, il eſt vrai ;
mais ce qui m'attache le plus à vous, eſt le
retour de ma raiſon. Elle vous montre à
moi telle que vous êtes ; elle vous ſert
mieux que l'amour même. Non , ſi j'étois
reſté coupable , vous ne me ſeriez pas auſſi
chère.

Depuis que j'ai ceſſé de prendre le change,
& que le pénétrant Wolmar m'a éclairé ſur
mes vrais ſentimens, j'ai mieux appris à me
connoître , & je m'allarme moins de ma foibleſſe. Qu'elle abuſe mon imagination , que
cette erreur me ſoit douce encore , il ſuffit
pour mon repos , qu'elle ne puiſſe plus vous
offenſer , & la chimère qui m'égare à ſa pour-
ſuite , me ſauve d'un danger réel.

O Julie ! il eſt des impreſſions éternelles
que le temps ni les ſoins n'effacent point. La
bleſſure guérit, mais la marque reſte, &

cette marque eſt un ſceau reſpecté qui préſerve le cœur d'une autre atteinte. L'in-
conſtance & l'amour ſont incompatibles :
l'amant qui change, ne change.pas ; il commence où finit d'aimer. Pour moi, j'ai fini ;
mais en ceſſant d'être à vous, je ſuis reſté
ſous votre garde. Je ne vous crains plus ;
mais vous m'empêchez d'en craindre une
autre. Non, Julie, non, femme reſpectable,
vous ne verrez jamais en moi que l'ami de
votre perſonne & l'amant de vos vertus : mais
nos amours, nos premières & uniques amours,
ne ſortiront jamais de mon cœur. La fleur de
mes ans ne ſe flétrira point dans ma mémoire.
Duſſai-je vivre des ſiécles entiers, le doux
temps de ma jeuneſſe ne peut ni renaître
pour moi, ni s'effacer de mon ſouvenir. Nous
avons beau n'être plus les mêmes, je ne puis
oublier ce que nous avons été. Mais parlons de votre Couſine.

Chere Amie, il faut l'avouer : depuis
que je n'oſe plus contempler vos charmes,
je deviens plus ſenſible aux ſiens. Quels
yeux peuvent errer toujours de beautés en
beautés ſans jamais ſe fixer ſur aucune ? Les
miens l'ont revue avec trop de plaiſir peut-
être, & depuis mon éloignement, ſes traits
déjà gravés dans mon cœur y font une impreſſion plus profonde. Le ſanctuaire eſt
fermé, mais ſon image eſt dans le temple.
Inſenſiblement, je deviens pour elle ce que
j'aurois été, ſi je ne vous avois jamais vue,
& il n'appartenoit qu'à vous ſeule de me

faire fentir la différence de ce qu'elle m'infpire à l'amour. Les fens libres de cette paffion terrible, fe joignent au doux fentiment de l'amitié. Devient - elle amour pour cela ? Julie, ah, quelle différence ! Où eft l'enthoufiafme ? Où eft l'idolâtrie ? Où font fes divins égaremens de la raifon ; plus brillans, plus fublimes, plus forts, meilleurs cent fois que la raifon même ? Un feu paffager m'embrafe ; un délire d'un moment me faifit, me trouble & me quitte. Je retrouve entr'elle & moi deux amis qui s'aiment tendrement, & qui fe le difent. Mais deux amans s'aiment - ils l'un l'autre ? Non ; *vous* & *moi* font des mots profcrits de leur langue ; ils ne font plus deux, ils font un.

Suis - je donc tranquille en effet ? Comment puis - je l'être ? elle eft charmante, elle eft votre amie & la mienne : la reconnoiffance m'attache à elle ; elle entre dans mes fouvenirs les plus doux ; que de droits fur une ame fenfible, & comment écarter un fentiment plus tendre de tant de fentimens fi bien dûs ! Hélas , il eft dit qu'entr'elle & vous , je ne ferai jamais un moment paifible !

Femmes , femmes ! objets chers & funeftes, que la nature orna pour notre fupplice , qui puniffez quand on vous brave, qui pourfuivez quand on vous craint, dont la haine & l'amour font également nuifibles, & qu'on ne peut ni rechercher, ni fuir impunément ! Beauté, charme, attrait, fympa-

thie ! être ou chimére inconcevable , abyme
de douleurs & de voluptés ! beauté plus
terrible aux mortels que l'élément où l'on
t'a fait naitre, malheureux qui se livre à ton
calme trompeur ! C'est toi qui produit les
tempêtes qui tourmentent le genre humain.
O Julie ! ô Claire! que vous me vendez
cher cette amitié cruelle dont vous osez
vous vanter à moi !.,.... J'ai vécu dans l'o-
rage, & c'est toujours vous qui l'avez excité ; mais quelles agitations diverses vous
avez fait éprouver à mon cœur: celles du
lac de Geneve ne ressemblent pas plus aux
flots du vaste Océan. L'un n'a que des on-
des vives & courtes , dont le perpétuel
tranchant agite, émeut, submerge quelquefois, sans jamais former de longs cours.
Mais sur la mer tranquille en apparence, on
se sent élevé, porté doucement & loin par
un flot lent & presque insensible; on croit
ne pas sortir de la place, & l'on arrive au
bout du monde.

Telle est la différence de l'effet qu'ont
produit sur moi vos attraits & les siens: Ce
premier, cet unique amour qui fit le destin
de ma vie, & que rien n'a pu vaincre que
lui - même, étoit né sans que je m'en susse
apperçu; il m'entrainoit que je l'ignorois encore : je me perdis sans croire m'être égaré.
Durant le vent, j'étois au Ciel ou dans les
abymes ; le calme vient, je ne sais plus où
je suis. Au contraire, je vois, je sens mon
trouble auprès d'elle ; & me le figure plus

grand qu'il n'eſt ; j'éprouve des tranſports
paſſagers & ſans ſuite, je m'emporte un
moment, & ſuis paiſible un moment après :
l'onde tourmente en vain le vaiſſeau, le vent
n'enfle point les voiles ; mon cœur content
de ſes charmes, ne leur prête point ſon illuſion ; je la vois plus belle que je ne l'imagine,
& je la redoute plus de près que de loin ;
c'eſt preſque l'effet contraire à celui qui me
vient de vous, & j'éprouvois conſtamment
l'un & l'autre à Clarens.

Depuis mon départ, il eſt vrai qu'elle ſe
préſente à moi quelquefois avec plus d'empire. Malheureuſement, il m'eſt difficile de
la voir ſeule. Enfin, je la vois, & c'eſt bien
aſſez ; elle ne m'a pas laiſſé de l'amour, mais
de l'inquiétude.

Voilà fidélément ce que je ſuis pour l'une
& pour l'autre. Tout le reſte de votre ſexe
ne m'eſt plus rien ; mes longues peines me
l'on fait oublier ;

È fornito 'l mio tempo a mezzo gli anni.

le malheur m'a tenu lieu de force pour vaincre la nature & triompher des tentations.
On a peu de deſirs quand on ſouffre, &
vous m'avez appris à les éteindre en leur
réſiſtant. Une grande paſſion malheureuſe,
eſt un grand moyen de ſageſſe. Mon cœur
eſt devenu, pour ainſi dire, l'organe de tous
mes beſoins ; je n'en ai point quand il eſt
tranquille. Laiſſez-le en paix l'une & l'au-

tre, & déformais il l'eft pour toujours.

Dans-cet état, qu'ai-je à craindre de moi-même, & par quelle précaution cruelle voulez-vous m'ôter mon bonheur pour ne pas m'expofer à le perdre? Quel caprice de m'avoir fait combattre & vaincre, pour m'enlever le prix après la victoire! N'eft-ce pas vous qui rendez blâmable un danger bravé fans raifon? Pourquoi m'avoir appellé près de vous avec tant de rifques, ou pour-quoi m'en bannir quand je fuis digne d'y refter? Deviez-vous laiffer prendre à votre mari tant de peine à pure perte? Que ne le faifiez-vous renoncer à des foins que vous aviez réfolu de rendre inutiles! que ne lui difiez-vous, laiffez-le au bout du monde, puifqu'auffi-bien je l'y veux renvoyer? Hé-las! plus vous craignez pour moi, plus il faudroit vous hâter de me rappeller. Non, ce n'eft pas près de vous qu'eft le danger, c'eft en votre abfence, & je ne vous crains qu'où vous n'êtes pas. Quand cette redou-table Julie me pourfuit, je me réfugie au-près de Madame de Wolmar, & je fuis tranquille, où fuirai-je fi cet afyle m'eft ôté? Tous les temps, tous les lieux me font dan-gereux loin d'elle; par-tout je trouve Claire ou Julie. Dans le paffé, dans le préfent, l'une & l'autre m'agite à fon tour; ainfi mon imagination toujours troublée ne fe cal-me qu'à votre vue, & ce n'eft qu'auprès de vous que je fuis en fûreté contre moi. Comment vous expliquer le changement

que j'éprouve en vous abordant? Toujours
vous exercez le même empire, mais son
effet est tout opposé ; en réprimant les transs-
ports que vous causiez autrefois, cet empire
est plus grand, plus sublime encore ; la paix,
la sérénité succéde aux troubles des passions ;
mon cœur toujours formé sur le vôtre aima
comme lui, & devient paisible à son exemple. Mais ce repos passager n'est qu'une
treve, & j'ai beau m'élever jusqu'à vous en
votre présence ; je retombe en moi - même
en vous quittant. Julie, en vérité, je crois
avoir deux ames, dont la bonne est en dépôt dans vos mains. Ah ! voulez - vous me
séparer d'elle?

Mais, les erreurs des sens vous allarment ?
vous craignez les restes d'une jeunesse éteinte
par les ennuis ? Vous craignez pour les jeunes
personnes qui sont sous votre garde ? Vous
craignez de moi ce que le sage Wolmar n'a
pas craint ! O Dieu, que toutes ces frayeurs
m'humilient ! Estimez - vous donc votre ami
moins que le dernier de vos gens ? Je puis
vous pardonner de mal penser de moi, jamais
de ne vous pas rendre à vous - même l'honneur que vous vous devez. Non, non, les
feux dont j'ai brûlé m'ont purifié ; je n'ai
plus rien d'un homme ordinaire. Après ce
que je fus, si je pouvois être vil un moment,
j'irois me cacher au bout du monde, & ne
me croirois jamais assez loin de vous.

Quoi ! je troublerois cet ordre aimable
que j'admirois avec tant de plaisir ? Je souil-

lerois

lerois ce féjour d'innocence & de paix que
j'habitois avec tant de refpect? Je pourrois
être affez lâche........ eh , comment le plus
corrompu des hommes ne feroit-il pas touché d'un fi charmant tableau? comment ne
reprendroit-il pas dans cet afyle l'amour de
l'honnêteté? Loin d'y porter fes mauvaifes
mœurs, c'eft là qu'il iroit s'en défaire........
qui ?.moi, Julie, moi ?..... fi tard?.........
fous vos yeux?...... Chère amie, ouvrez-
moi votre maifon fans crainte; elle eft pour
moi le temple de la vertu! par-tout j'y
vois fon fimulacre augufte, & ne puis fervir qi'elle auprès de vous. Je ne fuis pas
un.ange , il eft vrai ; mais j'habiterai leur
dʒmeure, j'imiterai leurs exemples ; on les
fit quand on ne leur veut pas reffembler.

Vous le voyez , j'ai peine à venir au
oint principal de votre Lettre, le premier
uquel il falloit fonger, le feul dont je m'oc-
uperois fi j'ofois prétendre au bien qu'il
n'annonce. O Julie ! ame bienfaifante ,
amie incomparable ! en m'offrant la digne
moitié de vous-même, & le plus précieux
réfor qui foit au monde après vous, vous
faites plus, s'il eft poffible, que vous ne fites
jamais pour moi. L'amour, l'aveugle amour
put vous forcer à vous donner, mais donner votre amie eft une preuve d'eftime non
fufpecte. Dès cet inftant je crois vraiment
être homme de mérite; car je fuis honoré
de vous; mais que le témoignage de cet
honneur m'eft cruel ! En l'acceptant, je le

démentirois, & pour le mériter il faut que
j'y renonce. Vous me connoissez, jugez-
moi. Ce n'est pas assez que votre adorable
Cousine soit aimée; elle doit l'être comme
vous, je le sais; le sera-t-elle? le peut-
elle être? & dépend-il de moi de lui, rendre sur ce point ce qui lui est dû? Ah, si
vous vouliez m'unir avec elle, que ne me
laissiez-vous un cœur à lui donner, un cœur
auquel elle inspirât des sentimens nouveaux
dont il lui pût offrir les prémices! En est-il
un moins digne d'elle que celui qu fut
vous aimer? Il faudroit avoir l'ame libre &
paisible du bon & sage d'Orbe, pour s'occuper d'elle seule à son exemple. Il faudroit
le valoir pour lui succéder; autrement la
comparaison de son ancien état lui rendroit
le dernier plus insupportable, & l'amour foible & distrait d'un second époux, loin de
la consoler du premier, le lui feroit regretter davantage. D'un ami tendre & recon-
noissant, elle auroit fait un mari vulgaire.
Gagneroit-elle à cette échange? elle y per-
droir doublement. Son cœur délicat & sensible sentiroit trop cette perte, & moi,
comment supporterois-je le spectacle conti-
nuel d'une tristesse dont je serois cause, &
dont je ne pourrois la guerir? Hélas! j'en
mourrois de douleur, même avant elle.
Non, Julie, je ne ferai point mon bonheur
aux dépens du sien. Je l'aime trop pour
l'épouser.

Mon bonheur? Non. Serois-je heureux

moi-même en ne la rendant pas heureuſe?
l'un des deux peut-il ſe faire un ſort exclu-
ſif dans le mariage? Les biens, les maux,
n'y ſont-ils pas communs malgré qu'on en
ait, & les chagrins qu'on ſe donne l'un à
l'autre, ne retombent-ils pas toujours ſur celui qui les cauſe? Je ſerois malheureux par
ſes peines, ſans être heureux par ſes bienfaits. Graces, beauté, mérite, attachement,
fortune, tout concouroit à ma félicité; mon
cœur, mon cœur ſeul empoiſonneroit tout
cela, & me rendroit miſérable au ſein du
bonheur.

Si mon état préſent eſt plein de charme
auprès d'elle, loin que ce charme put augmenter par une union plus étroite, les plus
doux plaiſirs que j'y goûte me ſeroient ôtés.
Son humeur badine peut laiſſer un aimable
eſſort à ſon amitié, mais c'eſt quand elle
a des témoins de ſes careſſes. Je puis avoir
quelque émotion trop vive auprès d'elle,
mais c'eſt quand votre préſence me diſtrait
de vous. Toujours entr'elle & moi, dans
nos têtes-à-têtes, c'eſt vous qui nous les
rendez délicieux. Plus notre attachement
augmente, plus nous ſongeons aux chaî-
nes qui l'ont formé; le doux lien de notre
amitié ſe reſſerre, & nous nous aimons
pour parler de vous. Ainſi mille ſouvenirs
chers à votre amie, plus chers à votre
ami, les réuniſſent; unis par d'autres nœuds,
il y faudra renoncer. Ces ſouvenirs trop
charmans ne ſeroient-ils pas autant d'inſ-

délités envers elle ? & de quel front prendrois-je une époufe refpectée & chérie pour confidente des outrages que mon cœur lui feroit malgré lui ? Ce cœur n'oferoit donc plus s'épancher dans le fien, il fe fermeroit à fon abord n'ofant plus lui parler de vous, bientôt je ne lui parlerois plus de moi. Le devoir, l'honneur, en m'impofant pour elle une réferve nouvelle me rendroient ma femme étrangère, & je n'aurois plus ni guide ni confeil pour éclairer mon ame & corriger mes erreurs. Eft-ce-là l'hommage qu'elle doit attendre ? Eft-ce-là le tribut de tendreffe & de reconnoiffance que j'irois lui porter ? Eft-ce ainfi que je ferois fon bonheur & le mien ?

Julie, oubliâtes-vous mes fermens avec les vôtres ? Pour moi, je ne les ai point oubliés. J'ai tout perdu ; ma foi feule m'eft reftée ; elle me reftera jufqu'au tombeau. Je n'ai pu vivre à vous ; je mourrai libre. Si l'engagement en étoit à prendre, je le prendrois aujourd'hui : Car fi c'eft un devoir de fe marier, un devoir plus indifpenfable encore eft de ne faire le malheur de perfonne, & tout ce qui me refte à fentir en d'autres nœuds, c'eft l'éternel regret de ceux auxquels j'ofai prétendre. Je porterois dans ce lieu facré l'idée de ce que j'efpérois y trouver une fois. Cette idée feroit mon fupplice & celui d'un infortunée. Je lui demanderois compte des jours heureux que j'attendis de vous. Quelles comparaifons j'aurois à faire? Quelle femme au monde les pourroit foutenir? Ah! comment me confolerois-je à la fois de n'être pas à vous, & d'être à un autre?

Chère amie, n'ébranlez point des réfolutions dont dépend le repos de mes jours; ne cherchez point à me tirer de l'anéantiffement où je fuis tombé; de peur qu'avec le fentiment de mon exiftence je ne reprenne celui de mes maux, & qu'un état violent ne rouvre toutes mes bleffures. Depuis mon retour j'ai fenti, fans m'en allarmer, l'intérêt plus vif que je prenois à votre amie; car je favois bien que l'état de mon cœur ne lui permettroit jamais d'aller trop loin; & voyant ce nouveau goût ajouter à l'attachement déjà fi tendre que j'eus pour elle dans tous les temps, je me fuis félicité d'une émotion qui m'aidoit à prendre le change, & me faifoit fupporter votre image avec moins de peine. Cette émotion à quelque chofe des douceurs de l'amour & n'en a pas les tourmens. Le plaifir de la voir, n'eft point troublé par le defir de la poffeder; content de paffer ma vie entière comme j'ai paffé cet hiver, je trouve entre vous deux cette fituation paifible (d) & douce qui tempére l'auftérité

_____

(d) Il a dit précifément le contraire quelques pages auparavant. Le pauvre Philofophe entre deux jolies femmes, me paroît dans un plaifant embarras. On diroit qu'il veut n'aimer ni l'une ni l'autre, afin de les aimer toutes deux.

de la vertu & rend ſes leçons aimables. Si
quelque vain tranſport m'agite un moment,
tout le réprime & le fait taire : j'en ai trop
vaincu de plus dangereux pour qu'il m'en
reſte aucun à craindre. J'honore votre amie
comme je l'aime, & c'eſt tout dire. Quand
je ne ſongerois qu'à mon intérêt, tous les
droits de la tendre amitié me ſont trop
chers auprès d'elle, pour que je m'expoſe à
les perdre en cherchant à les étendre ; &
je n'ai pas même eu beſoin de ſonger au
reſpect que je lui dois, pour ne jamais lui
dire un ſeul mot dans le tête-à-tête, qu'elle
eut beſoin d'interpréter ou de ne pas entendre. Que ſi peut-être elle a trouvé quelquefois un peu trop d'empreſſement dans mes
manières, ſûrement elle n'a point vu dans
mon cœur la volonté de le témoigner. Tel
que je fus ſix mois auprès d'elle, tel je ſerai toute ma vie. Je ne connois rien après
vous de ſi parfait qu'elle; mais fut-elle plus
parfaite que vous encore, je ſens qu'il faudroit n'avoir jamais été votre amant pour
pouvoir devenir le ſien.

Avant d'achever cette Lettre, il faut vous
dire ce que penſe de la vôtre. J'y trouve,
avec toute la prudence de la vertu, les
ſcrupules d'une ame craintive qui ſe fait
un devoir de s'épouventer, & croit qu'il
faut tout craindre pour ſe garantir de tout.
Cette extrême timidité a ſon danger ainſi
qu'une confiance exceſſive. En nous montrant ſans ceſſe des monſtres où il n'y en

a point, elle nous épuife à combattre des chimères, & à force de nous effaroucher fans fujet, elle nous tient moins en garde contre les périls véritables, & nous les laiffe moins difcerner. Rélifez quelquefois la Lettre que Milord Edouard vous écrivit l'année dernière au fujet de votre mari; vous y trouverez de bons avis à votre ufage à plus d'un égard. Je ne blâme point votre dévotion, elle eft touchante, aimable & douce comme vous, elle doit plaire à votre mari même. Mais prenez garde qu'à force de vous rendre timide & prévoyante, elle ne vous mene au quiétifme par une route oppofée; & que vous montrant par-tout du rifque à courir, elle ne vous empêche enfin d'aquiefcer à rien. Chère amie, ne favez-vous pas que la vertu eft un état de guerre, & que pour y vivre on a toujours quelque combat à rendre contre foi? Occupons-nous moins des dangers que de nous, afin de tenir notre ame prête à tout événement. Si chercher les occafions c'eft mériter d'y fuccomber, les fuir avec trop de foin c'eft fouvent nous refufer à de grands devoirs, & il n'eft pas bon de fonger fans ceffe aux tentations, même pour les éviter. On ne me verra jamais rechercher des momens dangereux, ni des têtes-à-têtes avec des femmes; mais dans quelque fituation que me place déformais la Providence, j'ai pour fûreté de moi les huit mois que j'ai paffés à Clarens, & ne crains

plus, que perſonne m'ôte le prix que vous
m'avez fait mériter. Je ne ſerai pas plus
foible que je l'ai été, je n'aurai pas de
plus grands combats à rendre; j'ai ſenti
l'amertume des remords, j'ai goûté les douceurs de la victoire, après de telles comparaiſons on n'héſite plus ſur le choix; tout
juſqu'à mes fautes paſſées m'eſt garant de
l'avenir.

Sans vouloir entrer avec vous dans de
nouvelles diſcuſſions ſur l'ordre de l'Univers
& ſur la direction des êtres qui le compoſent,
je me contenterai de vous dire, que ſur des
queſtions ſi fort au-deſſus de l'homme, il
ne peut juger des choſes qu'il ne voit pas
que par induction ſur celles qu'il voit, &
que toutes les analogies ſont pour ces loix
générales que vous ſemblez rejetter. La
raiſon même & les plus ſaines idées que
nous pouvons nous former de l'Etre ſuprême ſont très-favorables à cette opinion ;
car bien que ſa puiſſance n'ait pas beſoin
de méthode pour abréger le travail, il eſt
digne de ſa ſageſſe de préférer pourtant les
voies les plus ſimples, afin qu'il n'y ait rien
d'inutile dans les moyens non plus que dans
les effets. En créant l'homme, il l'a doué
de toutes les facultés néceſſaires pour accomplir ce qu'il exigeoit de lui ; & quand
nous lui demandons le pouvoir de bien
faire, nous ne lui demandons rien qu'il ne
nous ait déjà donné. Il nous a donné la
raiſon pour connoître ce qui eſt bien, la

confcience pour l'aimer, (e) & la liberté pour le choifir. C'eft dans ces dons fublimes que confifte la grace divine , & comme nous les avons tous reçus, nous en fommes tous comptables.

J'entends beaucoup raifonner contre la liberté de l'homme, & je méprife tous ces fophifmes ; parce qu'un raifonneur a beau me prouver que je ne fuis pas libre, le fentiment intérieur plus fort que tous fes argumens , les dément fans ceffe , & quelque parti que je prenne dans quelque délibération que ce foit , je fens parfaitement qu'il ne tient qu'à moi de prendre le parti contraire. Toutes ces fubtilités de l'école font vaines précifément parce qu'elles prouvent trop, qu'elles combattent tout, auffi-bien la vérité que le menfonge, & que foit que la liberté exifte ou non, elles peuvent fervir également à prouver qu'elle n'exifte pas. A entendre ces gens-là, Dieu même ne feroit pas libre, & ce mot de liberté n'auroit aucun fens. Ils triomphent , non d'avoir réfolu la queftion, mais d'avoir mis à fa place une chimère. Ils commencent par fuppofer que tout être intelligent eft purement paffif, & puis ils déduifent de cette fuppofition des conféquences pour prouver qu'il n'eft pas actif ; la commode métho-

_____

(e) Saint-Preux fait de la confcience morale un fentiment & non pas un jugement, ce qui eft contre les définitions des Philofophes. Je crois pourtant qu'en ceci leur prétendu confrère a raifon.

de·qu'ils ont trouvée-là! S'ils accusent leurs
adverſaires de raiſonner de même, ils ont
tort. Nous ne nous ſuppoſons point actifs &
libres ; nous ſentons que nous le ſommes.
C'eſt à eux de prouver non - ſeulement que
ce ſentiment pourroit nous tromper, mais
qu'il nous trompe en effet. (ƒ) L'évêque
de Cloyne a démontré que ſans rien changer aux apparences, la matière & les corps
pourroient ne pas exiſter ; eſt-ce aſſez pour
affirmer qu'ils n'exiſtent pas ? En tout ceci,
la ſeule apparence coûte plus que la réalité ;
je m'en tiens à ce qui eſt plus ſimple.

Je ne crois donc pas, qu'après avoir pourvu de toute manière aux beſoins de l'homme, Dieu accorde à l'un plutôt qu'à l'autre des ſecours extraordinaires, dont celui
qui abuſe des ſecours communs à tous eſt
indigne, & dont celui qui en uſe bien n'a
pas beſoin. Cette acception de perſonnes
eſt injurieuſe à la Juſtice divine. Quand
cette dure & décourageante doctrine ſe
déduiroit de l'Ecriture elle-même, mon
premier devoir n'eſt-il pas d'honorer Dieu?
Quelque reſpect que je doive au texte ſa-
cré, j'en dois plus encore à ſon Auteur ;
& j'aimerois mieux croire la Bible falſifiée
ou inintelligible, que Dieu injuſte ou mal-
faiſant. S. Paul ne veut pas que le vaſe diſe
au potier, pourquoi m'as-tu fait ainſi ? Ce-

(ƒ) Ce n'eſt pas de tout cela qu'il s'agit. Il s'agit de
ſavoir ſi la volonté ſe détermine ſans cauſe, ou quelle
eſt la cauſe qui détermine la volonté?

là eſt fort bien , ſi le potier n'exige du vaſe
que des ſervices qu'il l'a mis en état de lui
rendre ; mais s'il s'en prenoit au vaſe de
n'être pas propre à un uſage pour lequel il
ne l'auroit pas fait, le vaſe auroit-il tort de
lui dire , pourquoi m'as-tu fait ainſi ?

S'enſuit-il delà que la prière ſoit inutile ?
A Dieu ne plaiſe que je m'ôte cette reſſource
contre mes foibleſſes. Tous les actes de
l'entendement qui nous élevent à Dieu
nous portent au-deſſus de nous - mêmes :
en implorant ſon ſecours nous apprenons
à le trouver. Ce n'eſt pas lui qui nous
change , c'eſt nous qui nous changeons en
nous élevant à lui. Tout ce qu'on lui demande comme il faut , on ſe le donne , & ,
comme vous l'avez dit , on augmente ſa
force en reconnoiſſant ſa foibleſſe. Mais
ſi l'on abuſe de l'oraiſon & qu'on devienne myſtique, on ſe perd à force de
s'élever ; en cherchant la grace on renonce à
la raiſon ; pour obtenir un don du Ciel on
en foule aux pieds un autre ; en s'obſti-
nant à vouloir qu'il nous éclaire , on s'ôte
les lumières qu'il nous a données. Qui ſom-
mes-nous pour vouloir forcer Dieu de faire
un miracle ?

Vous le ſavez ; il n'y a rien de bien
qui n'ait un excès blâmable ; même la dévotion qui tourne en délire. La vôtre eſt
trop pure pour arriver jamais à ce point :
mais l'excès qui produit l'égarement commence avant lui , & c'eſt de ce premier

terme que vous avez à vous défier. Je vous ai fouvent entendu blâmer les extafes des afcétiques ; fayez-vous comment elles viennent ? En prolongeant le temps qu'on donne à la prière plus que ne le permet la foiblelfe humaine. Alors l'efprit s'épuife, l'imagination s'allume & donne des vifions, on devient infpiré, prophéte, & il n'y a plus ni fens ni génie qui garantiffe du fanatifme. Vous vous enfermez fréquemment dans votre cabinet ; vous vous recueillez, vous priez fans celfe : vous ne voyez pas encore les piétiftes, (g) mais vous lifez leurs livres. Je n'ai jamais blâmé votre goût pour les écrits du bon Fénelon : mais que faites-vous de ceux de fa difciple ? Vous lifez Muralt, je le lis aulfi ; mais je choifis fes Lettres, & vous choififfez fon inftinct divin. Voyez comment il a fini, déplorez les égaremens de cet homme fage, & fongez à vous. Femme pieufe & chrétienne, allez vous n'êtes plus qu'une dévote ?

Chère & refpectable amie, je reçois vos avis avec la docilité d'un enfant, & vous donne les miens avec le zélé d'un pére. Depuis que la vertu loin de rompre nos liens les a rendus indilfolubles, fes dé-

(g) Sorte de fous qui avoient la fantaifie d'être Chrétiens, & de fuivre l'Evangile à la lettre ; à peu près comme font aujourd'hui les Méthodiftes en Angleterre, les Moraves en Allemagne, les Janféniftes en France ; excepté pourtant qu'il ne manque à ces derniers que d'être les maîtres, pour être plus durs & plus intolerant que lenrs ennemis.

voirs se confondent avec les droits de l'amitié. Les mêmes leçons nous conviennent, le même intérêt nous conduit. Jamais nos cœurs ne se parlent, jamais nos yeux ne se rencontrent sans offrir à tous deux un objet d'honneur & de gloire qui nous éleve conjointement, & la perfection de chacun de nous importera toujours à l'autre. Mais si les délibérations sont communes, la décision ne l'est pas, elle appartient à vous seule. O vous qui fîtes toujours mon sort, ne cessez point d'en être l'arbitre, pesez mes réflexions, prononcez; quoique vous ordonniez de moi, je me soumets, je serai digne au moins que vous ne cessiez pas de me conduire. Dussai-je ne vous plus revoir, vous me serez toujours présente, vous présiderez toujours à mes actions; dussiez-vous m'ôter l'honneur d'élever vos enfans, vous ne m'ôterez point les vertus que je tiens de vous; ce sont les enfans de votre ame, la mienne les adopte, & rien ne les lui peut ravir.

Parlez-moi sans détour, Julie. A présent que je vous ai bien expliqué ce que je sens & ce que je pense, dites-moi ce qu'il faut que je fasse. Vous savez à quel point mon sort est lié à celui de mon illustre ami. Je ne l'ai point consulté dans cette occasion; je ne lui ai montré ni cette Lettre ni la vôtre. S'il apprend que vous désapprouviez son projet, ou plutôt celui de votre époux, il le désapprouvera lui-même,

& je fuis bien' éloigné d'en vouloir tirer
une objection contre vos fcrupules ; il convient feulement qu'il les ignore jufqu'à votre entière décifion. En attendant je trou-
verai, pour différer notre départ, des prétex-
tés qui pourront le furprendre, mais auxquels il acquiefcera fûrement. Pour moi
j'aime mieux ne vous plus voir que de vous
revoir pour vous dire un nouvel adieu. Apprendre à vivre chez vous en étranger, eft
une humiliation que je n'ai pas méritée.

LETTRE VII

DE MADAME DE WOLMAR.

HÉ bien ! ne voilà-t-il pas encore vôtre imagination effarouchée ? & fur
quoi, je vous prie ? Sur les plus vrais témoignages d'eftime & d'amitié que vous
ayez jamais reçus de moi ; fur les paifibles
réflexions que le foin de votre vrai bonheur
m'infpire ; fur la propofition la plus obli-
geante, la plus avantageufe, la plus honorable qui vous ait jamais été faite; fur l'empreffement indifcret, peut-être, de vous
unir à ma famille par des nœuds indiffolu-
bles ; fur le defir de faire mon allié,
mon parent, d'un ingrat qui croit ou qui
feint de croire que je ne veux plus de lui
pour ami. Pour vous tirer de l'inquiétude
où vous paroiffez être, il ne falloit que
prendre ce que je vous écris dans fon fens

le plus naturél. Mais il y a long-temps que vous aimez à vous tourmenter par vos injustices. Votre lettre eſt comme votre vie, ſublime & rampante, pleine de force & de puérilités. Mon cher philoſophe, ne ceſſerez-vous jamais d'être enfant ?

Où avez-vous donc pris que je ſongeaſſe à vous impoſer des loix, à rompre avec vous, & pour me ſervir de vos termes, à vous renvoyer au bout du monde ? De bonne foi, trouvez-vous-là l'eſprit de ma Lettre ? Tout au contraire. En jouiſſant d'avance du plaiſir de vivre avec vous, j'ai craint les inconvéniens qui pouvoient le troubler ; je me ſuis occupée des moyens de prévenir ces inconvémens d'une manière agréable & douce, en vous faiſant un ſort digne de votre mérite & de mon attachement pour vous. Voilà tout mon crime ; il n'y avoit pas-là, ce me ſemble, de quoi vous allarmer ſi fort.

Vous avez tort, mon ami, car vous n'ignorez pas combien vous m'êtes cher ; mais vous aimez à vous le faire redire, & comme je n'aime guère moins à le répéter, il vous eſt aiſé d'obtenir ce que vous voulez ſans que la plainte & l'humeur s'en mêlent.

Soyez donc bien ſûr que ſi votre ſéjour ici vous eſt agréable, il me l'eſt tout autant qu'à vous, & que de tout ce que M. de Wolmar a fait pour moi, rien ne m'eſt plus ſenſible que le ſoin qu'il a pris de vous

appeller dans fa maifon, & de vous mettre
en état d'y refter. J'en conviens avec plaifir, nous fommes utiles l'un à l'autre. Plus
propre à recevoir de bons avis qu'à les
prendre de nous-mêmes, nous avons tous
deux befoin de guides, & qui faura mieux
ce qui convient à l'un, que l'autre qui le
connoît fi bien ? Qui fentira mieux le danger de s'égarer, par tout ce que coûte un
retour pénible ? Quel objet peut mieux nous
rappeller ce danger ? Devant qui rougirions-
nous autant d'avilir un fi grand facrifice ?
Après avoir rompu de tels liens, ne devons-
nous pas à leur mémoire de ne rien faire
d'indigne du motif qui nous les fit rompre ?
Oui, c'eft une fidélité que je veux vous
garder toujours, de vous prendre à témoin
de toutes les actions de ma vie, & de vous
dire à chaque fentiment qui m'anime ; voilà
ce que je vous ai préféré. Ah, mon ami !
je fais rendre honneur à ce que mon cœur
a fi bien fenti : je puis être foible devant
toute la terre ; mais je réponds de moi
devant vous.

C'eft dans cette délicateffe qui furvit toujours au véritable amour, plutôt que dans
les fubftiles diftinctions de M. de Wolmar,
qu'il faut chercher la raifon de cette élévation d'ame & de cette force intérieure
que nous éprouvons l'un près de l'autre,
& que je crois fentir comme vous. Cette
explication du moins eft plus naturelle, plus
honorable à nos cœurs que la fienne, &

vaut mieux pour s'encourager à bien faire ;
ce qui fuffit pour la préférer. Ainfi, croyez
que loin d'être dans la difpofition bizarre
où vous me fuppofez, celle où je fuis eft
directement contraire. Que s'il falloit renoncer au projet de nous réunir, je regarderois
ce changement comme un grand malheur
pour vous, pour moi, pour mes enfans,
& pour mon mari même, qui, vous le favez,
entre pour beaucoup dans les raifons que
j'ai de vous defirer ici. Mais pour ne parler
que de mon inclination particuliére, fouve-
nez - vous du moment de votre arrivée,
marquai - je moins de joie à vous voir, que
vous n'en eutes en m'abordant ? Vous a-t-il
paru que votre féjour à Clarens me fut ennuyeux ou pénible ? Avez-vous jugé que je
vous_en viffe partir avec plaifir ? Faut - il
aller jufqu'au bout, & vous parler avec ma
franchife ordinaire ? Je vous avouerai fans
détour, que les fix derniers mois que nous
avons paffés enfemble, ont été le temps le
plus doux de ma vie, & que j'ai goûté dans
ce court efpace tous les biens dont ma fenfibilité m'ait fourni l'idée.

Je n'oublierai jamais un jour de cet hiver, où, après avoir fait en commun la
lecture de vos voyages & celle des aventures de votre ami, nous foupâmes dans
la falle d'Apollon, & où, fongeant à la
félicité que Dieu m'envoyoit en ce monde,
je vit autour de moi, mon pere, mon
mari, mes enfans, ma coufine, Milord

Edouard, vous, fans compter encore la
Fanchon, qui ne gâtoit rien au tableau;
& tout cela raffemblé pour l'heureufe Julie.
Je me difois, cette petite chambre contient
tout ce qui eft cher à mon cœur, & peut-
être tout ce qu'il y a de meilleur fur la
terre; je fuis environnée de tout ce qui
m'intéreffe, tout l'univers eft ici pour moi;
je jouis à la fois de l'attachement que j'ai
pour mes amis, de celui qu'ils me rendent, de celui qu'ils ont l'un pour l'autre; leur bienveillance mutuelle, ou vient
de moi ou s'y rapporte; je ne vois rien
qui n'étende mon être, & rien qui le di-
vife; il eft dans tout ce qui m'environne,
il n'en refte aucune portion loin de moi;
mon imagination n'a plus rien à faire, je
n'ai rien à defirer; fentir & jouir font
pour moi la même chofe; je vis à la fois
dans tout ce que j'aime, je me raffafie de
bonheur & de vie. O mort, viens quand
tu voudras! je ne te crains plus, j'ai vécu, je
t'ai prévenue, je n'ai plus de nouveaux fentimens à connoitre, tu n'as plus rien à me
dérober.

Plus j'ai fenti le plaifir de vivre avec vous,
plus il m'étoit doux d'y compter, & plus
auffi tout ce qui pouvoit troubler ce plaifir
m'a donné d'inquiétude. Laiffons un moment à part cette morale craintive, & cette
prétendue dévotion que vous me reprochez.
Convenez, du moins, que tout le charme
de la fociété qui régnoit entre nous eft

dans cette ouverture de cœur, qui met en
commun tous les fentimens, toutes les penfées, & qui fait que chacun fe fentant tel
qu'il doit être, fe montre à tous tel qu'il
eft. Suppofez un moment quelque intrigue
fecrete, quelque liaifon qu'il faille cacher,
quelque raifon de réferve & de myftére;
à l'inftant, tout le plaifir de fe voir s'éva-
nouit, on eft contraint l'un devant l'autre,
on cherche à fe dérober; quand on fe raffemble, on voudroit fe fuir : la circonfpection,
la bienféance amenent la défiance & le dégoût. Le moyen d'aimer long - temps ceux
qu'on craint? on fe devient importun l'un
à l'autre..... Julie importune!... importune à fon ami... non, non, cela ne fauroit être; on n'a jamais de maux à craindre,
que ceux qu'on peut fupporter.

En vous expofant naïvement mes fcrupules, je n'ai point prétendu changer vos
réfolutions, mais les éclairer; de peur que
prenant un parti, dont vous n'auriez pas prévu toutes les fuites, vous n'euffiez peut-
être à vous en repentir, quand vous n'oferiez
plus vous en dédire. A l'égard des craintes
que M. de Wolmar n'a pas eues, ce n'eft
pas à lui de les avoir, c'eft à vous : Nul
ne juge du danger qui vient de vous, que
vous - même: Réfléchiffez - y bien, puis
dites - moi qu'il n'exifte pas, & je n'y penfe
plus : car, je connois votre droiture; & ce
n'eft pas de vos intentions que je me défie.
Si votre cœur eft capable d'une faute impré-

vue, très-fûrement, le mal prémédité n'en approcha jamais. C'eft ce qui diftingue l'homme fragile du méchant homme.

D'ailleurs, quand mes objeftions auroient plus de folidité que je n'aime à le croire, pourquoi mettre d'abord la chofe au pis comme vous faites ? Je n'envifage point les précautions à prendre, auffi févérement que vous. S'agit-il pour cela de rompre auffi-tôt tous vos projets, & de nous fuir pour toujours ? Non, mon aimable ami, de fi triftes reffources ne font point néceffaires. Encore enfant par la tête, vous êtes déjà vieux par le cœur. Les grandes paffions ufées dégoûtent des autres : la paix de l'ame qui leur fuccéde, eft le feul fentiment qui s'accroît par la jouiffance. Un cœur fenfible, craint le repos qu'il ne connoît pas ; qu'il le fente une fois, il ne voudra plus le perdre. En comparant deux états fi contraires, on apprend à préférer le meilleur ; mais pour les comparer, il les faut connoître. Pour moi, je vois le moment de votre fûreté plus près, peut-être, que vous ne le voyez vous-même. Vous avez trop fenti, pour fentir long-temps ; vous avez trop aimé, pour ne pas devenir indifférent : on ne rallume plus la cendre qui fort de la fournaife, mais il faut attendre que tout foit confumé. Encore quelques années d'attention fur vous-même, & vous n'avez plus de rifque à courir.

Le fort que je voulois vous faire eut

anéanti ce rifque; mais indépendamment de cette confidération, ce fort étoit affez doux, pour devoir être envié pour lui-même; & fi votre délicateffe vous empêche d'ofer y prétendre, je n'ai pas befoin que vous me difiez ce qu'une telle retenue a pu vous coûter. Mais j'ai peur qu'il ne fe mêle à vos raifons des prétextes plus fpécieux que folides; j'ai peur qu'en vous piquant de tenir des engagemens dont tout vous difpenfe & qui n'intéreffent plus perfonne, vous ne vous faffiez une fauffe vertu de je ne fais quelle vaine conftance, plus à blâmer qu'à louer, & déformais tout-à-fait déplacée. Je vous l'ai déjà dit autrefois, c'eft un fecond crime de tenir un ferment criminel; fi le vôtre ne l'étoit pas, il l'eft devenu; c'en eft affez pour l'annuller. La promeffe qu'il faut tenir fans ceffe, eft celle d'être honnête-homme & toujours ferme dans fon devoir; changer quand il change, ce n'eft pas legéreté, c'eft conftance. Vous fites bien, peut-être alors de promettre, ce que vous feriez mal aujourd'hui de tenir. Faites dans tous les temps ce que la vertu demande, vous ne vous démentirez jamais.

Que s'il y a parmi vos fcrupules quelque objeſtion folide, c'eft ce que nous pourrons examiner à loifir. En attendant, je ne fuis pas trop fâchée que vous n'ayez pas faifi mon idée avec la même avidité que moi, afin que mon étourderie vous foit moins

cruelle, fi j'en ai fait une. J'avois médité
ce projet durant l'abfence de ma Coufine.
Depuis fon retour & le départ de ma lettre, ayant eu avec elle quelques converfations générales fur un fecond mariage,
elle m'en a paru fi éloignée, que, malgré tout le penchant que je lui connois
pour vous, je craindrois qu'il ne fallut ufer
de plus d'autorité qu'il ne me convient pour
vaincre fa réprgnance, même en votre faveur; car il eft un point où l'empire de l'a-
mitié doit refpecter celui des inclinations &
des principes que chacun fe fait fur des devoirs
arbitraires en eux-mêmes, mais relatifs à
l'état du cœur qui fe les impofe.

Je vous avoue pourtant que je tiens encore à mon projet; il nous convient fi bien
à tous, il vous tireroit fi honorablement de
l'état précaire où vous vivez dans le monde, il confondroit tellement nos intérêts,
il nous feroit un devoir fi naturel de cette
amitié qui nous eft fi douce, que je n'y
puis renoncer tout-à-fait. Non, mon ami,
vous ne m'appartiendrez jamais de trop près;
ce n'eft pas même affez que vous foyez
mon coufin. Ah! je voudrois que vous
fuffiez mon-frère.

Quoi qu'il en foit de toutes ces idées,
rendez plus de juftice à mes fentimens pour
vous. Jouiffez fans réferve de mon amitié,
de ma confiance, de mon eftime. Souvenez-vous que je n'ai plus rien à vous prefcrire, & que je ne crois point en avoir

besoin. Ne m'ôtez pas le droit de vous donner des conseils, mais n'imaginez jamais que j'en fasse des ordres. Si vous sentez pouvoir habiter Clarens sans danger, venez-y, demeurez-y, j'en serai charmée. Si vous croyez devoir donner encore quelques années d'absence aux restes toujours suspects d'une jeunesse impétueuse, écrivez-moi souvent, venez nous voir quand vous voudrez, entretenons la correspondance la plus intime. Quelle peine n'est pas adoucie par cette consolation ? Quel éloignement ne supporte-t-on pas, par l'espoir de finir ses jours ensemble ? Je ferai plus, je suis prête à vous confier un de mes enfans ; je le croirai mieux dans vos mains que dans les miennes : quand vous me le ramenerez, je ne sais duquel des deux le retour me touchera le plus. Si tout-à-fait devenu raisonnable, vous bannissez enfin vos chimères & voulez mériter ma Cousine ; venez, aimez-la, servez-la, achevez de lui plaire ; en vérité, je crois que vous avez déjà commencé ; triomphez de son cœur & des obstacles qu'il vous oppose, je vous aiderai de tout mon pouvoir : faites enfin le bonheur l'un de l'autre, & rien ne manquera plus au mien. Mais quelque parti que vous puissiez prendre, après y avoir sérieusement pensé, prenez-le en toute assurance, & n'outragez plus votre amie en l'accusant de se défier de vous.

A force de songer à vous, je m'oubliei

Il faut pourtant que mon tour vienne ; car vous faites avec vos amis dans la dispute, comme avec votre adversaire aux échecs, vous attaquez en vous défendant. Vous vous excusez d'être philosophe en m'accusant d'être dévote ; c'est comme si j'avois renoncé au vin lorsqu'il vous eut enivré. Je suis donc dévote à votre compte, ou prête à le devenir ? Soit ; les dénominations méprisantes changent-elles la nature des choses ? Si la dévotion est bonne, où est le tort d'en avoir ? Mais peut-être ce mot est-il trop bas pour vous. La dignité philosophique dédaigne un culte vulgaire ; elle veut servir Dieu plus noblement ; elle porte jusqu'au Ciel même ses prétentions & sa fierté. O mes pauvres philosophes !........... revenons à moi.

. J'aimai la vertu dès mon enfance, & cultivai ma raison dans tous les temps. Avec du sentiment & des lumières j'ai voulu me gouverner, & je me suis mal conduite. Avant de m'ôter le guide que j'ai choisi, donnez-m'en quelqu'autre sur lequel je puisse compter. Mon bon ami ! toujours de l'orgueil, quoiqu'on fasse ; c'est lui qui vous élève, & c'est lui qui m'humilie. Je crois valoir autant qu'une autre, & milles autres ont vécu plus sagement que moi. Elles avoient donc des ressources que je n'avois pas. Pourquoi, me sentant bien née, ai-je eu besoin de cacher ma vie ? Pourquoi haïssois-je le mal que j'ai fait malgré moi. Je ne connoiſſois que ma force ; elle n'a pu me ſuffire. Toute la réſiſtance qu'on peut tirer de ſoi, je crois l'avoir faite, & toutefois j'ai ſuccombé ; comment font celles qui réſiſ-tent ? Elles ont un meilleur appui.

Après l'avoir pris, à leur exemple, j'ai trouvé dans ce choix un autre avantage au-quel je n'avois pas penſé. Dans le régne des paſſions elles aident à ſupporter les tour-mens qu'elles donnent ; elles tiennent l'eſ-pérance à côté du deſir. Tant qu'on deſire on peut ſe paſſer d'être heureux ; on s'at-tend à le devenir ; ſi le bonheur ne vient point, l'eſpoir ſe prolonge, & le charme de l'illuſion dure autant que la paſſion qui le cauſe. Ainſi cet état ſe ſuffit à lui-même, & l'inquiétude qu'il donne eſt une ſorte de jouiſſance qui ſupplée à la réalité ; qui vaut mieux, peut-être. Malheur à qui n'a plus rien à deſirer ! il perd, pour ainſi dire, tout ce qu'il poſſéde. On jouit moins de ce qu'on obtient que de ce qu'on eſpére, & l'on n'eſt heureux qu'avant d'ê-tre heureux. En effet, l'homme avide & borné, fait pour tout vouloir & peu obte-nir, a reçu du Ciel une force conſolante qui rapproche de lui tout ce qu'il deſire, qui le ſoumet à ſon imagination, qui le lui rend préſent & ſenſible, qui le lui livre en quel-que ſorte, & pour lui rendre cette imagi-naire propriété plus douce, le modifie au gré de ſa paſſion. Mais tout ce preſtige diſ-paroît devant l'objet même ; rien n'embellit plus cet objet aux yeux du possesseur ; on ne se figure point ce qu'on voit ; l'imagination ne pare plus rien de ce qu'on possède, l'illusion cesse où commence la jouissance. Le pays des chimères est en ce monde le seul digne d'être habité, & tel est le néant des choses humaines ; qu'hors l'Etre existant par lui-même, il n'y a rien de beau que ce qui n'est pas.

Si cet effet n'a pas toujours lieu sur les objets particuliers de nos passions, il est infaillible dans le sentiment commun qui les comprend toutes. Vivre sans peine n'est pas un état d'homme ; vivre ainsi, c'est être mort. Celui qui pourroit tout sans être Dieu, seroit une misérable créature ; il seroit privé du plaisir de desirer ; toute autre privation seroit plus supportable. (*h*)

Voilà ce que j'éprouve en partie depuis mon mariage, & depuis votre retour. Je ne vois par-tout que sujets de contentement, & je ne suis pas contente. Une langueur secrete s'insinue au fond de mon cœur ; je le sens vuide & gonflé, comme vous disiez autrefois du vôtre ; l'attachement que j'ai pour tout ce qui m'est cher ne suffit pas pour l'occuper, il lui reste une force inutile dont

---

(*h*) D'où il suit que tout Prince qui aspire au despotisme, aspire à l'honneur de mourir d'ennui. Dans tous les Royaumes du monde, cherchez-vous l'homme le plus ennuyé du pays ? Allez toujours directement au Souverain, sur-tout s'il est très-absolu. C'est bien la peine de faire tant de misérables ! ne sauroit-il s'ennuyer à moindres frais ?

il ne fait que faire. Cette peine eft bizarre, j'en conviens, mais elle n'eft pas moins réelle. Mon ami, je fuis trop heureufe, le bonheur m'ennuie.

Concevez-vous quelque remede à ce dégoût du bien-être ? Pour moi, je vous avoue qu'un fentiment fi peu raifonnable & peu volontaire, a beaucoup ôté du prix que je donnois à la vie, & je n'imagine pas quelle forte de charme on y peut trouver qui me manque ou qui me fuffife. Une autre fera-t elle plus fenfible que moi ? Aimera-t-elle mieux fon pére, fon mari, fes enfans, fes amis, fes proches ? En fera-t-elle mieux aimée ? Menera-t-elle une vie plus de fon goût ? Sera-t-elle plus libre d'en choifir une autre ? Jouira-t-elle d'une meilleure fanté ? Aura-t-elle plus de reffources contre l'ennui, plus de liens qui l'attachent au monde ? Et toutefois j'y vis inquiete ; mon cœur ignore ce qu'il lui manque, il defire fans favoir quoi.

Ne trouvant donc rien ici-bas qui lui fuffife, mon ame avide cherche ailleurs de quoi la remplir en s'élevant à la fource du fentiment & de l'être, elle y perd fa féchereffe & fa langueur : elle y renaît, elle s'y ranime, elle y trouve un nouveau reffort, elle y puife une nouvelle vie ; elle y prend une autre exiftence qui ne tient point aux paffions du corps, ou plutôt elle n'eft plus en moi-même ; elle eft toute dans l'Etre immenfe qu'elle contemple, & dégagée un

E ij

moment de ſes entraves, elle ſe conſole d'y
rentrer par cet eſſai d'un état plus ſublime
qu'elle eſpère être un jour le ſien.

Vous ſouriez ; je vous entends, mon bon
ami ; j'ai prononcé mon propre jugement en
blâmant autrefois cet état d'oraiſon que je
confeſſe aimer aujourd'hui. A cela , je n'ai
qu'un mot à vous dire , c'eſt que je ne l'a-
vois pas éprouvé. Je ne prétends pas même le juſtifier de toutes manières. Je ne dis
pas que ce goût ſoit ſage , je dis ſeulement
qu'il eſt doux , qu'il ſupplée au ſentiment du
bonheur qui s'épuiſe , qu'il remplit le vuide
de l'ame , & qu'il jette un nouvel intérêt
ſur la vie paſſée à le mériter. S'il produit
quelque mal , il faut le rejetter ſans doute ;
s'il abuſe le cœur par une fauſſe jouiſſance ,
il faut encore le rejetter. Mais enfin, lequel
tient le mieux à la vertu, du Philoſophe avec
ſes grands principes , ou du Chrétien dans
ſa ſimplicité ? Lequel eſt le plus heureux dès
ce monde, du ſage avec ſa raiſon , ou du
dévot dans ſon délire ? Qu'ai-je beſoin de
penſer, d'imaginer , dans un moment où
toutes mes facultés ſont aliénées ? L'ivreſſe
a ſes plaiſirs , diſiez-vous ! Eh bien , ce délire
en eſt une. Ou laiſſez-moi dans un état qui
m'eſt agréable , ou montrez moi comment je
puis être mieux.

J'ai blâmé les extaſes des myſtiques. Je
les blâme encore quand elles nous détachent
de nos devoirs , & que nous dégoûtant de
la vie active par les charmes de la contem-

plation , elles , nous menent à ce quiétifme
dont vous me croyez fi proche , & dont
je crois être aufli loin que vous.

Servir Dieu, ce n'eft point paffer fa vie à
genoux dans un oratoire, je le fais bien,
c'eft remplir fur la térre les devoirs qu'il
nous impofe ; c'eft faire , en vue de lui plaire , tout ce qui convient à l'état où il nous
a mis :

——————— il cor gradifce ;
È ferve a lui chi'l fuo dover compifce.

il faut premiérement faire ce qu'on doit , &
puis prier quand on le peut. Voilà la régle
que je tâche de fuivre ; je ne prends point
le recueillement que vous me reprochez
comme uné occupation , mais comme une
récréation, & je ne vois pas pourquoi , parmi les plaifirs qui font à ma portée , je m'in-
terdirois le plus fenfible & le plus innocent de tous.

Je me fuis examinée avec plus de foin depuis votre lettre. J'ai étudié les effets que produit fur mon ame ce penchant qui femble
fi fort vous déplaire , & je n'y fais rien
voir jufqu'ici qui me faffe craindre , au
moins fi-tôt, l'abus d'une dévotion mal entendue.

Premiérement, je n'ai point pour cet exercice un goût trop vif, qui me faffe fouffrir
quand j'en fuis privée, ni qui me donne de
l'humeur quand on m'en diftrait. Il ne me
donne point non plus de diftractions dans la

journée, & ne jette ni dégoût, ni impatience sur la pra'ique de mes devoirs. Si quelquefois mon cabinet m'éft néceffaire, c'eft quand quelque émotion m'agite & que je ferois moins bien par-tout ailleurs. C'eft-là que rentrant en moi-même, j'y retrouve le calme de la raifon. Si quelque fouci me trouble, fi quelque peine m'afflige, c'eft-là que je les vais dépofer. Toutes ces miféres s'évanouiffent devant un plus grand objet. En fongeant à tous les bienfaits de la Providence, j'ai honte d'être fenfible à de fi foibles changrins & d'oublier de fi grandes graces. Il ne me faut des féances ni fréquentes, ni longues. Quand la trifteffe m'y fuit malgré moi, quelques pleurs verfées devant celui qui confole, foulagent mon cœur à l'inftant. Mes réflexions ne font jamais ameres ni doulourenfes ; mon repentir même eft exempt d'alarmes ; mes fautes me donnent moins d'effroi que de honte, j'ai des regrets & non des remords. Le Dieu que je fers eft un Dieu clément, un pére ; ce qui me touche eft fa bonté ; elle efface à mes yeux tous fes autres attributs ; elle eft le feul que je conçois. Sa puiffance m'étonne, fon immenfité me confond, fa juftice.... il a fait l'homme foible : puifqu'il eft jufte, il eft clément. Le Dieu vengeur eft le Dieu des méchans, je ne puis ni le craindre pour moi, ni l'emplorer contre un autre. O Dieu de paix, Dieu de bonté, c'eft toi que j'adore ! c'eft de toi, je le fens, que je fuis l'ouvra-

gé, & j'efpére te retrouver au dernier jugement tel que tu parles à mon cœur durant
ma vie.

Je ne faurois vous dire combien ces
idées jettent de douceur fur mes jours & de
joie au fond de mon cœur. En fortant de
mon cabinet ainfi d fpofée, je me fens plus
légére & plus gaie. Toute la peine s'éva-
nouit, tous les embarras difparoiffent ; rien
de rude, rien d'anguleux ; tout devient facile & coulant ; tout prend à mes yeux une
face plus riante ; la complaifance ne me coûte plus rien, j'en aime encore mieux ceux
que j'aime & leur en fuis plus agréable. Mon
mari même en eft plus content de mon humeur. La dévòtion, prétend-il, eft un
opium pour l'ame. Elle égaie, anime & foutient quand on en prend peu : une trop forte
dofe endort, ou rend furieux, ou tue : j'efpére ne pas aller jufques là.

Voûs voyez que je ne m'offenfe pas de
ce titre de dévote autant peut-être que vous
l'auriez voulu ; mais je ne lui donne pas non
plus tout le prix que vous pourriez croire.
Je n'aime point, par exemple, qu'on affi-
che cet état par un extérieur affecté, & comme une efpéce d'emploi qui difpenfe de tout
autre. Ainfi cette Madame Guyon dont voûs
me parlez eux mieux fait, ce me femble, de
remplir avec foin fes devoirs de mére de
famille, d'élever chrétiennement fes enfans, de gouverner fagement fa maifon,
que d'aller compofer des livres de dévo-

tion, difputer avec des Evêques, & fe faire
mettre à la Baftille pour des rêveries où l'on
ne comprend rien Je n'aime pas non plus
ce langage myftique & figuré, qui nourrit
le cœur des chiméres de l'imagination, &
fubftitue au véritable amour de Dieu des
fentimens imités de l'amour terreftre, &
trop propres à le réveiller. Plus on a le cœur
tendre & l'imagination vive, plus on doit
éviter ce qui tend à les émouvoir; car enfin, comment voir les rapports de l'objet
myftique, fi l'on ne voit auffi l'objet fen-
fuel ; & comment une honnête-femme ofe-
t-elle imaginer avec affurance des objets
qu'elle n'oferoit regarder ? (i)

    Mais ce qui m'a donné le plus d'éloigne-
ment pour les dévots de profeffion, c'eft
cette âpreté de mœurs qui les rend infenfi-
bles à l'humanité, c'eft cet orgueil excef-
fif qui leur fait regarder en pitié le refte
du monde. Dans leur élevation fublime, s'ils
daignent s'abaiffer à quelque acte de bonté,
c'eft d'une maniére fi humiliante; ils plaignent les autres d'un ton fi cruel, leur juftice eft fi rigoureufe, leur charité eft fi dure,
leur zéle eft fi amer, leur mépris reffemble
fi fort à la haine, que l'infenfibilité même
des gens du monde eft moins barbare que

(i) Cette objection me paroît tellement folide & fans
replique, que fi j'avois le moindre pouvoir dans l'Eglife,
je l'employerois à faire retrancher de nos livres facrés le
Cantique des Cantiques, & j'aurois bien du regret d'a-
voir attendu fi tard.

r commifération. L'amour de Dieu leur
t d'excufe pour n'aimer perfonne, ils ne
ment pas même l'un l'autre ; vit-on ja-
is d'amitié véritable entre les dévots ?
iis plus ils fe détachent des hommes, plus
en exigent, & l'on diroit qu'ils ne s'éle-
nt à Dieu que pour exercer fon autorité
· la terre.

Je me fens pour tous ces abus une averfion
i doit naturellement m'en garantir. Si
tombe, ce fera fûrement fans le vou-
r, & j'efpére de l'amitié de tous ceux qui
environnent, que ce ne fera pas fans être
ertie. Je vous avoue que j'ai été long-
nps, fur le fort de mon mari, d'une in-
iétude qui m'eut peut-être altéré l'humeur
a longue. Heureufement la fage lettre de
ilord Edouard, à laquelle vous me ren-
)yez avec grande raifon, fes entretiens
nfolans & fenfés, les vôtres, ont tout-à-
t diffipé ma crainte & changé mes prin-
)es. Je vois qu'il eft impoffible que l'into-
-ance n'endurciffe l'ame. Comment chérir
ndrement les gens qu'on réprouve ? Quelle
arité peut-on conferver parmi des dam-
s ? Les aimer, ce feroit haïr Dieu qui les
init. Voulons-nous donc être humains ?
geons les actions & non pas les hommes.
'empiétons point fur l'horrible fonction
s démons : n'ouvrons point fi légérement
nfer à nos frères. Eh, s'il étoit deftiné
ur ceux qui fe trompent, quel mortel
urroit l'éviter ?

E v

O! mes amis, de quel poids vous avez soulagé mon cœur ! En m'apprenant que l'erreur n'est point un crime, vous m'avez délivrée de mille inquiétans scrupules. Je laisse la subtile interprétation des dogmes que je n'entends pas. Je m'en tiens aux vérités lumineuses qui frappent mes yeux & convainquent ma raison, aux vérités de pratique qui m'instruisent de mes devoirs. Sur-tout le reste, j'ai pris pour regle votre ancienne réponse à M. de Wolmar. (k) Est-on maître de croire ou de ne pas croire ? Est-ce un crime de n'avoir pas su bien argumenter ? Non, la conscience ne nous dit point la vérité des choses, mais la regle de nos devoirs ; elle ne nous dicte point ce qu'il faut penser, mais ce qu'il faut faire : elle ne nous apprend point à bien raisonner, mais à bien agir. En quoi mon mari peut-il être coupable devant Dieu ? Détourne-t-il les yeux de lui ? Dieu lui-même a voilé sa face. Il ne fuit point la vérité, c'est la vérité qui le fuit. L'orgueil ne le guide point ; il ne veut égarer personne, il est bien-aise qu'on ne pense pas comme lui. Il aime nos sentimens, il voudroit les avoir, il ne peut. Notre espoir, nos consolations, tout lui échappe. Il fait le bien sans attendre de récompense ; il est plus vertueux, plus désintéressé que nous. Hélas, il est à plaindre ! mais de quoi sera-t-il puni ? Non, non, la bonté, la droiture, les mœurs, l'honnête-

té, la vertu; voilà ce que le Ciel exige &
qu'il récompenſe; voilà le véritable culte
que Dieu veut de nous, & qu'il reçoit de
lui tous les jours de ſa vie. Si Dieu juge la
foi par les œuvres, c'eſt croire en lui que
d'être homme de bien. Le vrai Chrétien c'eſt
l'homme juſte; les vrais incrédules ſont les
méchans.

Ne ſoyez donc pas étonné, mon aimable
ami, ſi je ne diſpute pas avec vous ſur
pluſieurs points de votre lettre où nous ne
ſommes pas de même avis. Je ſais trop
bien ce que vous êtes pour être en peine
de ce que vous croyez. Que m'importent
toutes ces queſtions oiſeuſes ſur la liberté?
Que je ſois libre de vouloir le bien par moi-
même, ou que j'obtienne en priant cette
volonté; ſi je trouve enfin le moyen de
bien faire, tout cela ne revient-il pas au même? Que je me donne ce qui me manque
en le demandant, ou que Dieu l'accorde à
ma prière; s'il faut toujours pour l'avoir
que je le demande, ai-je beſoin d'autre
éclairciſſement? Trop heureux de convenir
ſur les points principaux de notre croyance, que cherchons-nous au de-là? Voulons-
nous pénétrer dans ces abymes de méta-
phyſique, qui n'ont ni fond ni rive, & perdre, à diſputer ſur l'eſſence divine, ce temps
ſi court, qui nous eſt donné pour l'honorer?
Nous ignorons ce qu'elle eſt, mais nous
ſavons qu'elle eſt, que cela nous ſuffiſe;
elle ſe fait voir dans ſes œuvres, elle ſe

fait fentir au-dedans de nous. Nous pouvons bien difputer contr'elle, mais non pas
la méconnoître de bonne-foi. Elle nous a
donné ce degré de fenfibilité qui l'apperçoit
& la touche : plaignons ceux à qui elle ne
l'a pas départi, fans nous flatter de les
éclairer à fon défaut. Qui de nous fera ce
qu'elle n'a pas voulu faire ? Refpectons fes
décrets en filence & faifons notre devoir ;
c'eft le meilleur moyen d'apprendre le leur
aux autres.

Connoiffez-vous quelqu'un plus plein de
fens & de raifon que M. de Wolmar ? quelqu'un plus fincére, plus droit, plus jufte,
plus vrai, moins livré à fes paffions, qui
ait plus à gagner à la juftice divine & à l'im-
mortalité de l'ame ? Connoiffez-vous un
homme plus fort, plus élevé, plus grand,
plus foudroyant dans la difpute que Milord
Edouard ? plus digne par fa vertu de défendre la caufe de Dieu, plus certain de
fon exiftence, plus pénétré de fa Majefté
fuprême, plus zélé pour fa gloire & plus
fait pour la foutenir ? Vous avez vu ce qui
s'eft paffé durant trois mois à Clarens ; vous
avez vu deux hommes pleins d'eftime & de
refpect l'un pour l'aure, éloignés par leur
état & par leur goût des pointilleries de col-
lege, paffer un hiver entier à chercher dans
des difputes fages & paifibles, mais vives
& profondes à s'éclairer mutuellement,
s'attaquer, fe défendre, fe faifir par toutes les prifes que peut avoir l'entendement

humain, & fur une matière où tous deux n'ayant que le même intérêt, ne demandoient pas mieux d'être d'accord.

Qu'eſt il arrivé? Ils ont redoublé d'eſtime l'un pour l'autre, mais chacun eſt reſté dans fon ſentiment. Si cet exemple ne guérit pas à jamais un homme ſage de la diſpute, l'amour de la vérité ne le touche guère; il cherche à briller.

Pour moi j'abandonne à jamais cette ame inutile, & j'ai réſolu de ne plus dire à mon mari un ſeul mot de Religion, que quand il s'agira de rendre raiſon de la mienne. Non, que l'idée de la tolérance divine m'ait rendue indifférente ſur le beſoin qu'il en a. Je vous avoue même que tranquilliſée ſur fon fort à venir, je ne ſens point pour cela diminuer mon zele pour fa converſion. Je voudrois au prix de mon ſang le voir une fois convaincu, ſi ce n'eſt pour fon bonheur dans l'autre monde, c'eſt pour fon bonheur dans celui-ci. Car de combien de douceurs n'eſt-il point privé? Quel ſentiment peut le conſoler dans ſes peines? Quel ſpeĉtateur anime les bonnes aĉtions qu'il fait en ſecret? Quelle voix peut parler au fond de fon ame? Quel prix peut-il attendre de fa vertu? Comment doit-il enviſager la mort? Non, je l'eſpère, il ne l'attendra pas dans cet état horrible. Il me reſte une reſſource pour l'en tirer, & j'y conſacre le reſte de ma vie; ce n'eſt plus de le convaincre, mais de le toucher;

c'eſt de lui montrer un exemple qui l'entraîne, & de lui rendre la Religion ſi aimable qu'il ne puiſſe lui réſiſter. Ah, mon ami! quel argument contre l'incrédule, que la vie du vrai Chrétien! Croyez-vous qu'il y ait quelque ame à l'épreuve de celui-là? Voilà déſormais la tâche que je m'impoſe; aidez-moi tous à la remplir. Wolmar eſt froid, mais il n'eſt pas inſenſible. Quel tableau nous pouvons offrir à ſon cœur, quand ſes amis, ſes enfans, ſa femme, concourront tous à l'inſtruire en l'édifiant! quand ſans lui prêcher Dieu dans leurs diſcours, ils le lui montreront dans les actions qu'il inſpire, dans les vertus dont il eſt l'auteur, dans le charme qu'on trouve à lui plaire! quand il verra briller l'image du Ciel dans ſa maiſon! Quand cent fois le jour, il ſera forcé de ſe dire: non, l'homme n'eſt pas ainſi par lui-même, quelque choſe de plus qu'humain regne ici!

Si cette entrepriſe eſt de votre goût, ſi vous vous ſentez digne d'y concourir, venez, paſſons nos jours enſemble & ne nous quittons plus qu'à la mort. Si le projet vous déplaît ou vous épouvante, écoutez votre conſcience; elle vous dicte votre devoir. Je n'ai rien de plus à vous dire.

Selon ce que Milord Edouard nous marque, je vous attends tous deux vers la fin du mois prochain. Vous ne reconnoîtrez pas votre appartement; mais dans les changemens qu'on y a faits, vous reconnoî-

trez les foins & le cœur d'une bonne amie,
qui s'eft fait un plaifir de l'orner. Vous y
trouverez auffi un petit affortiment de livres
qu'elle a choifis à Geneve, meilleurs & de
meilleur goût que l'*Adone*, quoiqu'il y
foit auffi par plaifanterie. Au refte, foyez
difcret, car comme elle ne veut pas que
vous fachiez que tout cela vient d'elle, je
me dépêche de vous l'écrire, avant qu'elle
me défende de vous en parler.

Adieu mon ami. Cette partie du Château
de Chillon (*l*) que nous devions tous faire
enfemble, fe fera demain fans vous. Elle
n'en vaudra pas mieux, quoiqu'on la faffe
avec plaifir. M. le Bailli nous a invité avec
nos enfans, ce qui ne m'a point laiffé d'excufe; mais je ne fais pourquoi je voudrois
être déjà de retour.

(*l*) Le Château de Chillon, ancien féjour des Baillis
de Vevai, eft fitué dans le lac fur un rocher qui forme
une prefqu'Ifle & autour duquel j'ai vu fonder à plus de
cent cinquante braffes, qui font près de 800 pieds, fans
trouver le fond. On a creufé dans ce rocher des caves &
des cuifines au-deffous du niveau de l'eau, qu'on y introduit, quand on veut, par des robinets. C'eft-là que fut
détenu fix ans prifonnier François Bonnivard, Prieur de St.
Victor, auteur d'une chronique de Geneve, homme d'un
mérite rare, d'une droiture & d'une fermeté à toute épreuve, ami de la liberté, quoique Savoyard, & tolérant,
quoique Prêtre. Au refte, l'année où ces dernières lettres
paroiffent avoir été écrites, il y avoit très-long-temps que
les Baillis de Vevai n'habitoient plus le Château de Chillon. On fuppofera, fi l'on veut, que celui de ce temp-là
y étoit allé paffer quelques jours.

LETTRE IX.

DE FANCHON ANET.

AH Monsieur! Ah mon bienfaiteur! que me charge-t-on de vous apprendre?.... Madame!....... ma pauvre maîtresse....... O Dieu! je vois déjà votre frayeur....... mais vous ne voyez pas notre désolation...... Je n'ai pas un moment à perdre; il faut vous dire...... il faut courir...... je voudrois déjà vous avoir tout dit..... Ah! que deviendrez-vous quand vous saurez notre malheur?

Toute la famille alla hier dîner à Chillon. Monsieur le Baron, qui alloit en Savoye passer quelques jours au Château de Blonay, partit après le dîner. On l'accompagna quelques pas, puis on se promena le long de la digue. Madame d'Orbe & Madame la Baillive marchoient devant avec Monsieur. Madame suivoit, tenant d'une main Henriette & de l'autre Marcellin. J'étois derrière avec l'aîné. Monseigneur le Bailli, qui s'étoit arrêté pour parler à quelqu'un, vint rejoindre la compagnie & offrit le bras à Madame. Pour le prendre elle me renvoie Marcellin; il court à moi, j'accours à lui; en courant l'enfant fait un faux pas, le pied lui manque, il tombe dans l'eau. Je pousse un cri perçant; Madame se retourne, voit tomber son fils, part comme un trait, & s'élance après lui........

l'Amour maternel

Ah! misérable que n'en fis-je autant !'
que n'y suis-je restée !..... Hélas! je rete-
nois l'aîné qui vouloit sauter après sa mère........ elle se débattoit en serrant l'autre
entre ses bras..... on n'avoit-là ni gens ni
bateau, il fallut du temps pour les retirer.....
l'enfant est remis, mais la mère........ le sai-
sissement, la chûte, l'état où elle étoit......
qui sait mieux que moi combien cette chûte
est dangereuse !............ elle resta très-long-
temps sans connoissance. A peine l'eut-elle
reprise qu'elle demanda son fils........... avec
quels transports de joie elle l'embrassa!
je la crus sauvée ; mais sa vivacité ne dura
qu'un moment ; elle voulut être ramenée
ici ; pendant la route elle s'est trouvée mal
plusieurs fois. Sur quelques ordres qu'elle
m'a donnés je vois qu'elle ne croit pas en
revenir. Je suis trop malheureuse, elle n'en
reviendra pas. Madame d'Orbe est plus
changée qu'elle. Tout le monde est dans
une agitation........ Je suis la plus tranquille
de toute la maison..... de quoi m'inquiéte-
rois-je ?.......... Ma bonne maîtresse! Ah si
je vous perds, je n'aurai plus besoin de
personne....... Oh, mon chér Monsieur,
que le bon Dieu vous soutienne dans cette
épreuve..... Adieu..... le Médecin sort de la
chambre. Je cours au-devant de lui..... s'il
nous donne quelque bonne espérance, je
vous le marquerai. Si je ne dis rien........

LETTRE X

Commencée par Madame d'Orbe, & achevée par M. de Wolmar.

C'En eſt fait. Homme imprudent, homme infortuné, malheureux viſionnaire ! jamais vous ne la reverrez...... le voile....... Julie n'eſt.....

Elle vous a écrit. Attendez ſa lettre : honorez ſes dernières volontés. Il vous reſte de grands devoirs à remplir ſur la terre.

LETTRE XI

DE M. DE WOLMAR.

J'Ai laiſſé paſſer vos premières douleurs en ſilence ; ma lettre n'eut fait que les aigrir ; vous n'étiez pas plus en état de ſuporter ces détails que moi de les faire. Aujourd'hui peut être nous ſerons-ils doux à tous deux. Il ne me reſte d'elle que des ſouvenirs ! mon cœur ſe plaît à les recueillir ! Vous n'avez plus que des pleurs à lui donner, vous aurez la conſolation d'en verſer pour elle. Ce plaiſir des infortunés m'eſt refuſé dans ma miſere ; je ſuis plus malheureux que vous.

Ce n'eſt point de ſa maladie, c'eſt d'elle

que je veux vous parler. D'autres mères peuvent se jetter après leur enfant : l'accident, la fiévre, la mort font de la nature : c'eft le fort commun des mortels ; mais l'emploi de fes derniers momens, fes difcours, fes fentimens, fon ame, tout cela n'appartient qu'à Julie. Elle n'a point vécu comme une autre : perfonne, que je fache, n'eft mort comme elle. Voilà ce que j'ai pu feul obferver, & que vous n'apprendrez que de moi.

Vous favez que l'effroi, l'émotion, la chûte, l'évacuation de l'eau, lui laifférent une longue foibleffe dont elle ne revint tout-à-fait qu'ici. En arrivant, elle redemanda fon fils, il vint ; à peine le vit-elle marcher & répondre à fes careffes, qu'elle devint tout-à-fait tranquille, & confentit à prendre un peu de repos. Son fommeil fut court ; & comme le Médecin n'arrivoit point encore, en l'attendant, elle nous fit affeoir autour de fon lit, la Fanchon, fa Coufine & moi. Elle nous parla de fes enfans, des foins affidus qu'exigeoit auprès d'eux la forme d'éducation qu'elle avoit prife, & du danger de les négliger un moment. Sans donner une grande importance à fa maladie, elle prévoyoit qu'elle l'empêcheroit quelque-temps de remplir fa part des mêmes foins, & nous chargeoit tous de repartir cette part fur les nôtres.

Elle s'étendit fur tous fes projets, fur les vôtres, fur les moyens les plus propres à

les faire réuffir, fur les obfervations qu'elle
avoit faites & qui pouvoient les favorifer
ou les nuire ; enfin, fur-tout ce qui devoit
nous mettre en état de fuppléer à fes fonctions de mère, auffi long-temps qu'elle feroit
forcée à les fufpendre. C'étoit, penfai-je,
bien des précautions pour quelqu'un qui ne
fe croyoit privé que durant quelques jours
d'une occupation fi chére ; mais ce qui m'effraya tout-à-fait, ce fut de voir qu'elle
entroit pour Henriette dans un bien plus
grand détail encore. Elle s'étoit bornée à ce
qui regardoit la premiére enfance de fes fils,
comme fe déchargeant fur un autre du foin
de leur jeuneffe ; pour fa fille, elle embraffa
tous les temps ; & fentant bien que perfonne ne fuppléeroit fur ce point aux réflexions que fa propre expérience lui avoit
fait faire, elle nous expofa en abrégé, mais
avec force & clarté, le plan d'éducation
qu'elle avoit fait pour elle, employant près
de la mère les raifons les plus vives & les
plus touchantes exhortations, pour l'engager à le fuivre.

Toutes ces idées fur l'éducation des jeunes perfonnes & fur les devoirs des mères, mêlées de fréquens retours fur elle-
même, ne pouvoient manquer de jetter
de la chaleur dans l'entretien ; je vis qu'il
s'animoit trop. Claire tenoit une des mains
de fa Coufine, & la preffoit à chaque inftant contre fa bouche, en fanglotant pour
toute réponfe ; la Fanchon n'étoit pas plus

tranquille; & pour Julie, je remarquai que
les larmes lui rouloient auſſi dans les yeux,
mais qu'elle n'oſoit pleurer, de peur de
nous allarmer davantage. Auſſi-tôt je me
dis : elle ſe voit morte. Le ſeul eſpoir qui
me reſta, fut que la frayeur pouvoit l'a-
buſer ſur ſon état, & lui montrer le danger
plus grand qu'il n'étoit peut-être. Malheureuſement je la connoiſſois trop pour compter beaucoup ſur cette erreur. J'avois eſſayé
pluſieurs fois de la calmer; je la priai de-
rechef de ne pas s'agiter hors de propos
par des diſcours qu'on pouvoit reprendre à
loiſir. Ah, dit-elle, rien ne fait tant de
mal aux femmes que le ſilence! & puis je
me ſens un peu de fievre; autant vaut
employer le babil qu'elle donne à des ſujets utiles, qu'à battre ſans raiſon la campagne.

L'arrivée du Médecin cauſa dans la maiſon un trouble impoſſible à peindre. Tous
les domeſtiques l'un ſur l'autre à la porte
de la chambre attendoient, l'œil inquiet
& les mains jointes, ſon jugement ſur l'é-
tat de leur maîtreſſe, comme l'arrêt de leur
ſort. Ce ſpectacle jetta la pauvre Claire
dans une agitation qui me fit craindre pour
ſa tête. Il fallut les éloigner ſous différens
prétextes, pour écarter de ſes yeux cet objet d'effroi. Le Médecin donna vaguement
un peu d'eſpérance, mais d'un ton propre
à me l'ôter. Julie ne dit pas non plus ce
qu'elle penſoit; la préſence de ſa Couſine

la tenoit en respect.. Quand il sortit, je le suivis; Claire en voulut faire autant, mais Julie la retint, & me fit de l'œil un signe que j'entendis. Je me hâtai d'avertir le Médecin, que s'il y avoit du danger il falloit le cacher à Madame d'Orbe avec autant & plus de soin qu'à la Malade, de peur que le désespoir n'achevât de la troubler, & ne la mit hors d'état de servir son amie. Il déclara qu'il y avoit en effet du danger, mais que vingt-quatre heures étant à peine écoulées depuis l'accident, il falloit plus de temps pour rétablir un pronostic assuré, que la nuit prochaine décideroit du sort de la maladie, & qu'il ne pouvoit prononcer que le troisième jour. La Fanchon seule fut témoin de ce discours, & après l'avoir engagée, non sans peine, à se contenir, on convint de ce qui seroit dit à Madame d'Orbe & au reste de la maison.

Vers le soir, Julie obligea sa Cousine, qui avoit passé la nuit précédente auprès d'elle, & qui vouloit encore y passer la suivante, à s'aller reposer quelques heures. Durant ce temps, la malade ayant su qu'on alloit la saigner du pied, & que le Médecin préparoit des ordonnances, elle le fit appeller & lui tint ce discours. » M. du Bosson, » quand on croit devoir tromper un malade craintif sur son état, c'est une précau- » tion d'humanité que j'approuve; mais c'est » une cruauté de prodiguer également à tous » des soins superflus & désagréables, dont

» plúfieurs n'ont aucun befoin. Prefcrivez-
» moi tout ce que vous jugérez m'être vé-
» ritablement utile, j'obéirai ponctuelle-
» ment. Quant aux remedes qui ne font
» que pour l'imagination, faites-m'en
» grace; c'eft mon corps, & non mon ef-
» prit qui fouffre, & je n'ai pas peur de fi-
» nir mes jours, mais d'en mal employer
» le refte. Les derniers momens de la vie
» font trop précieux pour qu'il foit per-
» mis d'en abufer. Si vous ne pouvez pro-
» longer la mienne, au moins ne l'abrégez
» pas, en m'ôtant l'emploi du peu d'inftans
» qui me font laiffés par la nature. Moins il
» m'en refte, plus vous devez les refpecter.
» Faites-moi vivre ou laiffez moi : je faura'
» bien mourir feule. » Voilà comment cett
femme fi timide & fi douce dans le com
merce ordinaire, favoit trouver un ton
ferme & férieux dans les occafions importantes.

La nuit fut cruelle & décifive. Etouffe-
ment, oppreffion, fyncope, la peau fechi
& brûlante. Une ardente fievre, durant
laquelle on l'entendoit fouvent appeller vivement Marcellin, comme pour le retenir ;
& prononcer auffi quelquefois un autre nom
jadis fi répété dans une occafion pareille.
Le lendemain le Médecin me déclara fan:
détour qu'il n'eftimoit pas qu'elle eut troi-
jours à vivre. Je fus feul dépofitaire de cet
affreux fecret, & la plus terrible heure de
ma vie fut celle où je portai dans le fond

de mon cœur, fans favoir quel ufage j'en
devois faire. J'allai feul errer dans les bof-
quets, rêvant au parti que j'avois à prendre;
non fans quelques triftes réflexions fur le
fort qui me ramenoit dans ma vieilleffe à
cet état folitaire, dont je m'ennuyois même
avant d'en connoître un plus doux.

La veille, j'avois promis à Julie de lui
rapporter fidélement le jugement du Médecin; elle m'avoit intéreffé par tout ce qui
pouvoit toucher mon cœur à lui tenir parole. Je fentois cet engagement fur ma confcience; mais quoi! pour un devoir chimé-
rique & fans utilité falloit-il contrifter fon
ame, & lui faire à longs traits favourer la
mort? Quel pouvoit être à mes yeux l'objet d'une précaution fi cruelle? Lui annoncer fa dernière heure, n'étoit-ce pas
l'avancer? Dans un intervalle fi court
que deviennent les defirs, l'efpérance, élé-
mens de la vie? Eft-ce en jouir encore
que de fe voir fi près du moment de la perdre? Etoit-ce à moi de lui donner la
mort?

Je marchois à pas précipités avec une
agitation que je n'avois jamais éprouvée.
Cette longue & pénible anxiété me fuivoit
par-tout; j'en traînois après moi l'infupportable poids. Une idée vint enfin me déterminer. Ne vous efforcez pas de la prévoir,
il faut vous la dire.

Pour qui eft-ce que je délibére, eft-ce
pour elle ou pour moi? Sur quel principe

est-ce que je raisonne, est-ce sur son systême ou sur le mien? Qu'est-ce qui m'est démontré sur l'un ou sur l'autre? Je n'ai pour
croire ce que je crois que mon opinion armée de quelques probabilités. Nulle démonstration ne la renverse, il est vrai; mais
quelle démonstration l'établit? Elle a pour
croire ce qu'elle croit son opinion de même, mais elle y voit l'évidence; cette opinion à ses yeux est une démonstration.
Quel droit ai-je de préférer quand il s'agit
d'elle, ma simple opinion que je reconnois
douteuse à son opinion qu'elle tient pour
démontrée? Comparons les conséquences
des deux sentimens. Dans le sien, la dispo-
sition de sa derniére heure doit décider de
son sort durant l'éternité. Dans le mien,
les ménagemens que je veux avoir pour
elle lui seront indifférens dans trois jours.
Dans trois jours, selon moi, elle ne sen-
tira plus rien : mais si peut-être elle avoit
raison, quelle différence! Des biens ou des
maux éternels!....... Peut-être!..... ce mot
est terrible..... malheureux! risque ton ame
& non la sienne.

Voilà le premier doute qui m'ait rendu
suspecte l'incertitude que vous avez si souvent attaquée. Ce n'est pas la derniére fois
qu'il est revenu depuis ce temps-là. Quoi
qu'il en soit, ce doute me délivra de celui
qui me tourmentoit. Je pris sur le champ
mon parti, & de peur d'en changer, je
courus en hâte au lit de Julie. Je fis sortir

VI. Partie.   F.

tout le monde, & je m'affis ; vous pouvez
juger avec quelle contenance ! Je n'em-
ployai point auprès d'elle les précautions
néceffaires pour les petites ames. Je ne dis
rien ; mais elle me vit , & me comprit à
l'inftant. Croyez-vous me l'apprendre, dit-
elle, en me tendant la main ? Non , mon
ami, je le fens bien : la mort me preffe , il
faut nous quitter.

Alors elle me tint un long difcours dont
j'aurai à vous parler quelque jour , & durant lequel elle écrivit fon teftament dans
mon cœur. Si j'avois moins connu le fien ,
fes dernières difpofitions auroient fuffi pour
me le faire connoître.

Elle me demanda fi fon état étoit connu
dans la maifon. Je lui dis que l'allarme y
régnoit, mais qu'on ne favoit rien de pofitif, & que du Boffon s'étoit ouvert à moi
feul. Elle me conjura que le fecret fut foi-
gneufement gardé le refte de la journée.
Claire , ajouta-t-elle , ne fupportera jamais
ce coup que de ma main ; elle en mourra s'il
lui vient d'une autre. Je deftine la nuit prochaine à ce trifte devoir. C'eft pour cela
fur-tout que j'ai voulu avoir l'avis du Médecin, afin de ne pas expofer fur mon feul
fentiment cette infortunée à recevoir à faux
une fi cruelle atteinte. Faites qu'elle ne
foupçonne rien avant le temps , où vous
rifquez de refter fans amie , & de laiffer vos
enfans fans mère.

Elle me parla de fon père. J'avouai lui

avoir envoyé un Exprès ; mais je me gardai d'ajouter que cet homme, au lieu de se contenter de donner ma Lettre comme je lui avois ordonné , s'étoit hâté de parler, & si lourdement, que mon vieux ami croyant sa fille noyée, étoit tombé d'effroi dans l'escalier, & s'étoit fait une blessure qui le retenoit à Blonay dans son lit. L'espoir de revoir son pére la toucha sensiblement, & la certitude que cette espérance étoit vaine ne fut pas le moindre des maux qu'il me fallut dévorer.

Le redoublement de la nuit précédente l'avoit extrêmement affoiblie. Ce long entretien n'avoit pas contribué à la fortifier ; dans l'accablement où elle étoit, elle essaya de prendre un peu de repos durant la journée ; je n'appris que le surlendemain qu'elle ne l'avoit pas passée toute entiére à dormir.

Cependant, la consternation régnoit dans la maison. Chacun dans un morne silence attendoit qu'on le tirât de peine, & n'osoit interroger personne , crainte d'apprendre plus qu'il ne vouloit savoir. On se disoit, s'il y a quelque bonne nouvelle on s'empressera de la dire ; s'il y en a de mauvaises on ne les saura toujours que trop tôt. Dans la frayeur dont ils étoient saisis, c'étoit assez pour eux qu'il n'arrivât rien qui fît nouvelle. Au milieu de ce morne repos, Madame d'Orbe étoit la seule active & parlante. Si-tôt qu'elle étoit hors de la chambre de

Julie, au lieu de s'aller repofer dans la fienne, elle parcouroit toute la maifon, elle arrêtoit tout le monde, demandant ce qu'avoit dit le Médecin, ce qu'on difoit ? Elle avoit été témoin de la nuit précédente, elle ne pouvoit ignorer ce qu'elle avoit vu ; mais elle cherchoit à fe tromper elle-même, & à récufer le témoignage de fes yeux. Ceux qu'elle queftionnoit ne lui répondant rien que de favorable, cela l'encourageoit à queftionner les autres, & toujours avec une inquiétude fi vive, avec un air fi effrayant, qu'on eut fû la vérité mille fois fans être tenté de la lui dire.

Auprès de Julie elle fe contraignoit, & l'objet touchant qu'elle avoit fous les yeux la difpofoit plus à l'affliction qu'à l'emportement. Elle craignoit fur-tout de lui laiffer voir fes allarmes, mais elle réuffiffoit mal à les cacher. On apperceyoit fon trouble dans fon affectation, même à paroître tranquille. Julie, de fon côté, n'épargnoit rien pour l'abufer. Sans exténuer fon mal, elle en parloit prefque comme d'une chofe paffée, & ne fembloit en peine que du temps qu'il lui faudroit pour fe remettre. C'étoit encore un de mes fupplices de les voir chercher à fe raffurer mutuellement, moi qu favois fi bien, qu'aucune des deux n'avoi dans l'ame l'efpoir qu'elle s'efforçoit de don ner à l'autre.

Madame d'Orbe avoit veillé les deu nuits précédentes ; il y avoit trois jour qu'elle ne s'étoit déshabillée. Julie lui propofa de s'aller coucher ; elle n'en voulut rien faire. Hé bien donc, dit Julie, qu'on lui tende un pêtit lit dans ma chambre, à moins, ajouta-t-elle, comme par réflexion, qu'elle ne veuille partager le mien. Qu'en dis-tu, Coufine ? mon mal ne fe gagne pas, tu ne te dégoûtes pas de moi, couche dans mon lit ; le parti fut accepté. Pour moi, l'on me renvoya, & véritablement j'avois befoin de repos.

Je fus levé de bonne heure. Inquiet de ce qui s'étoit paffé durant la nuit, au premier bruit que j'entendis j'entrai dans la chambre. Sur l'état où Madame d'Orbe étoit la veille, je jugeai du défefpoir où j'allois la trouver & des fureurs dont je ferois le témoin. En entrant je la vis affife dans un fauteuil, défaite & pâle, ou plutôt livide, les yeux plombés & prefque éteints ; mais douce, tranquille, parlant peu, & faifant tout ce qu'on lui difoit, fans repondre. Pour Julie, elle paroiffoit moins foible que la veille, fa voix étoit plus ferme, fon gefle plus animé ; elle fembloit avoir pris la vivacité de fa Coufine. Je connus aifément à fon teint que ce mieux apparent étoit l'effet de la fievre : mais je vis auffi briller dans fes regaids je ne fais quelle fecrete joie qui pouvoit y contribuer, & dont je ne démêlois pas la caufe. Le Médecin n'en confirma pas moins fon jugement de la veille ; la malade n'en continua pas moins de penfer comme lui, & il ne me refta plus aucune efpérance.

Ayant été forcé de m'abfenter pour quelque temps, je remarquai en rentrant que l'appartement étoit arrangé avec foin; il y régnoit de l'ordre & de l'élégance; elle avoit fait mettre des pots de fleurs fur fa cheminée; fes rideaux étoient entr'ouverts & rattachés; l'air avoit été changé; on y fentoit une odeur agréable; on n'eut jamais cru être dans la chambre d'un malade. Elle avoit fait fa toilette avec le même foin: la grace & le goût fe montroient encore dans fa parure négligée. Tout cela lui donnoit plutôt l'air d'une femme du monde qui attend compagnie, que d'une campagnarde qui attend fa dernière heure. Elle vit ma furprife, elle en fourit, & lifant dans ma penfée elle alloit me répondre, quand on amena les enfans. Alors il ne fut plus queftion que d'eux, & vous pouvez juger fi, fe fentant prête à les quitter, fes careffes furent tiédes & modérées! J'obfervai même qu'elle revenoit plus fouvent & avec des étreintes encore plus ardentes à celui qui lui coûtoit la vie, comme s'il lui fut devenu plus cher à ce prix.

Tous ces embraffemens, ces foupirs, ces tranfports étoient des myftères pour ces pauvres enfans. Ils l'aimoient tendrement, mais c'étoit la tendreffe de leur âge; ils ne comprenoient rien à fon état, au redoublement de fes careffes, à fes regrets de ne

les voir plus ; ils nous voyoient triftes &
ils pleuroient : ils n'en favoient pas davantage. Quoiqu'on apprenne aux enfans le
nom de la mort, ils n'en ont aucune idée ;
ils ne la craignent ni pour eux ni pour les
autres ; ils craignent de fouffrir & non de
mourir. Quand la douleur arrachoit quelque plainte à leur mère, ils perçoient l'air
de leurs cris ; quand on leur parloit de la
perdre, on les auroit crus ftupides. La feule
Henriette, un peu plus âgée, & d'un fexe
où le fentiment & les lumières fe développent plutôt, paroiffoit troublée & allarmée
de voir fa petite Maman dans un lit, elle
qu'on voyoit toujours levée avant fes enfans. Je me fouviens qu'à ce propos Julie
fit une réflexion tout-à-fait dans fon caractère fur l'imbécille vanité de Vefpafien
qui refta couché tandis qu'il pouvoit agir,
& fe leva lorfqu'il ne pût plus rien faire.
Je ne fais pas, dit-elle, s'il faut qu'un
Empereur meure debout, mais je fais bien
qu'une mère de famille ne doit s'aliter que
pour mourir.

Après avoir épanché fon cœur fur fes
enfans ; après les avoir pris chacun à part ;
fur-tout Henriette, qu'elle tint fort long-
temps, & qu'on entendoit plaindre & fan-
gloter en recevant fes baifers, elle les appel-
la tous trois, leur donna fa bénédiction, &
leur dit en leur montrant Madame d'Orbe,
allez mes enfans, allez vous jetter aux pieds
de votre mère : voilà celle que Dieu vous

F iv.

donne, il ne vous a rien ôté. A l'inftant
ils courent à elle, fe mettent à fes genoux,
lui prennent les mains, l'appellent leur bonne maman, leur feconde mère. Claire fe
pencha fur eux ; mais en les ferrant dans fes
bras elle s'efforça vainement de parler, elle
ne trouva que des gémiffemens, elle ne
put jamais prononcer un feul mot, elle
étouffoit. Jugez fi Julie étoit émue! Cette
fcène commençoit à devenir trop vive ; je
la fis ceffer.

Ce moment d'attendriffement paffé, l'on
fe remit à caufer autour du lit, & quoique
la vivacité de Julie fe fut un peu éteinte
avec le redoublement, on voyoit le même
air de contentement fur fon vifage ; elle
parloit de tout avec une attention & un
intérêt qui montroient un efprit très-libre
de foins ; rien ne lui échappoit, elle étoit à
la converfation comme fi elle n'avoit eu
autre chofe à faire. Elle nous propofa de
dîner dans fa chambre, pour nous quitter
le moins qu'il fe pourroit ; vous pouvez
croire que cela ne fut pas refufé. On fervit
fans bruit, fans confufion, fans défordre,
d'un air auffi rangé que fi l'on eut été dans
le fallon d'Apollon. La Fanchon, les enfans dînèrent à table. Julie voyant qu'on
manquoit d'appétit, trouva le fecret de faire
manger de tout, tantôt prétextant l'inftruction de fa cuifinière, tantôt voulant favoir fi elle oferoit en goûter, tantôt nous
intéreffant par notre fanté même dont nous

avions befoin pour la fervir, toujours montrant le plaifir qu'on pouvoit lui faire, de
manière à ôter tout moyen de s'y refufer,
& mêlant à tout cela un enjouement propre à nous diftraire du trifte objet qui nous
occupoit. Enfin, une maîtreffe de maifon,
attentive à faire fes honneurs, n'auroit pas
en pleine fanté pour des étrangers des foins
plus marqués, plus obligeans, plus aima-
bies que ceux que Julie mourante avoit
pour fa famille. Rien de tout ce que j'avois
cru prévoir n'arrivoit, rien de ce que je
voyois ne s'arrangeoit dans ma tête. Je ne
favois plus qu'imaginer; je n'y étois plus.

Après le dîner, on annonça Monfieur le
Miniftre. Il vénoit comme ami de la maifon, ce qui lui arrivoit fort fouvent. Quoique je ne l'euffe point fait appeller, parce
que Julie ne l'avoit pas demandé, je vous
avoue que je fus charmé de fon arrivée,
& je ne crois pas qu'en pareille circonf-
tance le plus zélé croyant l'eût pu voir
avec plus de plaifir. Sa préfence alloit éclaircir bien des doutes & me tirer d'une étrange
perplexité.

Rappellez-vous le motif qui m'avoit porté
à lui annoncer fa fin prochaine. Sur l'effet qu'auroit dû felon moi produire cette
affreufe nouvelle, comment concevoir celui qu'elle avoit produit réellement? Quoi!
cette femme dévote qui dans l'état de fanté
ne paffe pas un jour fans fe recueillir, qui
fait un de fes plaifirs de la prière, n'a plus

que deux jours à vivre, elle se voit prête
à paroître devant le Juge redoutable ; &
au lieu de se préparer à ce moment terrible ; au lieu de mettre ordre à sa conscience, elle s'amuse à parer sa chambre,
à faire sa toilette, à causer avec ses amis,
à égayer leur repas ; & dans tous ses entretiens pas un seul mot de Dieu & du sa-
lut ! Que devois-je penser d'elle & de ses
vrais sentimens ? Comment arranger sa
conduite avec les idées que j'avois de sa
piété ? Comment accorder l'usage qu'elle
faisoit des derniers momens de sa vie avec
ce qu'elle avoit dit au Médecin de leur
prix ? Tout cela formoit à mon sens une
énigme inexplicable. Car enfin, quoique je
ne m'attendisse pas à lui trouver toute la
petite cagoterie des dévotes, il me sembloit pourtant que c'étoit le temps de songer à ce qu'elle estimoit d'une si grande
importance, & qui ne souffroit aucun re-
tard. Si l'on est dévot durant le tracas de
cette vie, comment ne le fera-t-on pas au
moment qu'il la faut quitter, & qu'il ne
reste plus qu'à penser à l'autre ?

Ces réflexions m'amenèrent à un point
où je ne me serois guère attendu d'arriver.
Je commençai presque d'être inquiet que
mes opinions indiscrétement soutenues,
n'eussent enfin trop gagné sur elle. Je n'a-
vois pas adopté les siennes, & pourtant je
n'aurois pas voulu qu'elle y eut renoncé.
Si j'eusse été malade je serois certainement

mort dans mon fentiment, mais je defircis
qu'elle mourut dans le fien , & je trouvois ,
ponr ainfi dire , qu'en elle je rifquois plus
qu'en moi. Ces contradictions vous paroi-
tront extravagantes ; je ne les trouve pas
raifonnables , & cependant elles ont exifté.
Je ne me charge pas de les juftifier ; je vous
les rapporte.

Enfin , le moment vint où mes doutes
alioient être éclaircis. Car il étoit aifé de
prévoir que tôt ou tard le Pafteur ameneroit
la converfation fur ce qui fait l'objet de
fon miniftère ; & quand Julie eut été capable de déguifemens dans fes réponfes ,
il lui eut été bien difficile de fe déguifer
affez pour qu'attentif & prévenu , je n'euffe
pas démêlé fes vrais fentimens.

Tout arriva comme je l'avois prévu. Je
laiffe à part les lieux communs mêlés d'é-
loges, qui fervirent de tranfitions au miniftre , pour venir à fon fujet ; je laiffe encore ce qu'il lui dit de touchant fur le bonheur de couronner une bonne vie par une
fin chrétienne. Il ajouta qu'à la vérité , il
lui avoit quelquefois trouvé fur certains
points des fentimens qui ne s'accordoient
pas entiérement avec la doctrine de l'E-
glife, c'eft-à-dire, avec celle que la plus
faine raifon pouvoit déduire de l'Ecriture ;
mais comme elle ne s'étoit jamais aheurtée
à les défendre , il efpéroit qu'elle vouloit
mourir ainfi qu'elle avoit vécu dans la com-

munion des fideles ,. & acquiefcer en tout à
la commune profeffion de foi.

Comme la réponfe de Julie étoit décifive fur mes doutes , & n'étoit pas , à l'é-
gard des lieûx communs, dans le cas de
l'exhortation, je vais vous le rapporter prefque mot à mot , car je l'avois bien écoutée ,
& j'allai l'écrire dans le moment.

» Permettez-moi , Monfieur, de com-
» mencer par vous remercier de tous les
» foins que vous avez pris de me conduire
» dans la droite route de la morale & de
» la foi chrétienne , & de la douceur avec
» laquelle vous avez corrigé ou fupporté
» mes erreurs quand je me fuis égarée. Pé-
» nétrée de refpect pour votre zéle & de
» reconnoiffance pour vos bontés, je dé-
» clare avec plaifir que je vous dois toutes
» mes bonnes réfolutions, & que vous m'a-
» vez toujours portée à faire ce qui étoit
» bien , & à croire ce qui étoit vrai.

» J'ai vécu & je meurs dans la commu-
» nion proteftante qui tire fon unique re-
» gle de l'Ecriture-Sainte & de la raifon ;
» mon cœur a toujours confirmé ce que
» prononçoit ma bouche , quand je n'ai
» pas eu pour vos lumières toute la docili-
» té qu'il eut fallu peut-être , c'étoit un
» effet de mon averfion pour toute efpece
» de déguifement; ce qu'il m'étoit impof-
» fible de croire, je n'ai pu dire que je le
» croyois ; j'ai toujours cherché fincére-
» ment ce qui étoit conforme à la gloire

» de Dieu & à la vérité. J'ai pu me tromper
» dans ma recherche ; je n'ai pas l'orgueil
» de penser avoir eu toujours raison ; j'ai
» peut-être eu toujours tort ; mais mon in-
» tention a toujours été pure, & j'ai tou-
» jours cru ce que je devois croire. C'étoit
» sur ce point tout ce qui dépendoit de moi.
» Si Dieu n'a pas éclairé ma raison au-de-
» là, il est clément & juste ; pourroit-il me
» demander compte d'un don qu'il ne m'a
» pas fait ?

» Voilà, Monsieur, ce que j'avois d'es-
» sentiel à vous dire sur les sentimens que
» j'ai professés. Sur tout le reste, mon état
» présent vous répond pour moi. Distraite
» par le mal, livrée au délire de la fièvre,
» est-il temps d'essayer de raisonner mieux
» que je n'ai fait jouissant d'un entende-
» ment aussi sain que je l'ai reçu ? Si je me
» suis trompée alors, me tromperois-je
» moins aujourd'hui, & dans l'abattement
» où je suis, dépend-il de moi de croire au-
» tre chose que ce que j'ai cru étant en san-
» té ? C'est la raison qui décide du senti-
» ment qu'on préfère, & la mienne ayant
» perdu ses meilleures fonctions, quelle au-
» torité peut donner ce qui m'en reste aux
» opinions que j'adopterois sans elle ? Que
» me reste-t-il donc désormais à faire ?
» C'est de m'en rapporter à ce que j'ai cru
» ci-devant : car la droiture d'intention est
» la même, & j'ai le jugement de moins.

» Si je fuis dans l'erreur c'eſt ſans l'aimer ;
» cela ſuffit pour me tranquilliſer ſur ma
» croyance.

» Quant à la préparation à la mort, Mon-
» ſieur, elle eſt faite ; mal, il eſt vrai, mais
» de mon mieux, & mieux du moins que je
» ne la pourrois faire à préſent. J'ai tâché de
» ne pas attendre pour remplir cet important
» devoir que j'en fuſſe incapable. Je priois en
» ſanté ; maintenant je me réſigne. La prie-
» re du malade eſt la patience : La prépara-
» tion à la mort eſt une bonne vie ; je
» n'en connois point d'autre. Quand je
» converſois avec vous , quand je me re-
» cueillois ſeule , quand je m'efforçois de
» remplir les devoirs que Dieu m'impoſe ;
» c'eſt alors que je me diſpoſois à paroître
» devant lui ; c'eſt alors que je l'adorois
» de toutes les forces qu'il m'a données ,
» que ferois-je aujourd'hui que je les ai per-
» dues ? mon ame aliénée eſt-elle en état
» de s'élever à lui ? Ces reſtes d'une vie
» à demi éteinte, abſorbés par la ſouffran-
» ce, ſont-ils dignes de lui être offerts ?
» Non, Monſieur, il me les laiſſe pour
» être donnés à ceux qu'il m'a fait aimer
» & qu'il veut que je quitte ; je leur fais
» mes adieux pour aller à lui ; c'eſt d'eux
» qu'il faut que je m'occupe : bientôt je
» m'occuperai de lui ſeul. Mes derniers
» plaiſirs ſur la térre ſont auſſi mes derniers
» devoirs ; n'eſt-ce pas le ſervir encore &
» faire ſa volonté que de remplir les ſoins

» que l'humanité m'impofe, avant d'aban-
» donner fa dépouille ? Que faire pour appai-
» fer des troubles que je n'ai pas ? Ma con-
» fcience n'eft point agitée ; fi quelquefois
» elle m'a donné des craintes, j'en avois
» plus en fanté qu'aujourd'hui. Ma con-
» fiance les efface ; elle me dit que Dieu
» eft plus clément que je ne fuis coupable,
» & ma fécurité redouble en me fentant
» approcher de lui. Je ne lui porte point un
» repentir imparfait, tardif & forcé, qui,
» dicté par la peur ne fauroit être fincére,
» & n'eft qu'un piege pour le tromper. Je
» ne lui porte pas le refte & le rebut de
» mes jours, pleins de peine & d'ennuis,
» en proie à la maladie, aux douleurs,
» aux angoiffes de la mort, & que je ne
» lui donnerois que quand je n'en pourrois
» plus rien faire. Je lui porte ma vie entie-
» re, pleine de péchés & de fautes, mais
» exempte des remords de l'impie & des
» crimes du méchant.

» A quels tourmens Dieu pourroit-il con-
» damner mon ame ? Les réprouvés, dit-
» on, le haïffent ? il faudroit donc qu'il
» m'empêchât de l'aimer ? Je ne crains pas
» d'augmenter leur nombre. O grand Etre !
» Etre éternel, fuprême intelligence, four-
» ce de vie & de félicité, créateur, con-
» fervateur, Pere de l'homme & Roi de
» la nature, Dieu très-puiffant, très-bon,
» dont je ne doutai jamais un moment,
» & fous les yeux duquel j'aimai toujours

» à vivre ! Je le fais, je m'en réjouis, je vais
» paroître devant ton trône. Dans peu
» de jours mon ame libre de sa dépouille
» commencera de t'offrir plus dignement
» cet immortel hommage qui doit faire
» mon bonheur durant l'éternité. Je comp-
» te pour rien tout ce que je ferai jufqu'à
» ce moment. Mon corps vit encore, mais
» ma vie morale eft finie. Je fuis au bout
» de ma carrière & déjà jugée fur le paffé.
» Souffrir & mourir eft tout ce qui me
» refte à faire ; c'eft l'affaire de la nature :
» mais moi j'ai tâché de vivre de manière
» à n'avoir pas befoin de fonger à la mort,
» & maintenant qu'elle approche, je la
» vois venir fans effroi. Qui s'endort dans
» le fein d'un père, n'eft pas en fouci du
» réveil.

Ce difcours prononcé d'abord d'un ton
grave & pofé, puis avec plus d'accent &
d'une voix plus élevée, fit fur tous les af-
fiftans, fans m'en excepter, une impreffion d'autant plus vive que les yeux de celle
qui le prononça brilloient d'un feu furna-
turel ; un nouvel éclat animoit fon teint,
elle paroiffoit rayonnante, & s'il y a quelque chofe au monde qui mérite le nom de
célefte, c'étoit fon vifage tandis qu'elle
parloit.

Le Pafteur lui-même faifi, tranfporté de
ce qu'il venoit d'entendre, s'écria en levant
les yeux & les mains au Ciel ; Grand Dieu !
voilà le culte qui t'honore ; daigne t'y ren-

dre propice, les humains t'en offrent peu de pareils.

Madame, dit-il, en s'approchant du lit, je croyois vous inftruire, & c'eft vous qui m'inftruifez. Je n'ai plus rien à vous dire. Vous avez la véritable foi, celle qui fait aimer Dieu. Emportez ce précieux repos d'une bonne confcience, il ne vous trompera pas ; j'ai vu bien des Chrétiens dans l'état où vous êtes, je ne l'ai trouvé qu'en vous feule. Quelle différence d'une fin fi paifible à celle de ces pécheurs bourrelés, qui n'accumulent tant de vaines & feches prières, que parce qu'ils font indignes d'être exaucés ! Madame, votre mort eft auffi belle que votre vie : vous avez vécu pour la charité ; vous mourez martyre de l'amour maternel. Soit que Dieu vous rende à nous pour nous fervir d'exemple, foit qu'il vous appelle à lui pour couronner vos vertus ; puiffions-nous, tous tant que nous fommes, vivre & mourir comme vous ! Nous ferons bien fûrs du bonheur de l'autre vie.

Il voulut s'en aller ; elle le retint. Vous êtes de mes amis, lui dit-elle, & l'un de ceux que je vois avec le plus de plaifir ; c'eft pour eux que mes derniers momens me font précieux. Nous allons nous quitter pour fi long-temps, qu'il ne faut pas nous quitter fi vîte. Il fut charmé de refter, & je fortis là-deffus.

En rentrant, je vis que la converfation

avoit continué fur le même fujet, mais d'un autre ton, & comme fur une matiére indifférente. Le Pasteur parloit de l'efprit faux qu'on donnoit au Chriftianifme en n'en faifant que la Réligion des mourans, & de fes miniftres des hommes de mauvais augure. On nous regarde, difoit-il, comme des meffagers de mort, parce que dans l'opinion commode qu'un quart-d'heure de repentir fuffit pour effacer cinquante ans de crimes, on n'aime à nous voir que dans ce temps-là. Il faut nous vêtir d'une couleur lugubre; il faut affecter un air févére; on n'épargne rien pour nous rendre effrayans. Dans les autres cultes, c'eft pis encore. Un Catholique mourant n'eft environné que d'objets qui l'épouvantent, & de cérémonies qui l'enterrent tout vivant. Au foin qu'on prend d'écarter de lui les démons, il croit en voir fa chambre pleine; il meurt cent fois de terreur avant qu'on l'acheve, & c'eft dans cet état d'effroi que l'Eglife aime à le plonger, pour avoir meilleur marché de fa bourfe. Rendons grace au Ciel, dit Julie, de n'être point nés dans ces Religions vénales qui tuent les gens pour en hériter; & qui, vendant le Paradis aux riches, portent jufqu'en l'autre monde l'injuste inégalité qui regne dans celui-ci. Je ne doute point que toutes ces fombres idées ne fomentent l'incrédulité, & ne donnent une averfion naturelle pour le culte qui les nourrit. J'efpére, dit-elle,

en me regardant, que celui qui doit élever
nos enfans, prendra des maximes tout op-
pofées, & qu'il ne leur rendra point la Religion lugubre & trifte, en y mêlant inceffamment des penfées de mort. S'il leur
apprend à b.en vivre, ils fauront affez bien
mourir.

Dans la fuite de cet entretien, qui fut
moins ferré & plus interrompu que je ne
vous le rapporte, j'achevai de concevoir
les maximes de Julie & la conduite qui
m'avoit fcandalifé. Tout cela tenoit à ce que
fentant fon état parfaitement défefpéré, elle
ne fongeoit plus qu'à en écarter l'inutile &
funébre appareil dont l'effroi des mourans
les environne; foit pour donner le change
à notre affliction, foit pour s'ôter à elle-
même un fpectacle attriftant à pure perte.
La mort, difoit-elle, eft déjà fi pénible!
pourquoi la rendre encore hideufe? Les
foins que les autres perdent à vouloir prolonger leur vie, je les emploie à jouir de
la mienne jufqu'au bout : il ne s'agit que
de favoir prendre fon parti; tout le refte
va de lui-même. Ferai-je de ma chambre
un hôpital, un objet de dégoût & d'ennui,
tandis que mon dernier foin eft d'y raffembler tout ce qui m'eft cher? Si j'y laiffe
croupir le mauvais air, il en faudra écarter
mes enfans, ou expofer leur fanté. Si je
refte dans un équipage à faire peur, perfonne ne me connoîtra plus; je ne ferai
plus la même, vous vous fouviendrez tous

avoit continué fur le même fujet , mais
d'un autre ton , & comme fur une matiére
indifférente. Le Pafteur parloit de l'efprit
faux qu'on donnoit au Chriftianifme en n'en
faifant que la Réligion des mourans, & de
fes miniftres des hommes de mauvais augure. On nous regarde, difoit - il , commè
des meffagers de mort , parce que dans
l'opinion commode qu'un quart-d'heure de
repentir fuffit pour effacer cinquante ans de
crimes, on n'aime à nous voir que dans ce
temps-là. Il faut nous vêtir d'une couleur
lugubre ; il faut affeéter un air févére ; on
n'épargne rien pour nous rendre effrayans.
Dans les autres cultes , c'eft pis encore.
Un Catholique mourant n'eft environné que
d'objets qui l'épouvantent , & de cérémonies qui l'enterrent tout vivant. Au foin
qu'on prend d'écarter de lui les démons,
il croit en voir fa chambre pleine ; il
meurt cent fois de terreur avant qu'on
l'acheve , & c'eft dans cet état d'effroi que
l'Eglife aime à le plonger, pour avoir meilleur marché de fa bourfe. Rendons grace
au Ciel, dit Julie, de n'être point nés dans
ces Religions vénàles qui tuent les gens
pour en hériter ; & qui , vendant le Paradis aux riches , portent jufqu'en l'autre
monde l'injufte inégalité qui regne dans
celui - ci. Je ne doute point que toutes ces
fombres idées ne fomentent l'incrédulité,
& ne donnent une averfion naturelle pour
le culte qui les nourrit. J'efpére, dit-elle,

en me regardant, que celui qui doit élever nos enfans, prendra des maximes tout opposés, & qu'il ne leur rendra point la Religion lugubre & triste, en y mêlant incessamment des pensées de mort. S'il leur apprend à bien vivre, ils sauront assez bien mourir.

Dans la suite de cet entretien, qui fut moins serré & plus interrompu que je ne vous le rapporte, j'achevai de concevoir les maximes de Julie & la conduite qui m'avoit scandalisé. Tout cela tenoit à ce que sentant son état parfaitement désespéré, elle ne songeoit plus qu'à en écarter l'inutile & funébre appareil dont l'effroi des mourans les environne; soit pour donner le change à notre affliction, soit pour s'ôter à ellemême un spectacle attristant à pure perte. La mort, disoit-elle, est déjà si pénible! pourquoi la rendre encore hideuse? Les soins que les autres perdent à vouloir prolonger leur vie, je les emploie à jouir de la mienne jusqu'au bout : il ne s'agit que de savoir prendre son parti ; tout le reste va de lui-même. Ferai-je de ma chambre un hôpital, un objet de dégoût & d'ennui, tandis que mon dernier soin est d'y rassembler tout ce qui m'est cher? Si j'y laisse croupir le mauvais air, il en faudra écarter mes enfans, ou exposer leur santé. Si je reste dans un équipage à faire peur, personne ne me connoîtra plus; je ne serai plus la même, vous vous souviendrez tous

de m'avoir aimée, & ne pourrez plus me
fouffrir. J'aurai, moi vivante, l'affreux fpec-
table de l'horreur que je ferai même à mes
amis, comme fi j'étois déjà morte. Au lieu
de cela, j'ai trouvé l'art d'étendre ma vie
fans la prolonger. J'exifte, j'aime, je fuis
aimée, je vis jufqu'à mon dernier foupir.
L'inftant de la mort n'eft rien; le mal de
la nature eft peu de chofe; j'ai banni tous
ceux de l'opinion.

Tous ces entretiens & d'autres femblables,
fe paffoient entre la malade, le Pafteur,
quelquefois le Médecin, la Fanchon, &
moi. Madame d'Orbe y étoit toujours préfente, & ne s'y mêloit jamais. Attentive
aux befoins de fon amie, elle étoit prompte
à la fervir. Le refte du temps, immobile
& prefque inanimée, elle la regardoit fans
rien dire, & fans rien entendre de ce qu'on
difoit.

Pour moi, craignant que Julie ne parlât
jufqu'à s'épuifer, je pris le moment que le
Miniftre & le Médecin s'étoient mis à caufer enfemble, & m'approchant d'elle, je lui
dis à l'oreille: voilà bien des difcours pour
une malade! voilà bien de la raifon pour
quelqu'un qui fe croit hors d'état de raifonner!

Oui, me dit-elle tout bas, je parle trop
pour une malade, mais non pas pour une
mourante; bientôt je ne dirai plus rien. A
l'égard des raifonnemens, je n'en fais plus,
mais j'en ai fait. Je favois en fanté qu'il

falloit mourir. J'ai souvent réfléchi sur ma
dernière maladie ; je profite aujourd'hui de
ma prévoyance. Je ne suis plus en état de
penser ni de résoudre ; je ne fais que dire
ce que j'avois pensé, & pratiquer ce que
j'avois résolu.

Le reste de la journée, à quelques accidens près, se passa avec la même tranquillité & presque de la même manière
que quand tout le monde se portoit bien.
Julie étoit, comme en pleine santé, douce
& caressante ; elle parloit avec le même
sens, avec la même liberté d'esprit ; même
d'un air serein qui alloit quelquefois jusqu'à
la gaieté : enfin, je continuois de démêler
dans ses yeux un certain mouvement de
joie qui m'inquiétoit de plus en plus, &
sur lequel je résolus de m'éclaircir avec
elle.

Je n'attendis pas plus tard que le même
soir. Comme elle vit que je m'étois ména-
gé un tête-à-tête, elle me dit, vous m'a-
vez prévenu, j'avois à vous parler. Fort
bien, lui dis-je ; mais puisque j'ai pris
les devans, laissez-moi m'expliquer le premier.

Alors m'étant assis auprès d'elle & la regardant fixement, je lui dis. Julie, ma chére Julie! vous avez navré mon cœur: hélas, vous avez attendu bien tard! Oui,
continuai-je, voyant qu'elle me regardoit
avec surprise, je vous ai pénétrée ; vous
vous réjouissez de mourir ; vous êtes bien

aife de me quitter. Rappellez-vous la conduite de votre époux depuis que nous vivons enfemble; ai-je mérité de votre part
un fentiment fi cruel ? A l'inftant elle me
prit les mains, & de ce ton qui favoit aller chercher l'ame; qui, moi ? je veux
vous quitter ? Eft-ce ainfi que vous lifez
dans mon cœur ? avez-vous fi-tôt oublié
notre entretien d'hier ? Cependant, repris-
je, vous mourez contente..... je l'ai vu......
je le vois..... Arrêtez, dit-elle, il eft vrai,
je meurs contente ; mais c'eft de mourir
comme j'ai vécu, digne d'être votre époufe. Ne m'en demandez pas davantage, je
ne vous dirai rien de plus; mais voici, continua-t-elle en tirant un papier de deffous
fon chevet, où vous acheverez d'éclaircir
ce myftère. Ce papier étoit une Lettre,
& je vis qu'elle vous étoit adreffée. Je vous
la remets ouverte, ajouta-t-elle en me la
donnant, afin qu'après l'avoir lue vous
vous déterminiez à l'envoyer ou à la fupprimer, felon ce que vous trouverez le plus
convenable à votre fageffe & à mon honneur. Je vous prie de ne la lire que quand
je ne ferai plus, & je fuis fi fûre de ce que
vous ferez à ma prière, que je ne veux pas
même que vous me le promettiez. Cette
Lettre, cher Saint Preux, eft celle que
vous trouverez ci-jointe. J'ai beau favoir
que celle qui l'a écrite eft morte; j'ai peine
à croire qu'elle n'eft plus rien.

Elle me parla enfuite de fon père avec

inquiétude. Quoi ! dit - elle , il fait fa fille
on danger , & je n'entends point parler
de lui ! Lui feroit - il arrivé quelque malheur ? Auroit-il cefsé de m'aimer ? Quoi,
mon père ! ..... ce père fi tendre ...... m'a-
bandonner ainfi ! .... me laiffer mourir
fans le voir ! ..... fans recevoir fa bénédiction...... fes derniers embraffemens ! ....
O Dieu ! quels reproches amers il fe fera
quand il ne me trouvera plus ! ...... Cette
réflexion lui étoit douloureufe. Je jugeai
qu'elle fupporteroit plus aifément l'idée de
fon père malade , que celle de fon père
indifférent. Je pris le parti de lui avouer
la vérité. En effet , l'allarme qu'elle en
conçut fe trouva moins cruelle que fes premiers foupçons. Cependant, la penfée de
ne plus le revoir l'affecta vivement. Hélas, dit - elle , que deviendra - t - il après
moi ? A quoi tiendra-t-il ? Survivre à toute fa famille ! . ... Quelle vie fera la fienne ?
Il fera feul ; il ne vivra plus. Ce moment
fut un de ceux où l'horreur de la mort fe faifoit fentir, & où la nature reprenoit fon empire. Elle foupira , joignit les mains, leva
les yeux, & je vis qu'en effet elle em-
ployoit cette difficile prière qu'elle avoit dit
être celle du malade.

Elle revint à moi. Je me fens foible,
dit-elle ; je prévois que cet entretien pourroit être le dernier que nous aurons enfemble. Au nom de notre union , au nom
de nos chers enfans qui en font le gage,

ne foyez plus injufte envers votre époufe.
Moi, me réjouir de vous quitter ! vous
qui n'avez vécu que pour me rendre heureufe & fage ; vous de tous les hommes celui qui me convenoit le plus ; le feul, peut-
être avec qui je pouvois faire un bon ménage, '& devenir un femme de bien ! Ah,
croyez que fi je mettois un prix à la vie,
c'étoit pour la paffer avec vous ! Ces mots
prononcés avec tendreffe m'émurent au point
qu'en portant fréquemment à ma bouche
fes mains que je tenois dans les miennes,
je les fentis fe mouiller de mes pleurs. Je
ne croyois pas mes yeux faits pour en répandre. Ce furent les premiers depuis ma
naiffance ; ce feront les derniers jufqu'à ma
mort. Après en avoir verfé pour Julie, il
n'en faut plus verfer pour rien.

Ce jour fut pour elle un jour de fatigue.
La préparation de Madame d'Orbe durant la
nuit, la fcène des enfans le matin, celle du
Miniftre l'après - midi, l'entretien du foir
avec moi l'avoient jetté dans l'épuifement.
Elle eut un peu plus de repos cette nuit-là
que les précédentes, foit à caufe de fa foibleffe, foit qu'en effet la fievre & le redoublement fuffent moindres.

Le lendemain dans la matinée, on vint me
dire qu'un homme très-mal mis, demandoit
avec beaucoup d'empreffement à voir Madame en particulier. On lui avoit dit l'état
où elle étoit, il avoit infifté, difant qu'il
s'agiffoit d'une bonne action, qu'il connoif-

foit

foit bien Madame de Wolmar, & qu'il
favoit que tant qu'elle refpireroit, elle
aimeroit à en faire de telles. Comme elle
avoit établi pour regle inviolable de ne jamais rebuter perfonne, & fur-tout les malheureux, on me parla de cet homme avant
de le renvoyer. Je le fis venir. Il étoit prefque en guenilles, il avoit l'air & le ton de
la mifére; au refte, je n'apperçus rien dans
fa phyfionomie & dans fes propos qui me
fit mal augurer de lui. Il s'obftinoit à ne
voûloir parler qu'à Julie. Je lui dis, que s'il
ne s'agiffoit que de quelque fecours pour
lui aider à vivre, fans importuner pour cela une femme à l'extrêmité, je ferois ce
qu'elle auroit pu faire. Non, dit-il, je ne
demande point d'argent ; quoique j'en aie
grand befoin : je demande un bien qui m'appartient, un bien que j'eftime plus que tous
les tréfors de la terre, un bien que j'ai
perdu par ma faute, & que Madame feule,
de qui je le tiens, peut me rendre une feconde fois.

Ce difcours, auquel je ne compris rien,
me détermina pourtant. Un malhonnête-
homme eut pu dire la même chofe ; mais il
ne l'eut jamais dite du même ton. Il exigeoit du myftère, ni laquais, ni femme
de chambre. Ces précautions me fembloient
bizarres ; toutefois je les pris. Enfin, je
lui menai. Il m'avoit dit être connu de Madame d'Orbe ; il paffa devant elle ; elle ne
le reconnut point, & j'en fus peu furpris.

VI. Partie.   G

Pour Julie, elle le reconnut à l'inftant, & le voyant dans ce trifte équipage, elle me reprocha de l'y avoir laiffé. Cette reconnoiffance fut touchante. Claire éveillée par le bruit s'approche & le reconnoît à la fin, non fans donner auffi quelques fignes de joie ; mais les témoignages de fon bon cœur s'éteignoient dans fa profonde affliction : un feul fentiment abforboit tout ; elle n'étoit plus fenfible à rien.

Je n'ai pas befoin, je crois, de vous dire qui étoit cet homme. Sa préfence rappella bien des fouvenirs : mais tandis que Julie le confoloit & lui donnoit de bonnes efpérances, elle fut faifie d'un violent étouffement, & fe trouva fi mal qu'on crut qu'elle alloit expirer. Pour ne pas faire fcene, & prévenir les diftractions dans un moment où il ne falloit fonger qu'à la fecourir, je fis paffer l'homme dans le cabinet, l'avertiffant de le fermer fur lui ; la Fanchon fut appellée, & à force de temps & de foins la malade revint enfin de fa pamoifon. En nous voyant tous confternés autour d'elle, elle nous dit ; mes enfans, ce n'eft qu'un effai : cela n'eft pas fi cruel qu'on penfe.

Le calme fe rétablit ; mais l'allarme avoit été fi chaude qu'elle me fit oublier l'homme dans le cabinet, & quand Julie me demanda tout bas ce qu'il étoit devenu, le couvert étoit mis, tout le monde étoit-là. Je voulus entrer pour lui parler, mais il avoit fermé la porte en-dedans, comme je lui avois dit ; il-fallut attendre après le dîner pour le faire fortir.

Durant le repas, du Boffon , qui s'y trouvoit, parlant d'une jeune veuve qu'on difoit fe remarier, ajouta quelque chofe fur le trifte fort des veuves. Il y en a dis-je , de bien plus à plaindre encore ; ce font les veuves dont les maris font vivans. Cela eft vrai, reprit Fanchon qui vit que ce difcours s'adreffoit à elle ; fur - tout quand ils leur font chers. Alors l'entretien tomba fur le fien, & comme elle en avoit parlé avec affection dans tous les temps, il étoit naturel qu'elle en parlât de même au moment où la perte de fa bienfaitrice alloit lui rendre la fienne encore plus rude. C'eft auffi ce qu'elle fit en termes très-touchans, louant fon bon naturel, déplorant les mauvais exemples qui l'avoient féduit , & le regrettant fi fincérement, que déjà difpofée à la trifteffe, elle s'émut jufqu'à pleurer. Tout à coup le cabinet s'ouvre , l'homme en guenilles en fort impétueufement, fe précipite à fes genoux, les embraffe, & fond en larmes. Elle tenoit un verre ; il lui échappe : Ah, malheureux, d'où viens-tu ? fe laiffe aller fur lui, & feroit tombée en foibleffe , fi l'on n'eut été prompt à la fecourir.

Le refte eft facile à imaginer. En un moment on fût par toute la maifon que Claude Anet étoit arrivé. Le mari de la bonne,

Fanchon! quelle fête! A peine étoit-il hors
de la chambre qu'il fut équippé. Si chacun
n'avoit eu que deux chemises, Anet en auroit autant eu lui tout seul, qu'il en seroit
resté à tous les autres. Quand je sortis pour
le faire habiller, je trouvai qu'on m'avoit
si bien prévenu, qu'il fallut user d'autorité pour faire tout reprendre à ceux qui
l'avoient fourni.

Cependant, Fanchon ne vouloit point
quitter sa maîtresse. Pour lui faire donner
quelques heures à son mari, on prétexta
que les enfans avoient besoin de prendre
l'air, & tous deux furent chargés de les
conduire.

Cette scène n'incommoda point la malade, comme les précédentes; elle n'avoit
rien eu que d'agréable, & ne lui fit que
du bien. Nous passâmes l'après-midi Claire
& moi seuls auprès d'elle, & nous eumes
deux heures d'un entretien paisible, qu'elle
rendit le plus intéressant, le plus charmant
que nous eussions jamais eu.

Elle commença par quelques observa-
tions sur le touchant spectacle qui venoit de
nous frapper & qui lui rappelloit si vivement les premiers temps de sa jeunesse. Puis
suivant le fil des événemens, elle fit une
courte récapitulation de sa vie entière, pour
montrer qu'à tout prendre elle avoit été
douce & fortunée, que de dégrés en dégrés elle étoit montée au comble du bonheur permis sur la terre, & que l'accident

qui terminoit ses jours au milieu de leur
course , marquoit , selon toute apparence
dans sa carrière naturelle, le point de sépa-
ration des biens & des maux.

Elle remercia le Ciel de lui avoir donné
un cœur sensible & portée au bien, un entendement sain, une figure prévenante,
de l'avoir fait naître dans un pays de liberté & non parmi des esclaves, d'une famille honorable & non d'une race de mal-
faiteurs, dans une honnête fortune & non
dans les grandeurs du monde qui corrompent l'ame, ou dans l'indigence qui l'avilit.
Elle se félicita d'être née d'un pére & d'une
mére tous deux vertueux & bons, pleins de
droiture & d'honneur, & qui, tempérant
les défauts l'un de l'autre, avoit formé
sa raison sur la leur, sans lui donner leur
foiblesse ou leurs préjugés. Elle vanta l'a-
vantage d'avoir été élevée dans une religion raisonnable & sainte, qui, loin d'abrutir l homme, l'ennoblit & l'éleve, qui ne
favorisant ni l'impiété ni le fanatisme, permet d'être sage & de croire, d'être humain
& pieux tout à la fois.

Après cela, serrant la main de sa Cousine qu'elle tenoit dans la sienne, & la regardant de cet œil que vous devez connoître & que la langueur rendoit encore
plus touchant; tous ces biens, dit-elle, ont
été donnés à mille autres; mais célui-ci!.....
le Ciel ne l'a donné qu'à moi. J'étois femme, & j'eus une amie. Il nous fit naître

en même-temps; ; il mit, dans nos inclinations un accord qui ne s'est jamais démenti ; il fit nos cœurs l'un pour l'autre, il nous unit dès le berceau, je l'ai conservée tout Je temps de ma vie, & sa main me ferme les yeux. Trouvez un autre exemple pareil au monde, & je ne me vante plus de rien. Quels sages conseils ne m'a-t-elle pas donnés ? De quels périls ne m'a-t-elle pas sauvée ? De quels maux ne me consoloit-elle pas ? Qu'eussai-je été sans elle ? Que n'eut-elle pas fait de moi, si je l'avois mieux écoutée ? Je la vaudrois peut-être aujourd'hui! Claire, pour toute réponse, baissa la tête sur le sein de son amie, & voulut soulager les sanglots par des pleurs: il ne fut pas possible. Julie la pressa long-temps contre sa poitrine en silence. Ces momens n'ont ni mots ni larmes.

Elles se remirent, & Julie continua. Ces biens étoient mêlés d'inconvéniens ; c'est le sort des choses humaines. Mon cœur étoit fait pour l'amour, difficile en mérite personnel, indifférent sur tous les biens de l'opinion. Il étoit presque impossible que les préjugés de mon pére s'accordassent avec mon penchant. Il me falloit un amant que j'eusse choisi moi-même. Il s'offrit ; je crus le choisir : sans doute le Ciel le choisit pour moi, afin que livrée aux erreurs de ma passion, je ne le fusse pas aux horreurs du crime, & que l'amour de la vertu restât au moins dans mon ame après elle.

Il prit le langage honnête & infinuant avec lequel mille fourbes féduifent tous les jours autant de filles bien nées : mais feul parmi tant d'autres il étoit honnête-homme & penfoit ce qu'il difoit. Etoit-ce ma prudence qui l'avoit difcerné ? Non ; je ne connus d'abord de lui que fon langage & je fus féduite. Je fis par défefpoir ce que d'autres font par effronterie : je me jettai, comme difoit mon pére, à fa tête ; il me refpeéta : ce fut alors feulement que je pus le connoître. Tout homme capable d'un pareil trait a l'ame belle. Alors on y peut compter ; mais j'y comptois auparavant, enfuite j'ofai compter fur moi-même, & voilà comment on fe perd.

Elle s'étendit avec complaifance fur le mérite de cet amant ; elle lui rendoit juftice, mais on voyoit combien fon cœur fe plaifoit à la lui rendre. Elle le louoit même à fes propres dépens. A force d'être équitable envers lui, elle étoit inique envers elle, & fe faifoit tort pour lui faire honneur. Elle alla jufqu'à foutenir qu'il eut plus d'horreur qu'elle de l'adultere, fans fe fouvenir qu'il avoit lui-même réfuté cela.

Tous les détails du refte de fa vie furent fuivis dans le même efprit. Milord Edouard, fon mari, fes enfans, votre retour, notre amitié, tout fut mis fous un jour avantageux. Ses malheurs mêmes lui en avoient épargné de plus grands. Elle avoit perdu fa mére au moment que cette perte lui pou

vôit être la plus cruelle, mais si le Ciel la
lui eut confervée, bientôt il fut furvenu du
défordre dans fa famille. L'appui de fa mére,
quelque foible qu'il fut, eut suffi pour la rendre plus courageufe à réfifter à fon pére,
& delà feroient fortis la difcordre & les fcan-
dales ; peut-être les défaftres & le déshonneur ; peut-être pis encore fi fon frére avoit
vécu. Elle avoit époufé, malgré elle, un
homme qu'elle n'aimoit point, mais elle
foutint qu'elle n'auroit pu jamais être auffi
heureufe avec un autre, pas même avec
celui qu'elle avoit aimé. La mort de M.
d'Orbe lui avoit ôté un ami, mais en lui
rendant fon amie. Il n'y avoit pas jufqu'à
fes chagrins & fes peines qu'elle ne comptât
pour des avantages, en ce qu'ils avoient
empêché fon cœur de s'endurcir aux malheurs d'autrui. On ne fait pas, difoit-elle,
quelle douceur c'eft de s'attendrir fur fes
propres maux & fur ceux des autres. La
fenfibilité porte toujours dans l'ame un certain contentement de foi-même, indépen-
dant de la fortune & des événemens. Que
j'ai gémi, que j'ai verfé de larmes ! Hé
bien, s'il falloit renaître aux mêmes conditions ; le mal que j'ai commis feroit le feul
que je voudrois retrancher : celui que j'ai
fouffert me feroit agréable encore. Saint-
Preux, je vous rends fes propres mots ;
quand vous aurez lu fa lettre, vous les com-
prendrez peut-être mieux.

Voyez donc, continuoit-elle, à quelle

félicité je fuis parvenue. J'en avois beaucoup, j'en attendois davantage. La profpé-
rité de ma famille, une bonne éducation
pour mes enfans, tout ce qui m'étoit cher
raffemblé autour de moi ou prêt à l'être.
Le préfent, l'avenir me flattoient également;
la jouiffance & l'efpoir fe réunif-
foient pour me rendre heureufe : mon bonheur, monté par degrés, étoit au comble, il
ne pouvoit plus que déchéoir; il étoit venu
fans être attendu, il fe fut enfui quand je
l'aurois cru durable. Qu'eut fait le fort pour
me foutenir à ce point? Un état permanent
eft-il fait pour l'homme? Non, quand on
a tout acquis, il faut perdre, ne fut-ce
que le plaifir de la poffeffion, qui s'ufe par
elle. Mon père eft déjà vieux ; mes enfans
font dans l'âge tendre, où la vie eft encore
mal affurée : que de pertes pouvoient m'affliger, fans qu'il me reftât plus rien à pouvoir acquérir ! L'affection maternelle augmente fans ceffe, la tendreffe filiale diminue à mefure que les enfans vivent plus
loin de leur mère. En avançant en âge, les
miens fe feroient plus féparés de moi. Ils
auroient vécu dans le monde, ils m'auroient
pu négliger. Vous en voulez envoyer un
en Ruffie; que de pleurs fon départ m'auroit coûtés ! Tout fe feroit détaché de moi
peu à peu, & rien n'eut fuppléé aux pertes
que j'aurois faites. Combien de fois j'aurois
pu me trouver dans l'état où je vous laiffe !
Enfin, n'eût-il pas fallu mourir ? Peut-être

G v

mourir la dernière de tous ! Peut-être feule
& abandonnée !. Plus on vit, plus on aime
à vivre, même fans jouir de rien : j'aurois
eu l'ennui de la vie & la terreur de la mort,
fuite ordinaire de la vieilleffe. Au lieu de
cela , mes derniers inftans font encore
agréables, & j'ai de la vigueur pour mourir, fi même on peut appeller mourir, que
laiffer vivant ce qu'on aime. Non mes
amis, non mes enfans, je ne vous quitte
pas, pour ainfi dire ; je refte avec vous, en
vous laiffant tous unis , mon efprit, mon
cœur vous demeurent. Vous me verrez
fans ceffe entre vous ; vous vous fentirez
fans ceffe environnés de moi...... Et puis
nous nous rejoindrons, j'en fuis fûre ; le
bon Wolmar lui-même ne m'échappera pas.
Mon retour à Dieu tranquillife mon ame ,
& m'adoucit un moment pénible ; il me
promet pour vous le même deftin qu'à moi.
Mon fort me fuit & s'affure. Je fus heureufe,
je le fuis, je vais l'être : mon bonheur eft
fixé, je l'arrache à la fortune ; il n'a plus
de bornes que l'éternité.

Elle en étoit-là quand le Miniftre entra.
Il l'honoroit & l'eftimoit véritablement. Il
favoit mieux que perfonne combien fa foi
étoit vive & fincère. Il n'en avoit été que
plus frappé de l'entretien de la veille , & en
tout, de la contenance qu'il lui avoit trouvée. Il avoit vu fouvent mourir avec oftén-
tation, jamais avec férénité. Peut-être à
l'intérêt qu'il prenoit à elle fe joignoit - il

un defir fecret de voir fi ce calme fe fou-
tiendroit jufqu'au bout.

Elle n'eut pas befoin de changer beaucoup
le fujet de l'entretien pour en amener un
convenable au caractère du furvenant. Comme fes converfations en pleine fanté n'é-
toient jamais frivoles, elle ne faifoit alors
que continuer à traiter dans fon lit avec la
même tranquillité des fujets intéreffans pour
elle & pour fes amis; elle agitoit indifféremment des queftions qui n'étoient pas in-
différentes.

En fuivant le fil de fes idées fur ce qui
pouvoit refter d'elle avec nous, elle nous
parloit de fes anciennes réflexions fur l'état
des ames féparées des corps. Elle admiroit
la fimplicité des gens qui promettoient à
leurs amis de venir leur donner des nouvelles de l'autre monde. Cela, difoit-elle, eft
auffi raifonnable que les contes des Reve-
nans, qui font mille défordres & tourmentent les bonnes femmes, comme fi les efprits avoient des voix pour parler & des
mains pour battre! Comment un pur Efprit agiroit-il fur une ame enfermée dans un
corps, & qui, en vertu de cette union, ne
peut rien appercevoir que par l'entremife de
fes organes? il n'y a pas de fens à cela.
Mais j'avoue que je ne vois point ce qu'il y
a d'abfurde à fuppofer qu'une ame libre d'un
corps qui jadis habita la terre, puiffe y revenir encore errer, demeurer peut-être autour de ce qui lui fut cher; non pas pour

nous avertir de sa préfence ; elle n'a nul
moyen pour cela ; non pas pour agir sur
nous & nous communiquer ses penſées ;
elle n'a point de priſe pour ébranler les organes de notre cerveau ; non pas pour appercevoir non plus ce que nous faiſons , car
il faudroit qu'elle eût des ſens ; mais pour
connoître elle-même ce que nous penſons &
ce que nous ſentons , par une communica-
tion immédiate , ſemblable à celle par laquelle Dieu lit nos penſées dès cette vie,
& par laquelle nous lirons réciproquement les ſiennes dans l'autre , puiſque
nous le verrons face à face : car enfin ,
ajouta-t-elle , en regardant le Miniſtre ,
à quoi ſerviroient des ſens lorſqu'ils n'auroient plus rien à faire ? L'Etre Eternel ne
ſe voit ni ne s'entend ; il ſe fait ſentir, il ne
parle ni aux yeux ni aux oreilles , mais au
cœur.

Je compris à la réponſe du Paſteur, & à
quelques ſignes d'intelligence , qu'un des
points ci-devant conteſtés entr'eux, étoit la
réſurrection des corps. Je m'apperçus auſſi
que je commençois à donner un peu plus
d'attention aux articles de la Religion de
Julie, où la foi ſe rapprochoit de la raiſon.

Elle ſe complaiſoit tellement à ces idées,
que quand elle n'eût pas pris ſon parti ſur
ſes anciennes opinions, c'eût été une cruauté
d'en détruire une qui lui ſembloit ſi douce dans l'état où elle ſe trouvoit. Cent fois,

difoit-elle, j'ai pris plus de plaifir à faire
quelque bonne œuvre en imaginant ma
mère préfente, qui lifoit dans le cœur de
fa fille & l'applaudiffoit. Il y a quelque chofe
de fi confolant à vivre encore fous les yeux
de ce qui nous fut cher ! Cela fait qu'il ne
meurt qu'à moitié pour nous. Vous pouvez
juger fi durant ces difcours la main de Claire
étoit fouvent ferrée.

Quoique le Pafteur répondit à tout avec
beaucoup de douceur & de modération, &
qu'il affectât même de ne la contrarier en
rien, de peur qu'on ne prît fon filence fur
d'autres points pour un aveu, il ne laiffa
pas d'être Eccléfiaftique un moment, &
d'expofer fur l'autre vie une doctrine oppofée. Il dit que l'immenfité, la gloire & les
attributs de Dieu feroient le feul objet dont
l'ame des bienheureux feroit occupée, que
cette contemplation fublime effaceroit tout
autre fouvenir, qu'on ne fe verroit point,
qu'on ne fe reconnoîtroit point, même
dans le Ciel, & qu'à cet afpect raviffant
on ne fongeroit plus à rien de terreftre.

Cela peut être, reprit Julie, il y a fi loin
de la baffeffe de nos penfées à l'effence divine, que nous ne pouvons juger des effets
qu'elle produira fur nous quand nous ferons
en état de la contempler. Toutefois ne pouvant maintenant raifonner que fur mes idées,
j'avoue que je me fens des affections fi chères, qu'il m'en coûteroit de penfer que je
ne les aurai plus. Je me fuis même fait une

efpece d'argument qui flatte mon efpoir. Je
me dis qu'une partie de mon bonheur con-
fiftera dans le témoignage d'une bonne
confcience. Je me fouviendrai donc de ce
que j'aurai fait fur la terre ; je me fouviendrai donc auffi des gens qui m'y ont été
chers ; ils me le feront donc encore : ne les
voir plus feroit une peine, & le féjour des
bienheureux n'en admet point. Au refte ,
ajouta-t-elle, en regardant le Miniftre d'un
air affez gai, fi je me trompe, un jour ou
deux d'erreur feront bientôt paffés. Dans
peu j'en faurai là-deffus plus que vous-même. En attendant, ce qu'il y a pour moi de
très-fûr, c'eft que tant que je me fouviendrai d'avoir habité la terre, j'aimerai ceux
que j'y ai aimés ; & mon Pafteur n'aura pas
la dernière place.

Ainfi fe pafférent les entretiens de cette
journée, où la fécurité, l'efpérance, le repos de l'ame brillèrent plus que jamais dans
celle de Julie, & lui donnoient d'avance,
au jugement du Miniftre, la paix des bienheureux dont elle alloit augmenter le nombre. Jamais elle ne fut plus tendre, plus
vraie, plus careffante, plus aimable, en un
mot, plus elle-même. Toujours du fens ;
toujours du fentiment, toujours la fermeté
du fage, & toujours la douceur du chrétien. Point de prétention , point d'apprêt,
point de fentence, par-tout la naïve ex-
preffion de ce qu'elle fentoit ; par-tout la
fimplicité de fon cœur. Si quelquefois elle

contraignoit les plaintes que la fouffrance auroit dû lui arracher, ce n'étoit point pour jouer l'intrépidité ftoïque, c'étoit de peur de navrer ceux qui étoient autour d'elle ; & quand les horreurs de la mort faifoient quelqu'inftant pâtir la nature, elle ne cachoit point fes frayeurs, elle fe laiffoit confoler. Si-tôt qu'elle étoit remife, elle confoloit les autres. On voyoit, on fentoit fon retour , fon air careffant le difoit à tout le monde. Sa gaieté n'étoit point contrainte, fa plaifanterie même étoit touchante ; on avoit le fourire à-la bouche & les yeux en pleurs. Otez cet effroi qui ne permet pas de jouir de ce qu'on va perdre, elle plaifoit plus, elle étoit plus aimable qu'en fanté même ; & le dernier jour de fa vie en fût auffi le plus charmant.

Vers le foir elle eut encore un accident, qui, bien que moindre que celui du matin, ne lui permit pas de voir long-temps fes enfans. Cependant elle remarqua qu'Henriette étoit changée ; on lui dit qu'elle pleuroit beaucoup, & ne mangeoit point. On ne la guérira pas de cela, dit-elle en regardant Claire, la maladie eft dans le fang.

Se fentant bien revenue, elle voulut qu'on foupât dans fa chambre. Le Médecin s'y trouva, comme le matin. La Fanchon qu'il falloit toujours avertir quand elle devoit venir manger à notre table, vint ce foir-là fans fe faire appeller. Julie s'en apperçut & fourit. Oui, mon enfant, lui dit-elle, foupe encore avec moi ce foir ; tu auras plus long-temps ton mari que ta maîtreſſe. Puis elle me dit, je n'ai pas befoin de vous recommander Claude Anet; non, repris-je, tout ce que vous avez honoré de votre bienveillance, n'a pas befoin de m'être recommandé.

Le ſouper fut encore plus agréable que je ne m'y étois attendu. Julie voyant qu'elle pouvoit foutenir la lumière, fit approcher la table, &, ce qui ſembloit inconcevable dans l'état où elle étoit, elle eut appétit. Le Médecin, qui ne voyoit plus d'inconvénient à le fatisfaire, lui offrit un blanc de poulet; non, dit-elle, mais je mangerois bien de cette Ferra. (m) On lui en donna un petit morceau; elle le mangea avec un peu de pain & le trouva bon. Pendant qu'elle mangeoit, il falloit voir Madame d'Orbe la regarder; il falloit le voir, car cela ne peut fe dire. Loin que ce qu'elle avoit mangé lui fit mal, elle en parut mieux le refte du ſouper. Elle fe trouva même de ſi bonne humeur, qu'elle s'aviſa de remarquer par forme de reproche, qu'il y avoit long-temps que je n'avois bû de vin étranger. Donnez, dit-elle, une bouteille de vin d'Eſpagne à ces Meſſieurs. A la contenance du Médecin, elle vit qu'il s'attendoit à boire du vrai vin d'Eſpagne, & fourit encore en regardant fa Coufine. J'apperçus auſſi que, fans

(m) Excellent poiſſon particulier au lac de Genève, & qu'on n'y trouve qu'en certain temps.

faire attention à tout cela, Claire de fón
côté commençoit de temps à autre à lever
les yeux avec un peu d'agitation, tantôt
fur Julie & tantôt fur Fanchon; à qui ces
yeux fembloient dire ou demander quelque
chofe.

Le vin tardoit à venir. On eut beau
chercher la clef de la Cave, on ne la trouva
point; & l'on jugea, comme il étoit vrai,
que le valet de chambre du Baron, qui en
étoit chargé, l'avoit emportée par mégar-
de. Après quelques autres informations, il
fut clair que la provifion d'un feul jour en
avoit duré cinq, & que le vin manquoit
fans que perfonne s'en fut apperçu, malgré
plufieurs nuits de veille. (n) Le Médecin
tomboit des nues. Pour moi, foit qu'il fallut attribuer cet oubli à la triftelle ou à la
fobriété des Domeftiques, j'eus honte d'ufer
avec de telles gens des précautions ordinai-
res. Je fis enfoncer la porte de la cave, &
j'ordonnai que déformais tout le monde eut
du vin à difcrétion.

La bouteille arrivée, on en but. Le vin
fut trouvé excellent. La malade en eut
envie. Elle en demanda une cuillerée avec
de l'eau; le Médecin le lui donna dans un

(n) Lecteurs à beaux laquais, ne demandez point avec
un ris moqueur où l'on avoit pris ces gens-là. On vous
a repondu d'avance: on ne les avoit point pris, on les
avoit faits. Le problême entier dépend d'un point unique: trouvez feulement Julie, & tout le refte eft trouvé.
Les hommes en général ne font point ceci ou cela, ils
font ce qu'on les fait être.

verre, & voulut qu'elle le but pur. Ici les coups d'œil devinrent plus fréquens entre Claire & la Fanchon; mais comme à la dérobée & craignant toujours d'en trop dire.

Le jeûne, la foiblesse, le régime ordinaire à Julie, donnèrent au vin une grande activité. Ah! dit-elle, vous m'avez enivrée! après avoir attendu si tard, ce n'étoit pas la peine de commencer, car c'est un objet bien odieux qu'une femme ivre. En effet, elle se mit à babiller, très-senfément pourtant, à son ordinaire, mais avec plus de vivacité qu'auparavant. Ce qu'il y avoit d'étonnant, c'est que son teint n'étoit point allumé; ses yeux ne brilloient que d'un feu modéré par la langueur de la maladie; à la pâleur près, on l'auroit crue en santé. Pour alors, l'émotion de Claire devint tout-à-fait visible. Elle élevoit un œil craintif alternativement sur Julie, sur moi, sur la Fanchon, mais principalement sur le Médecin : tous ces regards étoient autant d'interrogations qu'elle vouloit & n'ofoit faire. On eut dit toujours qu'elle alloit parler, mais que la peur d'une mauvaise réponse la retenoit; son inquiétude étoit si vive, qu'elle en paroissoit oppressée.

Fanchon, enhardie par tous ces signes, hasarda de dire, mais en tremblant & à demi voix, qu'il sembloit que Madame avoit un peu moins souffert aujourd'hui;... que la dernière convulsion avoit été moins forte;... que la soirée.... elle resta inter-

dite. Et Claire, qui pendant qu'elle avoit
parlé, trembloit comme la feuille, leva des
yeux craintifs fur le Médecin, les regards
attachés aux fiens, l'oreille attentive, &
n'ofant refpirer, de peur de ne pas bien entendre ce qu'il alloit dire.

Il eut fallu être ftupide, pour ne pas concevoir tout cela. Du Boffon fe leve, va
tâter le pouls de la malade, & dit : il n'y
a point là d'ivreffe, ni de fievre; le pouls
eft fort bon. A l'inftant Claire s'écrie en
tendant à demi fes deux bras : Hé bien,
Monfieur!.... le pouls?.... la fievre?...
la voix lui manquoit; mais fes mains écar-
tées reftoient toujours en avant; fes yeux
pétilloient d'impatience; il n'y avoit pas un
mufcle à fon vifage, qui ne fût en action.
Le Médecin ne répond rien, reprend le
poignet; examine les yeux, la langue,
refte un moment penfif, & dit : Madame,
je vous entends bien. Il m'eft impoffible
de dire à préfent rien de pofitif; mais fi
demain matin à pareille heure elle eft encore dans le même état, je réponds de fa
vie. A ce mot, Claire part comme un éclair,
renverfe deux chaifes & prefque la table,
faute au coup du Médecin, l'embraffe, le
baife mille fois en fanglotant & pleurant à
chaudes larmes, & toujours avec la même
impétuofité, s'ôte du doigt une bague de
prix, la met auffi malgré lui, & lui dit hors
d'haleine : Ah, Monfieur, fi vous nous la
rendez, vous ne la fauverez pas feule.

Julie vit tout cela. Ce spectacle la déchira. Elle regarde son amie, & lui dit d'un ton tendre & douloureux. Ah, cruelle! que tu me fais regretter la vie! veux-tu me faire mourir désespérée? Faudra-t-il te préparer deux fois? Ce peu de mots fut un coup de foudre; il amortit aussi-tôt les transports de joie; mais il ne put étouffer tout-à-fait l'espoir renaissant.

En un instant la réponse du Médecin fut sue par toute la maison. Ces bonnes gens crurent déjà leur maîtresse guérie. Ils résolurent tous d'une voix de faire au Médecin, si elle en revenoit, un présent en commun, pour lequel chacun donna trois mois de ses gages, & l'argent fut sur le champ consigné dans les mains de la Fanchon, les uns prêtant aux autres ce qui leur manquoit pour cela. Cet accord se fit avec tant d'empressement, que Julie entendoit de son lit le bruit de leurs acclamations. Jugez de l'effet, dans le cœur d'une femme qui se sent mourir! Elle me fit signe, & me dit à l'oreille: on m'a fait boire jusqu'à la lie la coupe amère & douce de la sensibilité.

Quand il fut question de se retirer, Madame d'Orbe, qui partagea le lit de sa Cousine comme les deux nuits précédentes, fit appeller sa femme de chambre pour relayer cette nuit la Fanchon; mais celle-ci s'indigna de cette proposition, plus même, ce me sembla, qu'elle n'eut fait si son mari ne fut pas arrivé. Madame d'Orbe s'opiniâtra de son

côté, & les deux femmes de chambre pafférent la nuit enfemble dans le cabinet. Je
la paffai dans la chambre voifine, & l'efpoir avoit tellement ranimé le zele, que
ni par ordres, ni par menaces je ne pus envoyer coucher un feul domeftique. Ainfi
toute la maifon refta fur pied cette nuit,
avec une telle impatience qu'il y avoit peu
de fes habitans qui n'euffent donné beaucoup de leur vie pour être à neuf heures
du matin.

J'entendis durant la nuit quelques allées
& venues qui ne m'allarmèrent pas : mais
fur le matin que tout étoit tranquille, un
bruit fourd frappa mon oreille. J'écoute, je
crois diftinguer des gémiffemens. J'accours,
j'entre, j'ouvre le rideau..... Saint Preux !
cher Saint Preux !.......... je vois les deux
amies fans mouvement, & fe tenant em-
braffées ; l'une évanouie, & l'autre expirante. Je m'écrie, je veux retarder ou recueillir fon dernier foupir ; je me précipite. Elle n'étoit plus.

Adorateur de Dieu, Julie n'étoit plus....
Je ne vous dirai pas ce qui fe fit durant quelques heures. J'ignore ce que je devins moi-
même. Revenu du premier faififfement, je
m'informai de Madame d'Orbe. J'appris qu'il
avoit fallu la porter dans fa chambre, &
même l'y renfermer : car elle rentroit à chaque inftant dans celle de Julie, fe jettoit fur
fon corps, le réchauffoit du fien, s'efforçoit de le ranimer, le preffoit, s'y colloit

avec une espece de rage, l'appelloit à grands cris de mille noms passionnés, & nourrissoit son désespoir de tous ces efforts inutiles.

En entrant je la trouvai tout-à-fait hors de sens, ne voyant rien, n'entendant rien, ne connoissant personne, se roulant par la chambre en se tordant les mains & mordant les pieds des chaises, murmurant d'une voix sourde quelques paroles extravagantes, puis poussant par longs intervalles des cris aigus qui faisoient tressaillir. Sa femme de chambre au pied de son lit, consternée, épouvantée, immobile, n'osant souffler, cherchoit à se cacher d'elle, & trembloit de tout son corps. En effet, les convulsions dont elle étoit agitée avoient quelque chose d'effrayant. Je fis signe à la femme de chambre de se retirer; car je craignois qu'un seul mot de consolation lâché mal à propos ne la mit en fureur.

Je n'essayai pas de lui parler; elle ne m'eut point écouté, ni même entendu; mais au bout de quelque temps la voyant épuisée de fatigue, je la pris & la portai dans un fauteuil. Je m'assis auprès d'elle, en lui tenant les mains, j'ordonnai qu'on amenât les enfans, & les fis venir autour d'elle. Malheureusement, le premier qu'elle apperçut fut précisément la cause innocente de la mort de son amie. Cet aspect la fit frémir. Je vis ses traits s'altérer, ses regards s'en détourner avec une espéce d'hor-

reur, & ſes bras en contraction ſe roidir
pour le repouſſer. Je tirai l'enfant à moi.
Infortuné! lui dis-je, pour avoir été trop
cher à l'une, tu deviens odieux à l'autre;
elles n'eurent pas en tout le même cœur.
Ces mots l'irritèrent violemment & m'en
attirèrent de très-piquans. Ils ne laiſſèrent
pourtant pas de faire impreſſion. Elle prit
l'enfant dans ſes bras & s'efforça de le ca-
reſſer; ce fut en vain, elle le rendit preſ-
qu'au même inſtant. Elle continue même à
le voir avec moins de plaiſir que l'autre,
& je ſuis bien-aiſe que ce ne ſoit pas celui-
là qu'on a deſtiné à ſa fille.

Gens ſenſibles, qu'euſſiez-vous fait à ma
place? Ce que faiſoit Madame d'Orbe.
Après avoir mis ordre aux enfans, à Madame d'Orbe, aux funérailles de la ſeule
perſonne que j'ai aimée, il fallut monter
à cheval & partir la mort dans le cœur
pour la porter au plus déplorable père. Je
le trouvai ſouffrant de ſa chûte, agitée, troublé de l'accident de ſa fille! Je le laiſſai accablé de douleurs, de ſes douleurs de vieillard, qu'on n'apperçoit pas au-dehors, qui
n'excitent ni geſtes ni cris, mais qui tuent.
Il n'y réſiſtera jamais, j'en ſuis ſûr, & je
prévois de loin le dernier coup qui manque
au malheur de ſon ami. Le lendemain je fis
toute la diligence poſſible pour être de retour de bonne heure & rendre les derniers
honneurs à la plus digne des femmes: mais
tout n'étoit pas dit encore. Il falloit qu'elle

reſſuſcitât pour me donner l'horreur de la perdre une ſeconde fois.

En approchant du logis, je vois un de mes gens accourir à perte d'haleine, & s'é-crier d'auſſi loin que je pus l'entendre; Monſieur, Monſieur, hâtez-vous, Mada-me n'eſt pas morte. Je ne compris rien à ce propos inſenſé. J'accours toutefois. Je vois la cour pleine de gens qui verſoient des larmes de joie en donnant à grands cris des bénédictions à Madame de Wolmar. Je demande ce que c'eſt; tout le monde eſt dans le tranſport, perſonne ne peut me répondre : la tête avoit tourné à mes propres gens. Je monte à pas précipités dans l'ap-partement de Julie. Je trouve plus de vingt perſonnes à genoux autour de ſon lit, & les yeux fixés ſur elle. Je m'approche, je la vois ſur ce lit habillée & parée ; le cœur me bat, je l'examine.... Hélas! elle étoit mor-te! Ce moment de fauſſe joie ſi-tôt & ſi cruel-lement éteinte fut le plus amer de ma vie. Je ne ſuis pas colère : je me ſentis vivement irrité. Je voulus ſavoir le fond de cette ex-travagante ſcene. Tout étoit déguiſé, alté-ré, changé : j'eus toute la peine du monde à démêler la vérité. Enfin j'en vins à bout, &, voici l'hiſtoire du prodige.

Mon beau-père allarmé de l'accident qu'il avoit appris, & croyant pouvoir ſe paſſer de ſon valet-de-chambre, l'avoit en-voyé un peu avant mon arrivée auprès de lui ſavoir des nouvelles de ſa fille. Le vieux

domeſtique,

domeſtique, fatigué du cheval, avoit pris
un bateau, & traverſant le lac pendant la
nuit étoit arrivé à Clarens le matin même
de mon retour. En arrivant il voit la conſ-
ternation, il en apprend le ſujet, il monte
en gémiſſant à la chàmbre de Julie; il ſe
met à genoux aux pieds de ſon lit, il la
regarde, il pleure, il la contemple. Ah,
ma bonne maîtreſſe! ah, que Dieu ne m'a-
t-il pris au lieu de vous! moi qui ſuis vieux,
qui ne tiens à rien, qui ne ſuis bon à rien,
que fais-je ſur la terre? Et vous qui étiez
jeune, qui faiſiez la gloire de votre famille, le bonheur de votre maiſon, l'eſpoir
des malheureux; ..... hélas! quand je vous
vis naître, étoit-ce pour vous voir mourir?....

Au milieu des exclamations que lui arra-
choient ſon zèle & ſon bon cœur, les
yeux toujours collés ſur ce viſage, il crut
appercevoir un mouvement: ſon imagination ſe frappe; il voit Julie tourner les yeux,
le regarder, lui faire un ſigne de tête. Il ſe
leve avec tranſport & court par toute la
maiſon, en criant que Madame n'eſt pas
morte, qu'elle l'a reconnu, qu'il en eſt ſûr
qu'elle en reviendra. Il n'en fallut pas davantage; tout le monde accourt, les voiſins, les pauvres qui faiſoient retentir l'air
de leurs lamentations, tous s'écrient, elle
n'eſt pas morte! Le bruit s'en répand &
s'augmente: le peuple ami du merveilleux
ſe prête avidement à la nouvelle; on la

croit comme on la defire , chacun cherche
à fe faire fête en appúyant la crédulité commune. Bientôt la défunte n'avoit pas feulement fait figne , elle avoit agi , elle
avoit parlé, & il y avoit vingt témoins ocu-
laires de faits circonftanciés qui n'arrivèrent
jamais.

Si-tôt qu'on crut qu'elle vivoit encore,
on fit mille efforts pour la ranimer , on
s'empreffoit autour d'elle , on lui parloit ,
on l'inóndoit d'eaux fpiritueufes , on touchoit fi le pouls ne revenoit point. Ses
femmes , indignées que le corps de leur
maîtreffe reftât environné d'hommes dans
un état fi négligé , firent fortir tout le monde, & ne tarderent pas à connoitre combien on s'abufoit. Toutefois ne pouvant
fe réfoudre à détruire une erreur fi chére;
peut-être efpérant encore elles-mêmes quelque événement miraculeux , elles vêtirent
le corps avec foin , & quoique fa garde-
robe leur eut été laiffée , elles lui prodigue-
rent la parure. Enfuite l'expofant fur un lit
& laiffant les rideaux ouverts , elles fe ré-
mirent à la pleurer au milieu de la joie
publique.

C'étoit au plus fort de cette fermentation
que j'étois arrivé. Je reconnus bientôt qu'il
étoit impoffible de faire entendre raifon à la
multitude , que fi je faifois fermer la porte
& porter le cofps à la fépulture, il pourroit
arriver du tumulte , que je pafferois au
moins pour un mari parricide qui faifoit en-

terrer fa femme en vie, & que je ferois en
horreur dans tout le pays. Je réfolus d'attendre. Cependant après plus de trente-fix
heures, par l'extrême chaleur qu'il faifoit,
les chairs commençoient à fe corrompre,
& quoique le vifage eut gardé fes traits &
fa douceur, on y voyoit déjà quelques fignes d'altération. Je le dis à Madame d'Orbe qui reftoit demi-morte au chevet du lit.
Elle n'avoit pas le bonheur d'être la dupe
d'une illufion fi groffiére ; mais elle feignoit
de s'y prêter pour avoir un prétexte d'être
inceffamment dans la chambre, d'y navrer
fon cœur à plaifir, de l'y repaitre de ce
mortel fpectacle, de s'y raffafier de douleur.

Elle m'entendit, & prenant fon parti
fans rien dire, elle fortit de la chambre. Je
la vis rentrer un moment après, tenant un
voile d'or brodé de perles que vous lui
aviez apporté des Indes. Puis s'approchant
du lit, elle baifa le voile, en couvrit en
pleurant la face de fon amie, & s'écria d'une
voix éclatante. » Maudite foit l'indigne
» main qui jamais levera ce voile ! maudit
» foit l'œil impie qui verra ce vifage défi-
» guré ! » Cette action, ces mots frappè-
rent tellement les fpectateurs, qu'auffi-tôt,
comme par une infpiration foudaine, la même imprécation fut répétée par mille cris.
Elle a fait tant d'impreffions fur tous nos
gens & fur tout le peuple, que la défunte
ayant été mife au cercueil dans fes habits

& avec les plus grandes précautions ; elle
a été portée & inhumée dans cet état sans
qu'il se soit trouvé personne assez hardi pour
toucher au voile.

Le sort du plus à plaindre est d'avoir encore à consoler les autres. C'est ce qui
me reste à faire auprès de mon beau-pére,
de Madame d'Orbe, des amis, des parens,
des voisins, & de mes propres gens. Le
reste n'est rien ; mais mon vieux ami ! mais
Madame d'Orbe ! il faut voir l'affliction de
celle-ci pour juger de ce qu'elle ajoute à
la mienne. Loin de me savoir gré de mes
soins, elle me les reproche ; mes attentions
l'irritent, ma froide tristesse l'aigrit ; il lui
faut des regrets amers semblables aux siens,
& sa douleur barbare voudroit voir tout le
monde au désespoir. Ce qu'il y a de plus
désolant est qu'on ne peut compter sur rien
avec elle, & ce qui la soulage un moment
la dépite un moment après. Tout ce qu'elle fait, tout ce qu'elle dit, approche de la
folie, & seroit risible pour des gens de sang-
froid. J'ai beaucoup à souffrir ; je ne me
rebuterai jamais. En servant ce qu'aima
Julie, je crois l'honorer mieux que par des
pleurs.

Un seul trait vous fera juger des autres,
Je croyois avoir tout fait en engageant
Claire à se conserver pour remplir les soins
dont la chargea son amie. Exténuée d'a-
gitations, d'abstinences, de veilles, elle
sembloit enfin résolue à revenir sur elle-mê-

me, à recommencer fa vie ordinaire, à reprendre fes repas dans la falle à manger. La première fois qu'elle y vint je fis diner les enfans dans leur chambre, ne voulant pas courir le hafard de cet effai devant eux : car le fpectacle des paffions violentes de toute efpéce, eft un des plus dangereux qu'on puiffe offrir anx enfans. Ces paffions ont toujours dans leurs excès quelque chofe de puérile qui les amufe, qui les féduit, & leur fait aimer ce qu'ils devroient craindre. Ils n'en avoient déjà que trop vu.

En entrant, elle jetta un coup d'œil fur la table & vit deux couverts. A l'inftant elle s'affit fur la première chaife qu'elle trouva derriere elle, fans vouloir fe mettre à table, ni dire la raifon de ce caprice. Je crus la deviner, & je fis mettre un troifiéme couvert à la place qu'occupoit ordinairement fa Coufine. Alors elle fe laiffa prendre par la main & mener à table fans réfiftance, rangeant fa robe avec foin, comme fi elle eut craint d'embarraffer cette place vuide. A peine avoit-elle porté la première cuillerée de potage à fa bouche qu'elle la repofe : & demande d'un ton brufque ce que faifoit-là ce couvert, puifqu'il n'étoit point occupé ? Je lui dis qu'elle avoit raifon, & fis ôter le couvert. Elle effaya de manger, fans pouvoir en venir à bout. Peu à peu fon cœur fe gonfloit, fa refpiration devenoit haute & reffembloit à des foupirs. Enfin, elle fe leva tout à coup de table, s'en retourna, dàns fa chambre fans dire un feul mot ni rien écouter de tout ce que je voulus lui dire, & de toute la journée elle ne prit que du thé.

Le lendemain ce fut à recommencer. J'imaginai un moyen de la ramener à la raifon par fes propres caprices, & d'amollir la dureté du défefpoir par un fentiment plus doux. Vous favez que fa fille reffemble beaucoup à Madame de Wolmar. Elle fe plaifoit à marquer cette reffemblance par des robes de même étoffe, & elle leur avoit apporté de Geneve plufieurs ajuftemens femblables, dont elles fe paroient les mêmes jours. Je fis donc habiller Henriette le plus à l'imitation de Julie qu'il fut poffible, & après l'avoir bien inftruite, je lui fis occuper à table le troifiéme couvert, qu'on avoit mis comme la veille.

Claire, au premier coup d'œil comprit mon intention; elle en fut touchée, & me jetta un regard tendre & obligeant. Ce fut-là le premier de mes foins auquel elle parut fenfible, & j'augurai bien d'un expédient qui la difpofoit à l'attendriffement.

Henriette, fiére de repréfenter fa petite Maman, joua parfaitement fon rôle, & fi parfaitement que je vis pleurer les domeftiques. Cependant elle donnoit toujours à fa mére le nom de Maman, & lui parloit avec le refpect convenable. Mais enhardie par le fuccès, & par mon approbation

qu'elle remarquoit fort bien , elle s'avisa
de porter la main sur une cuillier & de dire dans une saillie : Claire, veux-tu de cela? Le geste & le ton de voix furent imités au point que sa mère en tressaillit. Un
moment après elle part d'un grand éclat de
rire, tend son assiette en disant : oui, mon
enfant, donne ; tu es charmante, & puis
elle se mit à manger avec une avidité qui
me surprit. En la considérant avec attention, je vis de l'égarement dans ses yeux,
& dans son geste un mouvement plus brus-
que & plus décidé qu'à l'ordinaire. Je l'em-
pêchai de manger davantage, & je fis bien ;
car une heure après elle eut une violente
indigestion qui l'eut infailliblement étouf-
fée , si elle eut continué de manger. Dès ce
moment , je résolus de supprimer tous ces
jeux, qui pouvoient allumer son imagination au point qu'on n'en seroit plus maître. Comme on guérit plus aisément de
l'affliction que de la folie, il vaut mieux la
laisser souffrir davantage, & ne pas exposer
sa raison.

Voilà, mon cher, à peu près où nous
en sommes. Depuis le retour du Baron,
Claire monte chez lui tous les matins, soit
tandis que j'y suis, soit quand j'en sors ;
ils passent une heure ou deux ensemble, &
les soins qu'elle lui rend facilitent un peu
ceux qu'on prend d'elle. D'ailleurs , elle
commence à se rendre plus assidue auprès
des enfans. Un des trois a été malade ,

précifément celui qu'elle aime le moins. Cet accident lui a fait fentir qu'il lui refte des pertes à faire, & lui a rendu le zéle de fes devoirs. Avec tout cela, elle n'eft pas encore au point de la trifteffe; les larmes ne coulent pas encore; on vous attend pour en répandre, c'eft à vous de les effuyer. Vous devez m'entendre. Penfez au dernier confeil de Julie; il eft venu de moi le pre- mier, & je le crois plus que jamais utile & fage. Venez-vous réunir à tout ce qui refte d'elle. Son père, fon amie, fon mari, fes enfans, tout vous attend, tout vous defi- re, vous êtes néceffaire à tous. Enfin, fans m'expliquer davantage, venez partager & guérir mes ennuis; je vous devrai peut-être plus que perfonne.

LETTRE XII
DE JULIE.

Cette Lettre étoit incluse dans la précédente.

IL faut renoncer à nos projets. Tout eft changé, mon bon ami; fouffrons ce changement fans murmure; il vient d'une main plus fage que nous. Nous fongions à nous réunir: cette réunion n'étoit pas bonne. C'eft un bienfait du Ciel de l'avoir préve- nue; fans doute il prévient des malheurs. Je me fuis long-temps fait illufion. Cette illusion me fut salutaire ; elle se détruit au moment que je n'en ai plus besoin. Vous m'avez cru guérie, & j'ai cru l'être. Rendons graces à celui qui fit durer cette erreur autant qu'elle étoit utile ; qui sait si me voyant si près de l'abyme, la tête ne m'eût point tourné ? Oui, j'eus beau vouloir étouffer le premier sentiment qui m'a fait vivre, il s'est concentré dans mon cœur. Il s'y réveille au moment qu'il n'est plus à craindre ; il me soutient quand mes forces m'abandonnent ; il me ranime quand je me meurs. Mon ami, je fais cet aveu sans honte ; ce sentiment resté malgré moi fut involontaire ; il n'a rien coûté à mon innocence ; tout ce qui dépend de ma volonté fut pour mon devoir. Si le cœur qui n'en dépend pas fut pour vous, ce fut mon tourment & non pas mon crime. J'ai fait ce que j'ai dû faire ; la vertu me reste sans tache, & l'amour m'est resté sans remords.

J'ose m'honorer du passé ; mais qui m'eût pu répondre de l'avenir? Un jour de plus, peut-être, & j'étois coupable ! Qu'étoit-ce de la vie entière passée avec vous ? Quels dangers j'ai courus sans le savoir ! A quels dangers plus grands j'allois être exposée ! Sans doute je sentois pour moi les craintes que je croyois sentir pour vous. Toutes les épreuves ont été faites, mais elles pouvoient trop revenir. N'ai-je pas assez vécu pour le bonheur & pour la vertu ? Que me restoit-il d'utile à tirer de la vie. En me l'ô-

tant le Ciel ne m'ôte plus rien de régretta-
ble, & met mon honneur à couvert. Mon
ami, je pars au moment favorable ; contente de vous & de moi, je pars avec joie,
& ce départ n'a rien de cruel. Après tant
de sacrifices, je compte pour peu celui qui
me reste à faire : ce n'est que mourir une
fois de plus.

Je prévois vos douleurs, je les sens: vous
restez à plaindre, je le sais trop ; & le sentiment de votre affliction est la plus grande
peine que j'emporte avec moi ; mais voyez
aussi que de consolations je vous laisse !
Que de soins à remplir envers celle qui vous
fut chère, vous font un devoir de vous conserver pour elle ! il vous reste à la servir
dans la meilleure partie d'elle-même. Vous
ne perdez de Julie que ce que vous en avez
perdu depuis long-temps. Tout ce qu'elle
eut de meilleur vous reste. Venez vous
réunir à sa famille. Que son cœur demeure
au milieu de vous. Que tout ce qu'elle aima
se rassemble pour lui donner un nouvel être.
Vos soins, vos plaisirs, votre amitié, tout
sera son ouvrage. Le nœud de votre union
formé par elle la fera revivre ; elle ne
mourra qu'avec le dernier de tous.

Songez qu'il vous reste une autre Julie,
& n'oubliez pas ce que vous lui devez.
Chacun de vous va perdre la moitié de sa
vie; unissez-vous pour conserver l'autre ;
c'est le seul moyen qui vous reste à tous
deux de me survivre, en servant ma famille
& mes enfans. Que ne puis-je inventer des

nœuds plus étroits encore pour unir tout ce
qui m'eſt cher! Combien vous devez l'ê-
tre l'un à l'autre! Combien cette idée doit
renforcer votre attachement mutuel! Vos
objeƈtions contre cet engagement vont être
de nouvelles raiſons pour le former. Comment pourrez-vous jamais vous parler de
moi ſans vous attendrir enſemble? Non :
Claire & Julie feront ſi bien confondues
qu'il ne fera plus poſſible à votre cœur de
les féparer. Le ſien vous rendra tout ce que
vous aurez ſenti pour ſon amie, elle en ſera
la confidente & l'objet : vous ſerez héureux
par celle qui vous reſtera, ſans ceſſer d'être
fidéle à celle que vous aurez perdue, &
après tant de regrets & de peines, avant
que l'âge de vivre & d'aimer fe paſſe, vous
aurez brûlé d'un feu légitime & joui d'un
bonheur innocent.

C'eſt dans ce chaſte lien que vous pourrez fans diſtraƈtions & fans craintes vous occuper des foins que je vous laiſſe, & après
leſquels vous ne ſerez plus en peine de dire
quel bien vous aurez fait ici-bas. Vous le
favez, il exiſte un homme digne du bonheur auquel il ne fait pas afpirer. Cet homme eſt votre libérateur, le mari de l'amie
qu'il vous a rendue. Seul, ſans intérêt à la
vie, fans attente de celle qui la fuit, fans
plaiſir, fans conſolation, ſans efpoir, il fera bientôt le plus infortuné des mortels.
Vous lui devez les foins qu'il a pris de vous,
& vous favez ce qui peut les rendre uti-

les. Souvenez-vous de ma Lettre précédente. Paſſez vos jours avec lui. Que rien de ce qui m'aima ne le quitte. Il vous a rendu le goût de la vertu, montrez-lui-en l'objet & le prix. Soyez Chrétien pour l'engager à l'êtrè. Le ſuccès eſt plus près que vous ne penſez : il a fait ſon devoir , je ferai le mien ; faites le vôtre. Dieu eſt juſte ; ma confiance ne me trompera pas.

Je n'ai qu'un mot à vous dire ſur mes enfans. Je ſais quel ſoin va vous coûter leur éducation : mais je ſais bien auſſi que ces ſoins ne vous ſeront pas pénibles. Dans les momens de dégoûts inſéparables de cet emploi, dites-vous, ils ſont les enfans de Julie, il ne vous coûtera plus rien. M. de Wolmar vous remettra les obſervations que j'ai faites ſur votre mémoire & ſur le caractère de mes deux fils. Cet écrit n'eſt que commencé : je ne vous le donne pas pour regle. Je le ſoumets à vos lumières. N'en faites point des ſavans, faites-en des hommes bienfaiſans & juſtes. Parlez-leur quelquefois de leur mère.... vous ſavez s'ils lui étoient chers... Dites à Marcellin qu'il ne m'en coûta pas de mourir pour lui. Dîtes à ſon frère, que c'étoit pour lui que j'aimois la vie. Dites - leur...... je me ſens fátiguée. Il faut finir cette Lettre. En vous laiſſant mes enfans, je m'en ſépare avec moins de peine, je crois reſter avec eux.

Adieu , adieu , mon doux ami ,..... Hélas ! j'achève de vivre comme j'ai commencé. J'en dis trop peut être en ce moment

où le cœur ne déguife plus rien...., Eh, pourquoi craindrois-je d'exprimer tout ce que je
fens? Ce n'eft plus moi qui te parle ; je fuis
déjà dans les bras de la mort. Quand tu verras
cette Lettre, les vers rongeront le vifage de
ton amante, & fon cœur, où tu ne feras plus.
Mais mon ame exifteroit-elle fans toi, fans
toi, quelle félicité goûterois-je ? Non je ne te
quitte pas, je vais t'attendre. La vertu qui
nous fépara fur la terre, nous unira dans le
féjour éternel. Je meurs dans cette douce attente. Trop heureufe d'acheter au prix de
ma vie le droit de t'aimer toujours fans crime,
& de te le dire encore une fois.

LETTRE XIII.

DE MADAME D'ORBE.

J'Apprends que vous commencez à vous
remettre affez pour qu'on puiffe efpérer de
vous voir bientôt ici. Il faut, mon ami,
faire effort fur votre foibleffe ; il faut tâcher
de paffer les monts avant que l'hiver achève
de vous les fermer. Vous trouverez en ce
pays l'air qui vous convient ; vous n'y verrez que douleur & trifteffe, & peut-être
l'affliction commune fera-t-elle un foulage-
ment pour la vôtre. La mienne, pour s'exhaler a befoin de vous. Moi feule, je ne
puis ni pleurer ni parler, ni me faire entendre, Wolmar m'entend & ne me réponds
pas. La douleur d'un père infortuné fe con-

centre en lui-même ; il n'en imagine pas une
plus cruelle ; il ne la fait ni voir ni fentir: il
n'y a plus d'épanchement pour les veillards.
Mes enfans m'attendriffent & ne favent pas
s'attendrir. Je fuis feule au milieu de tout le
monde. Un morne filence regne autour de
moi. Dans mon ftupide abattement , je n'ai
plus de commerce avec perfonne. Je n'ai
qu'affez de force & de vie pour fentir les horreurs de la mort. O venez, vous qui partagez
ma perte ! Venez partager mes douleurs : venez nourrir mon cœur de vos regrets; venez
l'abreuver de vos larmes. C'eft la feule confolation que je puiffe attendre ; c'eft le feul
plaifir qui me refte à goûter.

Mais avant que vous arriviez , & que
j'apprenne votre avis fur un projet dont je
fais qu'on vous a parlé, il eft bon que vous
fachiez le mien d'avance. Je fuis ingénue
& franche, je ne veux rien vous diffimuler.
J'ai eu de l'amour pour vous , je l'avoue ;
peut-être en ai-je encore; peut-être en au-
rai-je toujours ; je ne le fais , ni ne le veux
favoir. On s'en doute, je ne l'ignore pas;
je ne m'en fâche ni ne m'en foucie. Mais
voici ce que j'ai à vous dire & que vous devez bien retenir. C'eft qu'un homme qui fut
aimé de Julie d'Etange & pourroit fe réfoudre à en époufer un autre, n'eft à mes
yeux qu'un indigne & un lâche, que je
tiendrois à déshonneur d'avoir pour ami ;
& quant à moi, je vous déclare que tout
homme, quel qu'il puiffe être , qui défor-

mais m'ofera parler d'amour, ne m'en re-
parlera de fa vie.

Songez aux foins qui vous attendent, aux
devoirs qui vous font impofés, à celle à qui
vous les avez promis. Ses enfans fe forment
& grandiffent, fon père fe confume infenfiblement; fon mari s'inquiéte & s'agite ; il
a beau faire, il ne peut la croire anéantie;
fon cœur, malgré qu'il en ait, fe révolte
contre fa vaine raifon. Il parle d'elle, il lui
parle, il foupire. Je crois déjà voir s'accomplir les vœux qu'elle a faits tant de fois, &
c'eft à vous d'achever ce grand ouvrage.
Quels motifs pour vous attirer ici l'un &
l'autre ! Il eft bien digne du généreux
Edouard que nos malheurs ne lui aient pas
fait changer de réfolution.

Venez donc, chers & refpectables amis,
vénez vous réunir à tout ce qui refte d'elle.
Raffemblons tout ce qui lui fut cher. Que
fon efprit nous anime ; que fon cœur joi-
gne tous les nôtres ; vivons toujours fous
fes yeux. J'aime à croire que du lieu qu'elle
habite, du féjour de l'éternelle paix, cette
âme encore aimante & fenfible fe plaît à
revenir parmi nous, à retrouver fes amis
pleins de fa mémoire, à les voir imiter fes
vertus, à s'entendre honorer par eux, à les
fentir embraffer fa tombe, & gémir en pro-
nonçant fon nom. Non, elle n'a point quitté ces lieux qu'elle nous rendit fi charmans.
Ils font encore tous remplis d'elle. Je la vois
fur chaque objet, je la fens à chaque pas,

à chaque inftant du jour j'entends les accens de fa voix. C'eft ici qu'elle a vécu ;
c'eft ici que repofe fa cendre........ la moitié
de fa cendre. Deux fois la femaine, en allant
au Temple... j'apperçois... j'apperçois le lieu
trifte & refpectable..... beauté, c'eft donc là
ton dernier afyle !.... confiance , amitié ,
vertus, plaifirs, folâtres jeux, la terre a
tout englouti.... je me fens entraînée.... j'approche en friffonnant..... je crains de fouler
cette terre facrée.... je crois la fentir palpi-
ter & frémir fous mes pieds........ j'entends
murmurer une voix plaintive !..... Claire ,
ô ma Claire , où es-tu ? que fais-tu loin de
ton amie ?.... fon cercueil ne la contient pas
toute entiére... il attend le refte de fa proie...
il ne l'attendra pas long-temps. (o)

(o) En achevant de relire ce recueil, je crois voir pourquoi l'intérêt, tout foible qu'il eft, m'en eft fi agréable,
& le fera, je penfe, à tout lecteur d'un bon naturel.
C'eft qu'au moins ce foible intérêt eft pur & fans mé-
lange de peine; qu'il n'eft point excité par des noir-
ceurs, par des crimes, ni mêlé du tourment de hair. Je
ne faurois concevoir quel plaifir on peut prendre à imaginer & compofer le perfonnage d'un fcélérat, à fe mettre à fa place tandis qu'on le repréfente , à lui prêter
l'éclat le plus impofant. Je plains beaucoup les Auteurs
de tant de Tragédies pleines d'horreurs, lefquels paffent
leur vie à faire agir & parler des gens qu'on ne peut
écouter, ni voir fans fouffrir. Il me femble qu'on devroit
gémir d'être condamné à un travail fi cruel ; ceux qui
s'en font un amufement, doivent être bien dévorés du
zèle de l'utilité publique. Pour moi, j'admire de bon cœur
leurs talens & leurs beaux génies ; mais je remercie Dieu
de ne me les avoir pas donnés.

F I N.

Lightning Source UK Ltd.
Milton Keynes UK
UKHW020236181218
334172UK00016B/1251/P